L'AVENIR

DU

PEUPLE CANADIEN-FRANÇAIS

PAR

Edmond De Nevers

PARIS

HENRI JOUVE, ÉDITEUR

15, rue racine, 15

—

1896

à M. & A. E. Dubuque

en souvenir des agréables moments que nous avons passés ensemble à Paris

L'auteur
E. de Nevers

Paris 15/12/98

L'AVENIR

DU

PEUPLE CANADIEN-FRANÇAIS

L'AVENIR

DU

PEUPLE CANADIEN-FRANÇAIS

PAR

Edmond DE NEVERS

PARIS
HENRI JOUVE, ÉDITEUR
15, RUE RACINE, 15

1896

A MES JEUNES COMPATRIOTES

Soyons fiers et nous serons forts!

L'AVENIR DU PEUPLE CANADIEN-FRANÇAIS

QUELQUES CONSIDÉRATIONS GÉNÉRALES POUR SERVIR DE PRÉFACE

« *Il fut un temps où, nous aussi, nous pou-*
« *vions créer, dans les déserts américains,*
« *une grande nation française et balancer*
« *avec les Anglais les destinées du Nouveau-*
« *Monde. La France a possédé autrefois, dans*
« *l'Amérique du Nord, un territoire presque*
« *aussi vaste que l'Europe entière.* . . . . . .
. . . . *Mais un concours de circonstances,*
« *qu'il serait trop long d'énumérer, nous a*
« *privés de ce magnifique héritage. Partout*

« *où les Français étaient peu nombreux et*
« *mal établis, ils ont disparu. Le reste s'est*
« *aggloméré sur un petit espace et a passé*
« *sous d'autres lois. Les quatre cent mille*
« *Français du Canada forment, aujourd'hui,*
« *comme les débris d'un peuple ancien perdu*
« *au milieu des flots d'une nation nouvelle.*
« *Autour d'eux, la population étrangère gran-*
« *dit sans cesse; elle s'étend de tous côtés,*
« *elle pénètre jusque dans les rangs des*
« *anciens maîtres du sol, domine dans leurs*
« *villes et dénature leur langue. Cette popu-*
« *lation est identique à celle des Etats-Unis.*
« *J'ai donc raison de dire que la race anglaise*
« *ne s'arrête point aux limites de l'Union, mais*
« *s'avance bien au delà vers le Nord-Est* ».

(De la Démocratie en Amérique, *par A. de Tocqueville — vol.* 1ᵉʳ, *p.* 499 (*Ouvrage publié en 1835*).

(1) « *Il faut remarquer toutefois qu'ici, éga-*
« *lement, l'élément étranger (canadien-fran-*
« *çais) périclite et qu'il finira probablement*
« *par se perdre au milieu de l'immigration*
« *anglaise* ».

(Expansion of England), *par J. B. Seely, p.* 15 (*Ouvrage publié en 1883*).

1. It is however to be remarked that here too (in Canada) the alien element dwindles and is likely ultimately to be lost in the english immigration.

Nous commencerons bientôt le quatrième siècle de notre existence nationale.

Il y a près de trois cents ans, on voyait sur les bords du Saint-Laurent, des hommes venus de France que, déjà, on appelait « les Canadiens ». Ils étaient braves, aventureux, intrépides et, les premiers, ils ont exploré presque toute l'Amérique septentrionale.

De nombreuses générations de soldats et de colons, fiers du nom français, ont travaillé à élever l'édifice de notre nationalité pendant ces trois siècles, chacune apportant à l'œuvre sainte le concours de son activité, l'appui de sa foi ardente. L'édifice, cimenté par le sang de héros et de martyrs, a grandi au milieu des orages, sous l'effort des éléments hostiles, rendu plus inébranlable par tous les assauts subis.

Les fondateurs de la Nouvelle-France vaincus, après un siècle et demi de luttes, n'ont pas su, ou peut-être daigné, transmettre à leurs fils un riche héritage de biens matériels, mais ils leur ont légué le souvenir de faits d'armes glorieux, d'admirables dévouements, d'existences héroïques. Cet héritage est de ceux qui conservent et fortifient les nations. Aussi, en dépit de toutes les prédictions pessimistes, nous avons survécu à l'abandon, à l'isolement, à l'oppression. Nous avons conquis le droit de vivre et de nous développer librement sur le sol américain, et rien n'entrave plus notre légitime expansion.

Plus, peut-être, qu'aucun autre des peuples nouveaux qu'a vus naître l'ère moderne, nous possédons les conditions fondamentales essentielles pour assurer aux fils d'une même race une vie nationale distincte et durable.

Les flots de la population anglo-germano-saxonne s'amoncellent, il est vrai, autour de nous ; nous ne sommes que deux millions, alors que, de l'Atlantique au Pacifique, de la Mer glaciale au golfe du Mexique, près de soixante-quinze millions d'hommes vivent dans une espèce d'homogénéité, basée sur la prédominance habituelle de la langue anglaise. Mais la Suisse française ne progresse-t-elle pas, depuis plusieurs siècles, à côté de la Suisse allemande, que borne et continue géographiquement l'empire germain? La Hongrie n'a-t-elle pas, de même, conservé sa langue et son caractère national au milieu des éléments slaves et tudesques qui l'environnent? Il ne résulte d'aucune loi naturelle ou sociologique que la force d'attraction de tout un continent soit plus grande que celle de quelques Etats frontières.

Au surplus, il ne saurait être isolé au milieu des nations, le petit peuple à qui les mille voix de la renommée redisent constamment la gloire de sa mère patrie, et qui n'a qu'à lever les yeux pour voir celle dont il tient l'être briller au sommet du monde civilisé.

．
． ．

Pourquoi donc l'avenir de notre peuple reste-t-il encore un problème ?

Pourquoi la foi en nos destinées semble-t-elle, peu à peu, s'éteindre au cœur de plusieurs des hommes qui composent nos classes dirigeantes ?

Comment se fait-il que des penseurs dégagés de tout préjugé, comme J.-B. Seely, aient pu prévoir la fin de notre nationalité et qu'ils s'attendent à nous voir disparaître dans l'œuvre d'unification de tout le continent nord-américain ?

C'est que, depuis un quart de siècle surtout, des symptômes de décadence se font sentir parmi nous. C'est que l'âme canadienne française, sortie de longues périodes de luttes, n'a pas encore trouvé sa voie et qu'elle s'est laissé envahir par l'apathie et l'égoïsme.

Nous ne songeons plus guère à notre avenir que comme on songe au passé : c'est-à-dire avec un sentiment de douce quiétude auquel se mêlent, aux jours de fêtes nationales, quelques élans d'enthousiasme ; nous ne cherchons point à le préparer. Fidèles à notre foi, à nos traditions, à nos souvenirs historiques, vaguement confiants dans la mission de la race française en Amérique, nous en sommes venus à ne plus nous demander, même, quelle est cette mission.

D'une longue hérédité belliqueuse, il est resté à un grand nombre d'entre nous une conception fausse du patriotisme. Un instinct de combativité s'est perpétué qui ne sait voir dans l'expansion active d'un peuple que la lutte contre les ennemis qui l'entravent ou s'y opposent. Or, depuis bientôt trente ans, nous n'avons plus guère de batailles à livrer pour la revendication de nos droits. Les qualités brillantes que nos pères ont déployées pour défendre le sol de la patrie et conquérir les libertés constitutionnelles, nous n'avons presque pas songé, depuis qu'une paix absolue nous est assurée, à les utiliser dans un autre champ d'action, dans la culture des arts de la paix. Les uns, cédant à leur penchant invincible pour la lutte, se sont jetés avec ardeur dans les guerres puériles des partis, les autres se sont ralliés au culte exclusif de Mammon. Presque tous, cependant, nous sommes restés patriotes, mais de ce patriotisme inactif et aveugle dont on meurt.

Notre nationalité résisterait à l'oppression,

elle succombera par la tolérance, si nous ne nous hâtons d'ouvrir des champs nouveaux à l'activité des esprits, à l'ardeur des tempéraments.

Chez la plupart des peuples de l'ancien continent, la patrie exige beaucoup de ses enfants, elle leur impose de lourds sacrifices pécuniaires, des fatigues, des travaux pénibles; mais elle ne demande aucune place exclusive dans leurs âmes. Le patriotisme y est un sentiment très bien porté, agréable, peu absorbant, presque un sentiment de luxe. On le manifeste à des époques fixes, par la proclamation des gloires du passé et des espoirs de l'avenir, derrière un drapeau que la foule animée suit avec des vivats éclatants. Et cela suffit.

L'amour du pays, chez les citoyens d'un grand Etat libre, peut se confondre, en dehors des époques troublées, avec les intérêts particuliers, les activités égoïstes. Des millions de sujets britanniques, de citoyens français ou américains peuvent fermer leur âme à toute préoccupation de race, de nationalité. Leur patrie n'en continuera pas moins son évolution normale avec la persistance des forces naturelles. L'abstention des indifférents n'aura pas beaucoup plus d'effet sur le destin de ces peuples que la vague qui se meurt dans les sables de la rive n'en peut avoir sur le cours des flots du Saint-Laurent.

Pour nous, fils de la Nouvelle-France, il n'en est pas ainsi. Notre patriotisme doit rester actif, prévoyant, toujours en éveil. Nous n'avons pas le droit de nous retrancher dans un mol égoïsme. *Chacun des descendants des 65.000 vaincus de 1760 doit compter pour un.*

La Providence, ne l'oublions pas, nous a tracé une tâche privilégiée entre toutes. Perdus au milieu d'innombrables populations étrangères, nous ne pouvons maintenir notre existence distincte qu'en nous élevant au-dessus du niveau général. *Nous ne pouvons être un peuple qu'à la condition d'être un grand peuple.*

* *

Quelques-uns de nos compatriotes, ai-je dit, doutent de l'avenir ; mais, pour l'immense majorité des Canadiens-français, la disparition ou l'assimilation de notre race en Amérique ne paraît pas plus vraisemblable, dans les conditions de liberté et de sécurité où nous vivons, que l'effondrement d'une haute montagne ne paraît possible, sans un cataclysme, à ceux qui ont toujours vécu à son ombre.

Dans une de ses plus jolies œuvres, le poète allemand Rückert, met en scène un dieu de l'Olympe qui, à des intervalles de cinquante siècles, avait l'habitude de visiter le même endroit du globe. Il y trouvait tantôt une forêt, tantôt une ville, tantôt une mer. A chaque voyage, le dieu prenait un ironique plaisir à s'enquérir de l'origine de ce qu'il voyait, mais la réponse qu'il recevait des habitants momentanés de ce coin de terre était invariablement la même : « Il en a toujours été ainsi et il en sera toujours ainsi » disaient-ils avec assurance.

La pensée d'une manière d'être différente de celle que la nature semble avoir indiquée, ou que l'habitude nous fait considérer comme nécessaire, s'impose difficilement à l'attention de la plupart des hommes. Une idée de perpétuité et de stabilité absolue s'attache aux grandes masses ethnographiques comme aux grands corps géologiques.

En parcourant la province de Québec, après avoir traversé des centaines de villages où la langue française est la seule langue parlée, où chacun nourrit la ferme volonté de continuer à être ce qu'il est, où personne ne conçoit même la possibilité de devenir autre, comment douterait-on de la vitalité de notre race ? Comment, surtout, ceux qui vivent dans ces villages, ne considèreraient-ils pas comme oiseuse toute pensée donnée à notre avenir ?

Cette foi absolue, qui n'éprouve pas la nécessité de s'affirmer, qui n'a, pour ainsi dire, pas conscience de soi, constitue une très grande force pour un peuple. Cependant elle ne suffit pas. Il faut que, parallèlement, les classes dirigeantes aient une foi éclairée, qu'elles étudient, veillent et prévoient, afin d'indiquer la direction à suivre, l'écueil à éviter.

A l'homme qui s'isole par la pensée dans le temps et dans l'espace, les grandes entités cessent de sembler immobiles. Elles se révèlent à lui avec leurs proportions changeantes, dans leur éternelle mutabilité. Les pays, les continents ne sont plus à ses yeux que de vastes fourmilières où de la somme des activités individuelles résulte une évolution continue ; où, sans cesse, des transformations s'élaborent et s'opèrent. Et l'observateur, peu à peu, se rend compte des lois qui président à la grandeur ainsi qu'à la décadence des nations. Il voit comment, sous l'action de forces fécondes qui sont : la foi, la fierté, l'activité, et de dissolvants tels que : l'apathie, l'ignorance, l'égoïsme, les peuples s'élèvent ou s'affaissent ; il voit comment, au sein de masses profondes, et en apparence immobiles, le terrain lentement se creuse, les molécules se désagrègent, les fondements s'ébranlent; comment enfin il vient un moment où rien ne peut plus empêcher l'écroulement.

Si plusieurs de ces lois semblent changeantes elles-mêmes, si le contingent des évènements imprévus et l'intervention du hasard ne permettent pas toujours de dégager nettement leur action, il en est d'autres qui sont invariables et qu'il est aisé de mettre en lumière.

L'Avenir est à nous; mais il faut que nous ne perdions pas de vue les conditions qui seules peuvent nous en assurer la possession; il faut que nous sachions le prévoir et le préparer.

*
**

Le peuple canadien-français est appelé en Amérique à un développement qui ne peut se guider ni sur la marche historique des peuples de l'antiquité, ni sur l'évolution de l'Europe actuelle; tout au plus les annales du passé peuvent-elles nous servir d'utiles avertissements.

A mesure, en effet, que les nations anciennes ont grandi, le passé s'est, pour ainsi dire, refermé derrière elles ; les fastes de leur histoire ne les ont suivies que comme une ombre fantastique très vague, presque indistincte, appelée légende ou tradition ; et les générations se sont succédé, obéissant à leurs passions brutales, à leurs préjugés, à la superstition, sans presque rien apprendre, sans éclairer l'avenir de l'expérience acquise au cours des siècles révolus.

Les patries européennes ont de même été lentes à se créer. Leur élaboration a été longtemps inconsciente. Ce furent d'abord des peuplades et des tribus réunies au hasard des batailles, constituées par des groupes d'hommes ne demandant à la vie qu'une nourriture grossière, des plaisirs barbares, et qui liaient volontiers leur destinée au drapeau du chef dont ils attendaient la réalisation de leur vulgaire idéal.

« *Dans le chaos que produisirent la rencontre et le conflit des races vaincues et des races victorieuses, dit M. Paul Janet, la violence individuelle dut avoir la plus grande part. Une société se forme comme elle peut ; la force eut le dessus, comme il arrive toujours ; la faiblesse fut heureuse de se cacher à l'ombre de la force : un ordre artificiel les enchaîna l'une à l'autre, et c'est ce qu'on appela la société féodale.* »

Ainsi donc, l'union des princes, des seigneurs et des vassaux, ne fut pas basée d'abord sur l'intégrité de frontières naturelles reconnues, sur l'homogénéité de la race, des coutumes ou même du langage (1).

Peu à peu cependant, le fait d'avoir obéi à un même chef et vécu sous de mêmes lois donna naissance à des désirs et à des aspirations identiques. Les souvenirs du passé recueillis par les chroniqueurs constituèrent un domaine commun dans lequel chacun eut sa part ; des courants ataviques transmis à travers les âges, des forces mystérieuses surgirent et resserrèrent les liens encore lâches qui unissaient les individus, amalgamèrent les races, établirent une cohésion intime entre les éléments divers.

Ce continent « découpé par le sabre en compartiments inégaux et aux bordures hérissées de fer » s'est développé, en réalité, sous le souffle impérieux des passions égoïstes et des dévouements héroïques, mais aveugles ; sous la poussée des grands courants belliqueux, sous l'effort des haines, le choc des rivalités, l'inspiration du fanatisme.

L'idée du droit, de la justice égale pour

1. Le mot « patrie » ne se rencontre dans les auteurs français qu'à partir du XVIᵉ siècle » (A de Tocqueville. *De la démocratie en Amérique*).

tous, a été impuissante, pendant des siècles, à pénétrer ces agrégations diverses, à s'implanter au cœur de ces foules, à gagner ces classes artificiellement superposées. Aujourd'hui encore, le passé barbare et intolérant exerce sur l'Europe une funeste influence.

L'Amérique, au contraire, a été colonisée en des siècles de lumière, depuis que les nations ont acquis la conscience de leur existence propre, depuis que le patriotisme a mis dans chaque peuple un sentiment profond de solidarité avec le passé et de responsabilité en vue de l'avenir. C'est incontestablement une pensée civilisatrice qui a présidé à l'établissement des colons anglais et français sur les bords du Saint-Laurent, du Mississipi et de l'Hudson.

Nous avons, sur les peuples qui ont grandi à des époques plus reculées, cet incalculable avantage de pouvoir et de savoir enregistrer nos victoires, de pouvoir et de savoir constater nos progrès, de pouvoir nous assigner un but et de savoir y marcher.

La préoccupation de l'avenir ne se présentait même pas à l'esprit de nos ancêtres gaulois, celtes et germains ; nos esprits ne doivent pas s'en laisser détourner.

Des voies diverses s'ouvrent devant nous ; il nous faut choisir celle qui pourra nous conduire au but que la nature, les circonstances et les exigences spéciales de notre civilisation nous ont assigné. Comme le géomètre, qui dans l'arpentage d'un terrain, espace ses jalons autour de l'endroit où il opère et se rapporte à des points déjà connus, ainsi nous devons, en dirigeant notre orientation nationale, tenir compte de notre passé et des circonstances ambiantes.

La marche en avant du peuple canadien-français implique un effort continu, une vigilance incessante ; et cette condition particulière de notre existence sera, peut-être, ce qui contribuera le plus à nous assurer, en Amérique, une place enviable.

« *Un peuple qui, par un privilège funeste, pourrait subsister sans travail, disait Leplay* (1), *serait voué, par là-même, à une infériorité relative* ». On peut en dire autant d'un peuple qui pourrait subsister sans préoccupations patriotiques ; car, chez celui-ci, toutes les forces résultant du sentiment de la solidarité, des souvenirs historiques, de la fierté nationale, de l'émulation généreuse en vue du bien public, toutes ces forces s'éteindraient bientôt pour faire place à un mortel égoïsme.

1. *De la réforme sociale*, vol. II.

XXII L'AVENIR DU PEUPLE CANADIEN-FRANÇAIS

Pendant cent cinquante ans, nos ancêtres ont combattu *pour Dieu et pour le Roi*, selon l'expression du temps ; pendant un siècle, ils ont lutté pour la conquête des libertés constitutionnelles qui sont l'apanage de tout sujet anglais ; et nous sommes devenus, grâce à eux, le peuple de la terre qui a le moins d'entraves. L'*Acte de Cession* du Canada, en 1761, a clos l'ère des expéditions guerrières et des faits d'armes héroïques. L'*Acte de la Confédération*, en 1867, a clos l'ère des luttes électorales et parlementaires, moins dangereuses peut-être, mais également vaillantes et patriotiques.

De 1867 à 1894, quel chapitre, quelle page pourra-t-on ajouter à l'histoire de la race française en Amérique ?

« Ils ont crû et se sont multipliés, selon la parole de l'Écriture ; un certain nombre d'entre eux sont allés féconder de leurs labeurs les villes manufacturières des États de la Nouvelle-Angleterre ; les autres sont restés au pays, songeant à s'enrichir, mais ne s'enrichissant guère et s'amusant à des luttes puériles ». Voilà ce que l'on écrira, je le crains.

L'AVENIR DU PEUPLE CANADIEN-FRANÇAIS XXIII

Ce chapitre sera peu intéressant, cette page sera brève.

Le moment était venu, pour nous, de tracer un but grandiose à l'activité de notre race, d'affirmer par une initiative féconde la vigueur de l'esprit français, de marquer la place que nous entendions prendre dans la vie intellectuelle et économique de l'Amérique du Nord. Hélas ! nous n'en avons rien fait, et c'est depuis que la crainte du danger est disparue que le danger réel est apparu.

Il nous a manqué l'action d'une élite intellectuelle, l'impulsion d'une classe dirigeante vraiment éclairée, sainement patriote.

C'est principalement chez un peuple jeune, où tout encore est à créer, que l'existence de cette élite paraît d'une absolue nécessité. Il ne s'agit de rien moins, en effet, que de donner à des forces nouvelles une direction que rien ne pourra plus changer peut-être. Et c'est pourquoi les hommes qui vont si puissamment influer sur les destinées nationales doivent s'être mis en état de voir haut et loin, tant par des études spéciales que par une expérience approfondie des hommes et des choses. Sinon, ils ne sauront pas dégager la pensée de l'avenir des nuages créés par les questions d'intérêt immédiat.

Les vingt-cinq dernières années ont été pour

nous une période néfaste. Non-seulement nos progrès dans le domaine intellectuel y ont été presque nuls, mais encore il y a eu déchéance au point de vue matériel. La plupart des professions non productrices se sont encombrées dans le temps même où s'achevait la ruine d'un grand nombre de nos producteurs. En outre, la moitié de ces derniers ont quitté notre sol, inaugurant ainsi l'ère de la dispersion. Et voilà enfin que sur ces désastres grandit l'esprit ploutocratique américain, qui menace de subjuguer notre vieille fierté nationale.

Le fait que les ressources de tout un continent sont librement ouvertes à notre activité rend la lutte pour la vie moins âpre. Chez nous, les désastres financiers ont rarement, comme en Europe, le caractère de véritables catastrophes. Quand on sent le terrain s'effondrer sous ses pas, on cherche moins désespérément à s'y maintenir. On ne fait même pas le sacrifice de ses habitudes de bien-être; car on sait, ou on croit qu'aux Etats-Unis, avec du travail, on refera sa fortune. La frontière n'est pas éloignée. Une somme insignifiante permet de s'expatrier.

Cet état de choses, favorable à certains

points de vue, est cependant préjudiciable à notre prospérité nationale. Il amollit nos énergies, il nous empêche de prendre des habitudes de prudence. Il est cause que beaucoup des richesses de notre sol restent improductives. Enfin il est pour nous, chaque année, l'occasion d'une considérable déperdition de forces.

L'amour du pays se maintient vivace, en général, au cœur des émigrés, mais le Canada français perd continuellement, depuis vingt-cinq ans surtout, de cette attraction unique qu'exercent les patries bien définies et fermées. Pour quelques-uns, déjà, il n'est plus qu'un terrain vague, vaguement aimé où l'on naît, où l'on passe, où l'on revient et qu'on quitte. Par suite, cette fermentation patriotique qui seule soutient et fortifie la vie des peuples devient de moins en moins intense.

Si, au moins, l'attrait que le sol natal n'exerce plus était remplacé dans les cœurs par l'attrait aussi puissant que créent la communauté des souvenirs historiques et l'unité de race et de langage ; si, au moins, le Canadien-français, comme ses ancêtres, les pionniers venus de France, emportait partout, sur le continent américain, sa patrie avec lui !

Hélas ! je crains qu'il n'en soit déjà plus ainsi.

XXVI L'AVENIR DU PEUPLE CANADIEN-FRANÇAIS

*
* *

Prenez deux millions d'individus de même race ; dispersez-les parmi les nations. Chacun d'eux, qu'il soit Hindou, Chinois, Français, Anglais ou Allemand, s'il est placé dans certaines conditions favorables au point de vue hygiénique, social et éducationnel, pourra, sans doute, faire souche de citoyens distingués, peut-être illustres. Car un homme bien organisé, placé au milieu d'autres hommes plus ou moins avancés dans la voie du progrès, se plie aux exigences nouvelles. Il ne reste pas longtemps inférieur, et l'on peut ajouter, en nous limitant à l'Europe et à l'Amérique, — ni longtemps supérieur à ceux qui l'entourent. Ces deux millions d'individus pourront donc, sans avoir de qualités exceptionnelles, prospérer plus même que s'ils étaient restés groupés. L'isolement stimulera leur activité ; leur situation d'étranger, les mettra davantage en évidence peut-être ; enfin sûrement leur égoïsme accru deviendra une force. Mais pour que deux millions d'hommes unis par les liens de la religion, de la langue et du sang, puissent fonder un grand peuple et entretenir en eux le sentiment national, source féconde de jouissances et de richesses, certaines vertus particulières leur sont nécessaires. Les citoyens d'origine canadienne-française assimilés, fondus dans la Grande République américaine peuvent se contenter d'être des hommes d'affaires prévoyants et rusés. Les Canadiens-Français aspirant à un développement autonome ne le peuvent pas. Entourés de populations qu'anime une foi ardente en la grandeur de leurs destinées et que remplit la fierté superbe de la race, nous ne pouvons survivre que si nous sommes animés de la même foi, fiers de la même fierté; car l'ardeur des convictions possède une grande force d'attraction et, devant elle, les croyances vagues et mal définies disparaissent bientôt.

.·.

Les historiens d'autrefois assignaient volontiers à chaque peuple une mission spéciale. S'ils acceptaient le libre arbitre des individus, ils aimaient cependant voir la main de la Providence dans les principales étapes de la grandeur ou de la décadence des nations. Des hommes, d'après eux, paraissaient qui étaient les *fléaux de Dieu;* d'autres venaient chargés de préparer les voies au progrès ; des civilisations disparaissaient, des peuples s'effondraient parce que la Loi avait été méconnue, parce qu'ils n'avaient pas suivi la droite voie et « avaient fait le mal devant le Seigneur ». D'autres enfin, prospères malgré leurs crimes, étaient voués à un terrible châtiment.

Tout ce que nous attribuons aujourd'hui aux exigences du développement social, aux rigueurs de l'évolution naturelle, à la lutte des forces, à la concurrence vitale, n'était, selon ces écrivains, que la manifestation constante de la volonté divine par laquelle les puissants sont dépossédés et les faibles exaltés, de la suprême Justice, parfois tardive, mais immanente.

A la lumière de cette foi confiante, l'œuvre de nos pères, qui sont venus planter la croix sur le nouveau continent, est aussi une manifestation divine. « *Gesta Dei per Francos* ». Nous avons été conduits ici, protégés, soutenus dans nos épreuves afin d'être sauvés de l'impiété qui désole aujourd'hui notre mère-patrie, diraient-ils volontiers.

Hé bien, je voudrais que cette opinion un peu présomptueuse fût encore celle de tous les Canadiens-français. Je voudrais que tous les descendants des vaincus de 1760 eussent de leur mission dans le monde une aussi haute idée et qu'ils vissent leur devoir tracé d'en haut par une volonté éternelle.

Mais quelle est cette mission ?

C'est une sorte de dogme consacré par l'Europe entière, que l'esprit français a des qualités incomparables de clarté, de finesse, d'ardeur, de générosité. Notre race semble avoir été choisie pour enseigner au monde moderne le culte du beau, pour en garder et aussi en répandre les trésors. Sa culture élégante, charmante courtoisie, son dévouement inné aux nobles causes, la prédestinaient à ce rôle, auquel d'ailleurs elle ne manqua jamais.

Dès lors ne s'impose-t-il pas que notre mission, à nous Canadiens-français, est de faire pour l'Amérique ce que la mère-patrie a fait pour l'Europe ? de transporter et d'édifier chez nous une civilisation sur plusieurs points supérieure à celle des peuples qui nous entourent, de fonder dans ces régions du nord une petite république un peu athénienne où la beauté intellectuelle et artistique établira sa demeure en permanence, où elle aura ses prêtres, ses autels et ses plus chers favoris ?

Tandis que nos voisins, voués au culte exclusif de l'or, continueront leur négoce avide, nous nous ferons une vie sociale où le *struggler for wealth* ne se pourra point acclimater, où subsisteront les élégances anciennes et les grâces aimables d'autrefois, toutes les choses généreuses, délicates ou bonnes du passé. L'hospitalité chez nous restera large et sincère comme celle exercée par nos pères, et les femmes, au rebours des manies contemporaines, préférant demeurer femmes, n'ambitionneront ni les succès du barreau, ni ceux des chaires professorales, ni ceux de l'amphithéâtre.

Mais ce n'est pas tout. Notre mission pourrait être plus grande encore. A une époque où tous les esprits ardents se préoccupent des problèmes sociaux, nous qui possédons presque l'égalité et la fraternité idéales rêvées par les philanthropes, nous, à qui le passé n'a rien laissé à détruire, nous pourrions, en nous éclairant des idées nouvelles d'humanité, de charité vraiment chrétienne, de sage altruisme, échaffauder notre avenir sur des fondements à jamais inébranlables.

Il nous est permis de profiter de l'expérience des grandes nations; de ne leur emprunter pour les acclimater chez nous, que les produits du progrès bien entendu. L'exemple d'un petit peuple en même temps religieux et progressif, où le bien-être serait général, où l'on ne connaîtrait pas l'abus des grandes fortunes; où l'agriculture, le commerce, la science et les arts seraient également tenus en honneur, ne pourrait-il pas, dans une certaine mesure, être utile à l'humanité ? Ne pourrait-il pas devenir, lui-même, un facteur puissant de progrès ?

Ce n'est peut-être là qu'un rêve... Pourquoi pas, cependant ?

.˙.

Les symptômes de décadence qui se sont manifestés depuis plusieurs années ne doivent pas nous faire envisager l'avenir d'une manière pessimiste ; car nous avons encore la libre disposition de presque toutes nos forces et notre bilan reste, en somme, très satisfaisant.

Nous sommes, dans la confédération canadienne et aux États-Unis au nombre d'environ deux millions, presque tous de pure race franque et gauloise. Quelques défections se sont produites dans nos rangs ; certains des nôtres, perdus dans des centres exclusivement américains de l'ouest, se sont américanisés, il est vrai ; mais en revanche, plusieurs familles écossaises et irlandaises, également isolées dans des centres exclusivement français, se sont francisées.

Nous habitons des terres que nos ancêtres ont colonisées, arrosées de leur sang, et qui sont remplies pour nous de chers souvenirs.

Notre climat n'est ni le plus beau, ni peut-être le plus sain du monde ; mais nous y sommes habitués; il nous convient. C'est un climat rigoureux, qui ne laisse pas les énergies s'endormir, qui ne permet pas aux natures vigoureuses de s'alanguir et de s'affaisser. Sous les cieux ardents du midi, le soleil est un maître inflexible contre lequel l'homme ne se défend que par le repos et l'inertie; nos neiges et nos autans, au contraire, stimulent la force, aiguillonnent le courage, entretiennent les résolutions viriles.

Notre situation politique est, pour le moment, aussi favorable qu'elle peut l'être.

Notre état social repose sur les bases les plus démocratiques et les plus égalitaires. Les quelques familles qui auraient pu prétendre, selon les idées de notre temps, à une certaine prépondérance, se sont appauvries. Tous ceux qui aujourd'hui, se trouvent à la tête de notre société, sont fils ou petits-fils de cultivateurs, de négociants ou d'ouvriers. Il n'est aucune famille au Canada, dont quelques membres ne se soient occupés, pendant les dernières générations de travaux manuels; aussi le travail est-il justement honoré dans notre pays. Espérons qu'il ne cessera jamais de l'être.

Nous sommes un petit peuple. Est-ce un

avantage? La question très souvent controversée n'est pas encore résolue.

« *Dans l'ordre final, dit Auguste Comte, les Etats occidentaux n'auront pas une étendue normale supérieure à celle que nous offrent maintenant la Toscane, la Belgique, la Hollande. Une population d'un à trois millions d'habitants, au taux ordinaire de soixante par kilomètre carré, constitue, en effet, l'extension convenable aux Etats vraiment libres. Car on ne doit qualifier ainsi que ceux dont toutes les parties sont réunies sans aucune violence, par le sentiment spontané d'une active solidarité* » (1). Il est certain que plus les hommes s'agglomèrent et se groupent en masses nombreuses, plus les individualités disparaissent, plus les molécules qui constituent les nations sont infimes, plus les activités isolées deviennent impuissantes.

Enfin, nous avons cette précieuse supériorité que la plus grande partie de nos terres ne sont pas encore défrichées, que la plupart de nos ressources n'ont pas encore été exploitées, que nous sommes un peuple jeune destiné à vivre dans un pays neuf. L'horizon est donc vaste : A toutes les légitimes ambitions, à toutes les nobles aspirations, à toutes les acti-

---

1. *Catéchisme positiviste*, p. 302.

vités, à toutes les forces, un champ presque sans limites est ouvert.

J'ai dit que nous sommes un peuple jeune.

Ne pourrait-on pas prétendre que nous sommes aussi vieux que les grands peuples européens, puisque nous ne sommes qu'un rameau de la nation française transplanté sur un autre sol, puisque nous bénéficions, comme eux, de l'expérience des siècles passés, puisque nous accomplissons vers le progrès indéfini, une évolution parallèle à celle qu'ils accomplissent eux-mêmes? Non, car l'œuvre du progrès a été interrompue pour nos pères.

Une période de guerres et d'agitation de près de deux siècles, avec des intervalles remplis par le seul souci de la conservation et des travaux matériels, nous a empêchés de vieillir. Les peuples d'Europe ont vécu également au milieu de luttes incessantes — c'étaient leurs combats que nous combattions en Amérique — mais le mouvement des idées, le progrès des sciences et des arts, n'ont pas été interrompus. Quand les soldats revenaient de leurs lointaines expéditions, ils retrouvaient leur maison changée pendant cette absence, différemment ornée, presque toujours embellie; car l'artiste et le penseur avaient créé, pendant qu'eux avaient détruit.

Il n'en fut pas ainsi chez nous. Après la

conquête par l'Angleterre, nous sommes restés, tout un siècle, absolument isolés, sans aucun rapport avec la mère-patrie, cherchant uniquement à nous faire une demeure à l'abri des orages. Du concert de la haute civilisation européenne, seules quelques voix affaiblies nous arrivaient qui n'éveillaient presque aucun écho dans nos âmes.

C'est ainsi que nous sommes restés jeunes et que nous avons, de la jeunesse, la vigueur, la sève, l'ardeur, qui nous permettront de regagner rapidement le temps perdu, quand nous aurons bien compris le devoir qui nous incombe de manifester en Amérique les vertus brillantes de l'âme française.

Il résulte, en outre, du fait que notre population a passé tout un siècle dans une paix presque ininterrompue, ne s'occupant qu'à satisfaire des désirs modestes, évitant le surmenage et ne se livrant pas au vertige des affaires et de la spéculation, qu'elle a amassé, pour les générations futures, un héritage de force et de santé, qu'elle a accumulé des richesses de tout genre. Une famille, tous les physiologistes semblent d'accord sur ce point, ne peut fournir plus de trois générations d'hommes susceptibles d'une grande activité cérébrale. Ainsi la vie fiévreuse de nos voisins des États-Unis, dont la prospérité nous fait quelquefois envie, la course vertigineuse à la richesse qui les entraîne, comporte un élément de faiblesse pour l'avenir.

« *L'extrême passion de la richesse, dit le célèbre aliéniste Maudley* (1), *alors qu'elle absorbe toutes les forces de la vie, prédispose à une décadence morale et intellectuelle, et la descendance de l'homme qui a beaucoup travaillé à s'enrichir, est presque toujours dégénérée physiquement et moralement, égoïste, sans probité et instinctivement fourbe* ».

Il convient cependant d'ajouter que, dans le grand corps de l'Union américaine, les forces se renouvellent sans cesse et que chaque génération s'infuse un sang nouveau, s'assimile des énergies neuves.

Nous sommes également étrangers à ce mal du siècle dont se plaignent depuis longtemps déjà les hautes civilisations. Nos âmes de croyants n'ont pas encore éprouvé la satiété des jouissances, le désenchantement des félicités rêvées et reconnues inaccessibles. Nous n'avons pas pris le goût amer de torturer notre pensée, pour chercher le sens obscur et caché du verbe, de perdre nos imaginations à la recherche d'eldorados mystérieux

---

1. Cité par E. de Laveleye « *Le socialisme contemporain.* »

et de bonheurs factices. Nous avons même fort longtemps à marcher avant d'arriver jusqu'à ces régions ténébreuses où les avant-coureurs du progrès ont fait halte et d'où ils contemplent l'inconnu d'un œil morne.

Quand nous y arriverons, les voies, sans doute, seront tracées et nous serons éclairés d'une aurore nouvelle.

Pendant de longues années passées à l'étranger, j'ai pu constater combien, dans les vieux pays d'Europe, toutes les activités sont entravées par les cadres acceptés, les opinions reçues, les préjugés consacrés, combien les facultés d'action sont circonscrites ; combien d'entraves matérielles et conventionnelles s'opposent aux activités généreuses. J'ai vu quel sourd mécontentement germe au fond des cœurs et combien sera pénible l'œuvre de reconstruction qui s'annonce pour l'avenir.

A côté des penseurs robustes et des savants austères dont l'œuvre élargit sans cesse sa trouée dans les ténèbres, s'agitent des légions d'esprits subtils, de dilettantes névrosés s'évertuant à distiller l'ombre et le mystère, glorieux quand ils ont amené un pâle sourire sur les lèvres de ceux qu'ils estiment des raffinés et des délicats. Peut-être sont-ils, eux aussi, des précurseurs, mais combien leurs efforts nous semblent maladifs, pénibles et puérils !

L'air pur, on le sent, manque à leur poitrine.

L'œuvre que nous, membres de la jeunesse canadienne-française, avons à accomplir, est au contraire, saine, vivifiante et virile. C'est une œuvre d'*hommes*.

Nous avons à rassembler et à consolider les éléments de tout un peuple, qui tendent à se disperser.

Nous avons des voies à ouvrir à mille activités renfermées ou égarées, des déserts à peupler, une patrie à faire grande et prospère. N'est-ce point assez pour satisfaire toutes les aspirations ?

Qui de nous n'a pas quelquefois caressé ce beau rêve : Depuis les bords de l'Atlantique, sur les rives de notre majestueux Saint-Laurent et dans les profondeurs où règne encore la forêt, des villes opulentes, enrichies de musées, d'objets d'art et de monuments, attirant à leurs écoles toute une jeunesse éprise des choses de l'esprit; des campagnes riantes aux voies bordées d'arbres, aux habitations coquettes, aux champs couverts d'une luxuriante végétation : une nouvelle France continuant au Nouveau-Monde et dans des conditions d'existence améliorées, les traditions élégantes, courtoises et généreuses de la vieille mère-patrie ?

Ce rêve, il ne tient qu'à nous d'en préparer et d'en commencer la réalisation.

Presque tous les peuples ont été grands qui ont voulu être grands. Les efforts combinés d'une foule d'hommes intelligents et énergiques produisent toujours et nécessairement d'heureux résultats.

.·.

Notre rôle en Amérique peut être brillant. Il suffit que nous le voulions.

Les maîtres de notre avenir, ce sont surtout les jeunes gens qui viennent de débuter ou qui débuteront bientôt dans la vie active et qu'aucune servitude faite de devoirs inéluctables n'a encore assujettis. Le père d'une nombreuse famille, qu'il soit négociant, agriculteur ou avocat, ne peut songer à donner à sa vie une orientation nouvelle. Sa route est tracée. Il sera même naturellement et presque légitimement hostile à toute réforme qui, utile à la masse, lui paraîtra désavantageuse pour les siens.

A nous donc qui sommes libres encore de toute entrave, d'élever nos âmes à la hauteur de notre mission! *Car les vingt ou trente années qui vont suivre seront pour notre existence nationale une période décisive.*

XL L'AVENIR DU PEUPLE CANADIEN-FRANÇAIS

Si une plus grande part de travail et d'initiative s'impose à la jeunesse canadienne, tous nos compatriotes cependant peuvent, chacun dans sa sphère, contribuer à l'œuvre de consolidation nationale, quand ils n'auraient à mettre dans l'apport commun que leur foi et leur espoir en notre avenir. C'est surtout cette foi et cet espoir qui, disséminés au fond des cœurs de tous les citoyens d'un même pays, constituent l'âme collective d'un peuple.

* *

On a demandé plus à nos pères qu'à nous. Ils ont eu à lutter longtemps et ils ont beaucoup souffert. Nous n'avons, nous les fils, qu'à garder intact, en l'améliorant dans la mesure de nos forces, le patrimoine qu'ils nous ont transmis.

Mandataires des générations qui nous ont précédés, nous n'avons pas le droit de laisser se briser la chaîne qui unit le passé à l'avenir. Qu'adviendrait-il de l'humanité, si les vivants reniaient le principe de solidarité qui les lie aux morts ? Que deviendraient tous les stimulants à l'action, à l'ambition, qui nous font ce que nous sommes, si, des travaux de ceux qui ne sont plus, rien ne devait subsister, si l'arbre planté et arrosé avec soin était coupé dans sa croissance ; si, dans le champ péniblement labouré, on ne faisait pas la moisson ?

N'est-ce pas surtout parce que nous espérons que ceux qui viendront après nous continueront notre œuvre, que nous avons l'ambition de faire cette œuvre utile et belle ?

Plus une âme est noble, plus est profond en elle le sentiment de la solidarité humaine ; mais l'égoïste lui-même désire transmettre à son fils le patrimoine que lui ont légué ses ancêtres. Tout homme aimant son pays s'efforce d'assurer aux générations suivantes la paisible possession des biens dont il a joui. Le savant, le philosophe, le penseur, assignent pour but suprême à leurs efforts le progrès continu de l'humanité tout entière.

.˙.

Ne l'oublions pas, un peuple ne peut conquérir un droit incontestable à la vie que s'il ajoute quelques richesses au trésor commun des nations. L'idée de patrie implique un ensemble d'activités, d'initiatives, d'efforts indépendants, des activités, des initiatives, des efforts individuels. De même que toutes les éclosions du règne végétal demandent l'action du calorique, le souffle tiède des brises élyséennes, les rayons d'un soleil de printemps, de même la réunion de toutes les forces sympathiques qui résident dans les groupements homogènes d'individus constitue un milieu propice à l'éclosion des fruits de la civilisation. Ces fruits, ce sont les sciences, la philosophie, l'art, la poésie et ce qui en découle : une conception plus large de la vie et du devoir, un idéal plus grand et plus beau.

Aussi chaque fois qu'un peuple est venu prendre place au concert universel; chaque fois qu'un nouveau groupement, réunissant des conditions de force et de vitalité, s'est formé; qu'une agglomération d'hommes s'est levée, réclamant le droit de vivre de sa vie propre ; ou qu'un peuple d'une existence encore obscure s'est annoncé par l'affirmation d'un vouloir, par la production d'une œuvre utile, ou par la manifestation de pouvoirs créateurs, il n'y a eu de toutes parts, pour lui souhaiter la bienvenue, que des paroles sympathiques. Ainsi les Etats-Unis se déclarant indépendants, l'Italie régénérée, l'Allemagne unifiée, les États des Balkans arrachés à la tyrannie ottomane, le Japon organisé constitutionnellement n'ont rencontré, en dehors de ceux que ces transformations ont pu léser, qu'un murmure approbateur. Car chacun sent qu'un peuple nouveau doit incarner une idée nouvelle.

Les vieilles nations qui se débattent dans les chaînes forgées par le passé se disent que le frère qui vient de naître saura travailler, lui aussi, avec des forces neuves, au mieux-être de l'humanité; qu'il fera des expériences intéressantes; que, grâce au nouveau-venu, une note inédite viendra peut-être rompre la monotonie des anciens errements.

Tout peuple a son rôle à jouer, sa chose à créer; et, lorsqu'il a ainsi affirmé son existence, sa disparition produirait, si peu qu'il eût duré, la même impression que l'écroulement d'un édifice élevé à grand'peine.

.•.

Ce qui nous menace, ce n'est pas, comme disait A. de Tocqueville, le flot grossissant de la population étrangère; c'est l'invasion de l'esprit américain, le culte du veau d'or, la perte de notre fierté, l'apathie, l'asservissement des âmes. Le mal est en nous; c'est en nous qu'il faut le détruire.

Ne laissons pas notre vie nationale se perdre dans des voies autres que celle que la nature et la tradition lui ont assignée.

Lorsque, chez un peuple, la fierté de la race

commence à disparaître lorsqu'il a cessé de se créer des titres de gloire, surtout lorsqu'il ne met plus sa gloire à rester ce qu'il fut et subit paisiblement les modifications que l'étranger lui apporte, on peut être certain que son existence est gravement atteinte. C'est ce que voient bien ceux qui, malgré l'expérience du passé, rêvent encore notre assimilation à l'élément anglo-saxon.

La plupart de nos compatriotes ne comprennent, comme je l'ai dit, qu'un patriotisme militant, et ils ne s'éveilleront à l'idée d'un devoir sacré à remplir que si l'on menace leur religion, leur langue ou leurs biens. D'autres, remplis de bonnes intentions, n'entendent le développement de notre nationalité que d'après certaines lois, en vertu de certains principes trop étroits pour l'âge moderne et pour le rôle que nous sommes appelés à jouer en Amérique. Un bon nombre, enfin, paraissent s'imaginer qu'en bataillant les uns contre les autres, et en menant grand bruit autour de leurs querelles, ils assurent l'avenir de la patrie.

Toutes ces causes expliquent le peu de progrès que nous avons fait depuis vingt-cinq ans.

Pour assurer à notre nationalité, une vie que rien ne pourra plus menacer, il nous faut tout d'abord : régénérer notre belle langue que l'anglicisme est en train d'étouffer ; déployer notre activité dans *tous* les champs où elle peut utilement s'exercer ; chercher à produire des œuvres conformes au génie de notre race ; *tirer parti de toutes nos ressources intellectuelles et matérielles*, en même temps que nous nous efforcerons d'unir tous les rameaux de la famille canadienne-française en Amérique. Jamais tâche plus importante et plus belle n'est échue à la jeunesse d'un pays.

Notre situation n'a rien de désespéré, loin de là ; cependant, si nous ne secouons pas notre indifférence, qui sait si dans vingt ans il ne sera pas trop tard ? (1) La mort d'un peuple est chose lente et obscure, les symptômes en sont peu sensibles au dehors, et celui qui doit disparaître ne s'aperçoit de son état que lorsqu'il est trop tard pour réagir.

* *

Que tous ceux qui sentent dans leur poitrine battre un cœur ardent et fier, s'associent à l'œuvre commune !

Parmi les ouvriers qui travaillent à la cons-

---

1. Des peuples sont tombés des plus hauts sommets de la civilisation à la ruine et à la servitude pour s'être abandonnés pendant deux générations. (Montesquieu).

truction d'un édifice, il en est qui contents d'accomplir leur tâche quotidienne et de percevoir leur salaire, quittent leur travail chaque soir, y reviennent chaque matin, mercenaires indifférents, sans jeter sur l'œuvre à laquelle ils contribuent, un regard ému ou satisfait. D'autres, au contraire, abandonnant de temps à autre, la truelle et le marteau, s'éloignent lentement hors de l'ombre des murs et constatent d'un air heureux les progrès réalisés. Ils regardent comment la façade se détache dans la perspective, ils suivent des yeux l'alignement des colonnes, l'enlacement des arabesques, ils étudient avec intérêt l'effet que l'ensemble produit dans le paysage, soucieux surtout que l'œuvre de leurs mains ne le cède à aucune autre en beauté.

Je demande à mes jeunes compatriotes d'être ces ouvriers intelligents, épris de leur œuvre et intéressés à ses résultats.

. . . .

Ce livre que je leur dédie, que je dédie à mes amis, aux amis de mes amis, n'a pas l'autorité que confèrent l'âge, l'expérience et le savoir. Il n'est que l'ardente prière d'un patriote à des patriotes. Puisse-t-il, au moins, éveiller quelques pensées généreuses, inspirer quelques espoirs, confirmer quelques résolutions viriles !

Je suis forcé de dire de dures vérités; je froisserai peut-être quelques susceptibilités; qu'on me pardonne !

Ce serait un enfantillage ridicule que de vouloir cacher notre état à ceux qui s'intéressent à nous, ou de vouloir nous le dissimuler à nous-mêmes. Il faut au contraire nous rendre bien compte des maux dont nous souffrons et mettre nos plaies à nu, si nous voulons en trouver la guérison.

.·.

Dans la première partie de cet ouvrage, j'étudie les phases successives de notre vie nationale depuis la fondation de la colonie, l'esprit qui a inspiré nos ancêtres et les dangers qui nous menacent. Dans la seconde, j'essaie d'indiquer les moyens par lesquels nous pourrons conjurer ces dangers et assurer l'avenir. Dans la troisième enfin, je recherche quelle sera en tenant compte des circonstances actuelles et des évènements qui se préparent, la place définitive que nous occuperons sur le continent américain.

PREMIÈRE PARTIE

COUP D'ŒIL SUR LE PASSÉ.

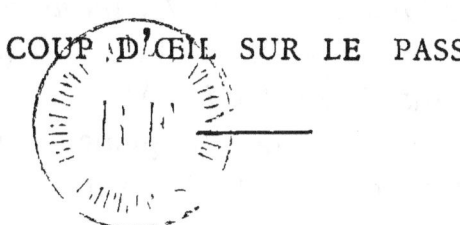

AVANT LA CONQUÊTE.

« *Mon esprit, se reportant dans le passé, se plaisait à se rappeler les hauts faits et les travaux inouïs de ces intrépides Canadiens, qui, tandis que ce vaste continent était encore presque entièrement inconnu, le parcouraient cependant dans toutes les directions et sur une étendue de plus de 1800 lieues, apprenaient à des milliers de peuplades sauvages à connaître et à respecter avant tous les autres le nom français. En effet, quoique, par une malheureuse insouciance, on paraisse l'avoir oublié, toutes ces immenses contrées qui s'étendent depuis le Labrador et la baie d'Hudson jusqu'au Golfe du Mexique, furent jadis reconnues, visitées, parcourues dans tous les sens par ces infatigables Canadiens que la tradition nous peint audacieux, conquérans sans généraux et sans armée, navigateurs intrépides sans marine, commerçans sans richesse et savans géographes sans compas* » (M. Milbert : *Itinéraire pittoresque du fleuve Hudson*).

« Les Canadiens ne songeaient qu'à la gloire militaire, bien qu'ils dussent servir sans être payés » (l'abbé Raynal).

Il semblera peut-être, au premier abord, qu'il y ait une certaine vanité d'un autre âge, ou plutôt d'un autre hémisphère, à réveiller un passé vieux de trois siècles pour proclamer le *rang social* qu'occupaient nos ancêtres. Nous pourrions, sans doute, laisser dire ceux qui veulent voir en eux des fils de paysans taillables et corvéables à merci, des serfs attachés à la glèbe (1). Lorsque toute

---

1. Bouquinant un jour à Paris sur les quais, je trouvai un volume sur le Canada, dont l'auteur se nommait, je crois, Cheville ou Chevillon ; l'ayant ouvert au hasard, je tombai sur ce passage : « Les 60,000 serfs qui existaient dans la Nouvelle France, en 1760, sont devenus un peuple de près de deux millions ».

trace de privilège, de tyrannie et d'oppression a disparu, le passé, récent ou lointain, ne devrait-il pas être simplement *le passé*, sans que nulle rancune subsistât, sans qu'aucun regret survécût ? Les familles, les races, les peuples, du reste, ont été tour à tour vainqueurs et vaincus. Qui sait si les ancêtres des gentilshommes de François 1er ne furent pas, en des âges reculés, dont le souvenir ne nous est pas parvenu, les serfs des ancêtres des corvéables féodaux ?

Les premiers colons de la Nouvelle France eussent-ils été, d'ailleurs, il y a trois siècles, quelques-uns de ces malheureux ilotes que La Bruyère *nous peint comme « des animaux farouches, noirs, livides, brûlés par le soleil, se retirant la nuit dans des tanières où ils vivent de pain noir, d'eau et de racines »*, nous ne songerions pas à les renier et nous n'aurions point honte de notre origine. Nul au monde n'a le droit de dédaigner l'homme qui a passé dans la vie ployant sous le poids d'un trop lourd fardeau et qui a souffert plus que sa part des injustices et des inégalités sociales.

Chez nos pères, dans tous les cas, l'hérédité de l'esclavage aurait été effacée par celle de l'héroïsme. Mais ce qu'il y a de certain, c'est que nous sommes les descendants de soldats et d'hommes libres, qui ont été des producteurs intelligents, avant d'être des héros et des colonisateurs.

Des touristes épris d'un faux idéal d'élégance mondaine et de vie oisive, *snobs* dressés à n'admirer que la richesse et le luxe, traversent de temps à autre la province de Québec. Ignorant notre histoire et constatant que nous ne sommes pas aussi riches que nos voisins, ils se disent qu'évidemment des gens qui n'ont pas su faire fortune, pendant tout un siècle de paix, sont d'une race inférieure à celle des descendants des pèlerins de New-Plymouth et des planteurs de la Virginie, parmi lesquels on compte de si nombreux millionnaires. Lorsqu'ils sont bien disposés, ces touristes nous déclarent « de braves gens, simples, paisibles et soumis *comme les paysans normands, leurs ancêtres* ».

Etaient-ils vraiment si *paisibles*, les premiers conquérants du continent américain (1)?

Notre origine ne se perd pas dans la nuit des temps. Nombre de mémoires dûs à la

---

1. Il n'est que juste de reconnaître que la plupart des touristes et publicistes français qui ont parlé de nous l'ont toujours fait dans les termes les plus sympathiques. Ceux d'entre eux qui ont fait mention du passé ont rendu hommage à l'héroïsme de nos ancêtres ; quelques-uns même, comme M. Rameau de Saint Père, sont devenus les plus éloquents de nos historiens.

plume de fonctionnaires, les documents officiels, les relations des missionnaires aux premiers temps de la colonie, ne laissent subsister à cet égard aucune obscurité et ont permis à nos érudits de faire à peu près l'histoire de chaque famille canadienne.

Nos ancêtres, d'abord, n'étaient pas tous Normands, bien que la Normandie ait fourni au Canada plus de colons que les autres parties de la France. Il en vint de toutes les provinces : beaucoup de Bordeaux, de Lyon, de Toulouse, plus encore de Paris, de Rouen, de Poitiers, de la Rochelle. C'étaient pour la plupart des artisans de tous métiers, des bourgeois, des cadets de petite noblesse, des soldats, des marins. Il y avait aussi quelques paysans.

Le premier Canadien qui s'occupa de la culture de la terre fut un bourgeois de Paris, un pharmacien, Louis Hébert, dont l'un des descendants est devenu notre premier sculpteur.

En 1665, tout un régiment, le régiment de Carignan-Sallières, passa au Canada. « *Le régiment de Carignan, dit Mgr Tanguay* (1), *jeta sur nos rives une nombreuse population appartenant à la meilleure aristocratie. Les*

---

1. *Dictionnaire généalogique des familles canadiennes* préface IX.

officiers supérieurs, les simples cadets, un grand nombre de soldats, nous apportaient, outre leur gloire personnelle, celle de leurs ancêtres. »

L'artisan n'existe plus guère aujourd'hui; depuis l'ère des machines et des manufactures, il n'y a plus que des ouvriers. Autrefois, l'artisan payait de lourds impôts, dépendait d'une corporation, d'une maîtrise, dont, du reste, il était fier, et restait fort indépendant de tout autre pouvoir. Il s'appliquait à exceller dans son métier; car il ne pouvait acquérir le titre de compagnon qu'à ce prix. C'était presque un artiste. Dans l'objet qu'il fabriquait, il mettait un peu de son esprit, de son âme. Ce n'était pas sa main seule qui travaillait : il avait le sentiment du Beau, le goût de la symétrie, de l'harmonie. Le Beau ne peut-il pas se rencontrer dans toute œuvre humaine? L'artisan, enfin, appartenait au Tiers-État.

Quant à la situation des paysans normands, voici ce qu'en dit Léopold Delisle, dans son ouvrage : « *Etudes sur l'État de la classe agricole en Normandie, au moyen-âge* (1) » qui fait autorité en ces matières : « *Il est impossible de découvrir aucune trace de servage en Normandie, à partir du Xe siècle.*

---

1. P. 19 et suiv.

Les termes « serfs, taillables haut et bas et hommes de corps » sont tout à fait étrangers aux habitudes de la province... Jamais ces mots de for-mariage, de mainmorte, de fuitifs, de naïfs, qui reviennent à chaque instant dans les chartes et les coutumes de France et d'Angleterre, ne se rencontrent dans les Archives de Normandie. »

Je lis ce qui suit dans « *La Réforme sociale* » de Leplay (2) : « *Les domaines du « Pays de Caux » petits et moyens, mêlés de quelques grandes terres, sont encore constitués matériellement comme ils l'étaient au XVIᵉ siècle, mais, dans leur constitution sociale, ils ont subi une profonde déchéance. A cette époque, en effet, ils étaient la propriété de paysans et de petits nobles qui les cultivaient de leurs propres mains et les transmettaient intégralement, avec l'appui de la coutume de Normandie. Ce furent ces familles fécondes et énergiques qui colonisèrent le Canada, où leurs descendants conservent religieusement les mœurs que nous avons perdues.* »

Quoi qu'il en soit, dans l'âme de chacun de ces artisans, soldats ou laboureurs, il y avait cette étincelle lumineuse, cette flamme ardente

---

1. Vol. II, p. 66.

qui s'appelle de différents noms et conduit à des résultats divers, mais qui procède d'un principe unique, l'amour de l'inconnu, de l'inexploré, le désir de voir des horizons nouveaux, d'embrasser le monde sous d'autres aspects. Le poète, l'artiste, le savant, qui cherchent à agrandir leur vision, à reculer leur champ d'investigation sont les frères du coureur des bois et de l'explorateur.

A cette époque, personne ne voyageait guère que le soldat, sac au dos et la hallebarde sur l'épaule. L'idée de colonisation ne se rencontrait que dans les traductions des auteurs anciens; car les Espagnols, les premiers Européens venus dans le Nouveau-Monde, n'avaient fait que conquérir des trésors sur les indigènes de l'Amérique du Sud, et l'on ne songeait pas à suivre leur exemple. L'ordre social que commençaient à troubler, il est vrai, les guerres de religion, reposait encore sur des bases fixes et en apparence inébranlables. Un demi-siècle plus tard, Mme Deshouillères pouvait chanter le calme bonheur de l'homme des champs, qui :

> *Ne connait d'autre mer que la Marne et la Seine*
> *Et croit que tout finit où finit son domaine.*

Ceux qui, abandonnant alors les hameaux paisibles, se confiaient à la mer orageuse, allaient affronter des climats étrangers et tenter des conquêtes lointaines, n'avaient pas des cœurs d'asservis. Se sentant à l'étroit dans la vie renfermée qui était la leur, ils aspiraient à une liberté plus grande, à une activité moins entravée. Il y avait dans chacun d'eux un peu de ce qui fait le héros : cet esprit ardent et aventureux, inspirateur de tous les grands mouvements qui ont entraîné l'humanité vers le progrès, et les peuples dans des routes nouvelles.

Ils ont d'abord plus songé à découvrir et à conquérir qu'à coloniser.

A peine ont-ils touché le sol de l'Amérique, que leur âme s'éprend des vastes solitudes, des immenses régions inexplorées. Impatients d'émotions nouvelles, ils inaugurent avec délices cette vie qui, pendant cent cinquante ans, doit être la leur : construisant des forts, guerroyant contre les Anglais, faisant des expéditions avec et contre les Indiens, jetant les fondements de mille établissements qu'ils devront abandonner plus tard ; toujours gais, fiers et indomptables.

On fonde, de distance en distance, dit un célèbre économiste (1), *des postes militaires*

---

1. P. Leroy-Beaulieu. *De la colonisation chez les peuples modernes.*

pour relier le golfe du Mexique au Saint-Laurent... On prenait possession... non pas par la culture, ni même par le trafic, mais par des poteaux plantés sur les points principaux de ce vaste et verdoyant désert, par des forts ou plutôt des retraites palissadées, dans lesquelles se confinaient quelques soldats et quelques chasseurs. C'est ainsi que les Français déployaient dans cette vie d'aventure une merveilleuse énergie et les qualités les plus rares de l'intelligence et du caractère. Mais, au point de vue de la colonisation, combien n'eut-il pas été préférable de condenser sur un point limité ces efforts prodigieux si inutilement gaspillés, de se faire agriculteurs ou commerçants, mais non pas chasseurs, soldats ou voyageurs, de tirer du sol les richesses et les éléments de prospérité qu'il offrait en abondance, de fonder sur la rive du Saint-Laurent une population nombreuse, rapidement croissante, riche par l'agriculture et par ses mœurs de travail et de patience ».

Certes, il est permis de regretter que tant de cœurs valeureux se soient consumés, que tant d'énergies se soient épuisées dans des efforts dont il n'est résulté que peu de richesse. Mais la richesse peut toujours se créer ; la gloire et l'héroïsme ne se créent pas.

Nous sommes fiers de notre passé et ne voudrions pas qu'il fût autre.

On trouve une unanimité parfaite dans le témoignage de tous ceux qui ont écrit sur les anciens Canadiens, de tous ceux qui, après avoir pris part à l'établissement de la colonie, ou assisté à son développement primitif, ont laissé des notes, des mémoires ou des travaux historiques.

Le père Lejeune, missionnaire, écrivait en 1636 : « *Nous avons nombre de très honnêtes gentilshommes, nombre de soldats de façon et de résolution... Le reste fait un gros de diverses sortes d'artisans et de quelques honorables familles, qui s'est notablement accru cette année* ».

« *Les Canadiens, dit le père Leclerc quelques années plus tard* (1), *sont pleins d'esprit et de feu, de capacité et d'inclination pour les arts, quoiqu'on se pique peu de leur inspirer l'application aux lettres, à moins qu'on ne les destine à l'église.* . . . .

« (2) *J'avais peine à comprendre ce que me disait un jour un grand homme d'esprit, sur le point de mon départ pour le Canada, où il avait fait séjour et rétabli les missions*

---

1. *Premier établisseme t de la Foy dans la Nouvelle France*. Vol. II, p. 26.
2. Même volume, p. 15.

des Récollets (c'est le révérendissime père Germain Allart, depuis Evesque de Vences), que je serais surpris d'y trouver d'aussi honnestes gens que j'en trouverais ; qu'il ne connaissait pas de province du Royaume où il y eut à proportion, et communément, plus de fond d'esprit, de pénétration, de politesse, de luxe même dans les ajustements, un peu d'ambition, de désir de paraître, de courage, d'intrépidité, de libéralité et de génie pour les grandes choses ; il nous assurait que nous y trouverions même un langage plus poli, une énonciation nette et pure, une prononciation sans accent. J'avais peine à concevoir qu'une peuplade formée de personnes de toutes les provinces de France, de mœurs, de nature, de condition, d'intérêt, de génie si différents et d'une manière de vie, coutumes, éducation si contraires fut aussi accomplie qu'on me la représentait. Lorsque je fus sur les lieux, je reconnus qu'on ne m'avait rien flatté ».

« *Les Canadiens, c'est-à-dire les créoles du Canada, dit le père de Charlevoix, le premier historien de la Nouvelle France* (1), *respirent en naissant un air de liberté qui les rend fort agréables dans le commerce de la vie, et nulle part ailleurs on ne parle*

---

1. *Histoire de la Nouvelle France*, vol. III, p. 74.

plus purement notre langue. On ne remarque même, ici, aucun accent. On ne voit point en ce pays de personnes riches, et c'est bien dommage ; car on y aime à se faire honneur de son bien et personne presque ne s'amuse à thésauriser. On fait bonne chair, si avec cela on peut avoir de quoi bien se mettre ; sinon on se retranche sur la table pour être bien vêtu. Aussi faut-il ajouter que les ajustements vont bien à nos créoles. Tout ici est de belle taille et le plus beau sang du monde dans les deux sexes ; l'esprit enjoué ; les manières douces et polies sont communes à tous, et la rusticité, soit dans le langage, soit dans les façons, n'est pas même connue dans les campagnes les plus écartées... Il règne dans la Nouvelle-Angleterre et dans les autres provinces du continent de l'Amérique soumises à l'Empire Britannique, une opulence dont il semble qu'on ne sçait pas profiter ; et dans la Nouvelle-France une pauvreté cachée par un air d'aisance qui ne paraît point étudié. Le colon Anglais amasse du bien et ne fait aucune dépense superflue ; le Français jouit de ce qu'il a et souvent fait parade de ce qu'il n'a point. Celui-là travaille pour ses héritiers ; celui-ci laisse les siens dans la nécessité, où il s'est trouvé lui-même, de se tirer d'affaires comme il *pourra. Les Anglais Américains ne veulent point de la guerre parce qu'ils ont beaucoup à perdre ; ils ne ménagent point les sauvages parce qu'ils ne croient point en avoir besoin. La jeunesse Française, par des raisons contraires, déteste la paix et vit bien avec les naturels du pays dont elle s'attire aisément l'estime pendant la guerre et l'amitié en tous temps* ».

. . . .

(1) « *Je ne sçai si je dois mettre parmi les défauts de nos Canadiens la bonne opinion qu'ils ont d'eux-mêmes. Il est certain, du moins, qu'elle leur inspire une confiance qui leur fait entreprendre et exécuter ce qui ne paraîtrait pas possible à beaucoup d'autres. Il faut convenir, d'ailleurs, qu'ils ont d'excellentes qualités. Nous n'avons point dans le Royaume de province où le sang soit communément si beau, la taille plus avantageuse et le corps mieux proportionné.*

... On prétend qu'ils sont mauvais valets, c'est qu'ils ont le cœur trop haut et qu'ils aiment trop leur liberté pour vouloir s'assujettir à servir. D'ailleurs, ils sont fort bons maîtres.

... « *On accuse encore nos créoles d'une grande avidité pour amasser, et ils font véri-*

---

1. Même volume, pp. 173 et suiv.

tablement pour cela des choses qu'on ne peut croire si on ne les a point vues. Les courses qu'ils entreprennent ; les fatigues qu'ils essuient ; les dangers auxquels ils s'exposent ; les efforts qu'ils font passent tout ce qu'on peut imaginer. Il est cependant peu d'hommes moins intéressés, qui dissipent avec plus de facilité ce qui leur a coûté tant de peines à acquérir et qui témoignent moins de regret de l'avoir perdu. Aussi n'y a-t-il aucun lieu de douter qu'ils n'entreprennent ordinairement par goût ces courses si pénibles et si dangereuses. Ils aiment à respirer le grand air, ils se sont accoutumés, de bonne heure, à mener une vie errante ; elle a pour eux des charmes qui leur font oublier les périls et les fatigues passés et ils mettent leur gloire à les affronter de nouveau ».

A propos de cet esprit aventureux de nos ancêtres, l'intendant de la Nouvelle France, M. Duchesneau, écrivait au ministre, en 1680, que huit cents hommes avaient quitté la colonie pour se faire coureurs des bois.

Le baron de La Hontan, qui passa quelques années au Canada, écrivait à la date du 2 mai 1684 à un de ses parents en France (1). « *Vous saurez que les Canadiens ou Créoles sont bien faits, robustes, grands, forts, vigou-*

1. *Voyages dans l'Amérique septentrionale*, vol. II.

reux, entreprenants, braves et infatigables, il ne leur manque que la connaissance des belles-lettres. Ils sont présomptueux et remplis d'eux-mêmes, s'estimant au-dessus de toutes les nations de la terre. Le sang du Canada est fort beau, les femmes y sont généralement belles, les brunes y sont rares, les sages y sont communes, et les paresseuses y sont en assez grand nombre ; elles aiment le luxe au dernier point, et c'est à qui mieux prendra les maris au piège.

. . . . Les païsans y sont à leur aise, et je souhaiterais une aussi bonne cuisine à toute notre noblesse délabrée de France. Que dis-je païsans ? Amende honorable à ces messieurs : Ce nom-là, pris dans la signification ordinaire, mettrait nos Canadiens aux champs. Un Espagnol, si on l'appelait villageois, ne froncerait pas plus le sourcil, ne relèverait pas plus fièrement sa moustache. Ces gens-ci n'ont pas tout le tort après tout, ils chassent et pêchent librement ; ils ne paient ni sel, ni taille ; en un mot, ils sont riches. Voudriez-vous donc les mettre en parallèle avec nos gueux de païsans. Combien de nobles et de gentilshommes jetteraient à ce prix là les vieux parchemins dans le feu ! »

M. de Bougainville, dans un rapport sur l'état de la colonie préparé quelques années

avant la conquête, s'exprimait comme suit :
« *Le Canadien est hautain, glorieux, menteur, obligeant, affable, honnête, infatigable pour la chasse, les courses, les voyages qu'ils font dans les pays d'en Haut, paresseux pour la culture des terres.*

. . . . . . On est peu occupé de l'éducation de la jeunesse, qui ne songe qu'à s'adonner de bonne heure à la chasse et à la guerre...

Il faut convenir que, malgré ce défaut d'éducation, les Canadiens ont de l'esprit naturellement; ils parlent avec aisance; ils ne savent pas écrire; leur accent est aussi bon qu'à Paris.

En général le commerce en gros et en détail est exercé par tout le monde. C'est ce qui est cause qu'il y a moins de distinction d'état, et on y regarde comme nobles toutes les familles d'officiers. Les familles qui ont le plus de relief dans le pays sont les plus anciennes ou celles qui viennent du régiment de Carignan, qui passa dans la colonie en 1665 ».

Je termine ces citations par quelques lignes du célèbre naturaliste suédois Kalm, qui visita les colonies anglaises et la Nouvelle-France en 1750. *Comparant les Canadiens et les colons anglais.* « *Je rencontrais dans la Nouvelle-France, dit-il, des conversations beaucoup plus satisfaisantes et d'un ordre plus élevé ; les âmes y sont plus ouvertes aux choses de la science et de l'esprit; les fonctions intellectuelles s'y montrent plus délicates, les connaissances plus variées ».*

Il résulte de ce qui précède que le péché mignon de nos ancêtres, était une excellente opinion d'eux-mêmes très justifiée, d'ailleurs, si l'on en croit le témoignage de tous ceux qui les ont connus. Ce trait paraît avoir été depuis longtemps la caractéristique des Français et principalement des Normands. Du Boulay, dans son *Histoire universelle* (1), rapporte que : « *Les Escholiers de l'Université de Paris s'accusaient entre eux, savoir : les Anglais d'être couards et buveurs ; les Français orgueilleux et efféminés; les Allemands colères et obscènes dans leurs repas; les Normands charlatans et glorieux* ». Les Canadiens d'avant la conquête n'étaient pas non plus de grands clercs; ils ne vivaient que pour l'action et la lutte, comme les chevaliers d'autrefois, qui eux, se glorifiaient de ne pas savoir lire (2).

1. Tome II, p. 338.

2. Un Italien, le comte Castiglione, écrivait vers 1525, c'est-à-dire dix ans avant la découverte du Canada par Jacques Cartier : « Les Français ne connaissent d'autre mérite
« que celui des armes et ne font nul cas du reste, de telle
« façon que non-seulement ils n'estiment pas les lettres, mais
« encore ils les abhorrent et tiennent tous les lettrés pour

II

Ce sont ces hommes, venus de toutes les parties de la France, qui ont jeté dans le Nouveau Monde les bases d'un immense empire français, d'où leur souvenir presque partout s'est effacé, pour ne plus subsister que dans le cœur de leurs descendants.

Les Anglo-Saxons ont, en quelque sorte, inauguré en Amérique la vie de l'ère moderne. Les Français ont continué la vie du passé, mais dans ce qu'elle a de plus romanesque, de plus chevaleresque, de plus poétique.

Les Pilgrims de New Plymouth, les premiers colons de la Nouvelle Angleterre, s'établissent au bord de la mer et n'osent s'aventurer à l'intérieur. Ils sont pieux, bien intentionnés, pleins de courage. On nous les montre tenant des réunions, élaborant des constitutions, envoyant des pétitions en Angleterre, s'assemblant au temple et chantant des hymnes. Ils eurent beaucoup à souffrir des intem-

---

« les plus vils des hommes, et il leur semble que c'est dire « une grande injure à un homme, quel qu'il soit, que de l'ap-« peler clerc » (Cité par H. Taine. *Philosophie de l'art en Italie*).

péries du climat et des incursions des Indiens. Leur histoire est triste, souvent touchante, et l'on ne peut s'empêcher de les plaindre, tout en honorant leurs vertus et leur piété. Songe-t-on seulement à s'attendrir en lisant l'histoire des souffrances de nos pères? Les historiens se sont-ils jamais avisés de prendre un ton pathétique en relatant leurs combats, leurs labeurs, leurs fatigues? Non, car chacun sent qu'il y avait en eux un courage surhumain, une âme supérieure à tous les maux.

L'Anglais est pieux, mais son pasteur n'a pas l'esprit de prosélytisme. Le religieux français, au contraire, n'a traversé l'Atlantique que dans le but de gagner des âmes à la foi du Christ. Il pénètre dans les profondeurs de la forêt aussi loin que les plus hardis coureurs des bois; martyr, attaché sur le bûcher, il ne pousse pas une plainte et donne au soldat l'exemple d'un courage invincible.

Champlain, le fondateur de Québec, recevant pour la première fois les envoyés des Hurons, ne croit pouvoir mieux faire que de s'unir à eux pour les aider à vaincre leurs ennemis. Lorsque, longtemps plus tard, le noble William Penn, le fondateur de Philadelphie, rencontre l'Indien, il l'appelle son frère, lui rappelle que les hommes ne sont pas faits pour s'entretuer, et l'Indien le laisse s'établir en paix.

Mais l'âme guerrière du Peau-Rouge ne connaît d'autre vertu que le courage et elle donne son affection au Français, à ce civilisé qui sait si bien comprendre la vie du désert et en partager les fatigues et les joies.

Ainsi les anciens Canadiens surent en même temps conquérir par leur valeur et par la sympathie qu'ils inspirèrent.

Leur vie était semblable à celle des premiers temps de la féodalité, alors que les incursions des Normands tenaient sans cesse sur le qui-vive, les habitants paisibles de la France et de l'Allemagne. Mais il n'y eut pas, au Canada, des braves et des forts pour construire des donjons où les plus faibles et les plus timides s'abritaient, abdiquant ainsi peu à peu leur liberté. Nos pères étaient tous également forts, tous également braves, et ils surent tous défendre en héros la terre et la liberté qu'ils voulaient assurer à leurs descendants.

Le développement de la Nouvelle-Angleterre, dit l'historien américain Francis Parkmann (1), *a été le résultat des efforts combinés d'une foule de gens industrieux, chacun, dans son cercle étroit, travaillant pour lui-même, tâchant d'acquérir de l'ai-*

1. (*Pioneers of France in the New world*. Introd).

sance ou de la richesse. L'expansion de la Nouvelle-France a été le fait d'une ambition gigantesque tendant à la conquête d'un continent. L'effort a été vain.

La domination française est un souvenir du passé, et quand nous en évoquons les ombres disparues, elles se lèvent dans leurs tombes, étranges et romanesques apparitions ».

Ces seuls faits saillants qui donnent du relief à l'histoire et qui constituent, pour le collégien forcé d'étudier les annales des peuples étrangers ou disparus, comme de fraîches oasis au milieu d'un long désert; ces seuls actes de dévouement, de valeur, d'audace incroyable, qui ont été accomplis en Amérique, l'ont été par des hommes de notre race.

Je ne raconterai pas les expéditions de nos pères, les guerres continuelles qu'ils ont soutenues. Leurs ennemis eux-mêmes leur rendent ce témoignage qu'ils se sont couverts de gloire, alors que la gloire consistait à ne jamais reculer, à mépriser le danger, à ignorer ce que c'est que la crainte, à tuer beaucoup d'hommes, à dévaster beaucoup de pays.

L'axe des sociétés s'est déplacé depuis lors; un idéal plus pur, plus humain, a pénétré dans les cœurs; notre admiration n'appartient plus autant à ceux qui détruisent. L'histoire de ces cent cinquante ans de combats épiques, de ces héroïsmes que nous ne comprenons presque plus de nos jours, nous la relisons cependant avec bonheur et chacun de nous tient à n'en ignorer aucun épisode.

C'étaient les luttes séculaires de la France et de l'Angleterre que nous continuions sur ce continent. Les Anglais avaient juré notre destruction, et nos pères défendaient allègrement, et de la meilleure grâce du monde, les terres qu'ils avaient découvertes et les établissements qu'ils avaient fondés.

En outre de la guerre continuelle qu'ils avaient à soutenir contre les Anglais, les colons de la Nouvelle-France étaient sans cesse exposés aux incursions de leurs farouches ennemis les Iroquois. Jamais, pendant cent cinquante ans, ils n'ont joui d'une période de sécurité absolue. Il n'y avait aucun endroit, en dehors des villes et des forts, où l'on ne pût s'attendre d'un moment à l'autre à voir paraître un parti d'Indiens débouchant d'une embuscade.

Plus d'un laboureur parti pour cultiver son champ, et qui avait oublié ses armes, n'était jamais revenu. Sa chevelure ornait le wigwam de quelque guerrier Iroquois ou Algonquin.

« *Souvent, dit Garneau* (1), *les habitants*

1. *Histoire du Canada.*

étaient obligés d'abandonner leurs maisons ou de s'y retrancher. On ne voyait qu'ennemis. La nuit on n'osait pas ouvrir sa porte, et le jour on n'allait pas à quatre pas sans avoir son fusil, son épée et son pistolet avec soi. Cet état de choses dura plusieurs années. La population diminuait par les pertes qu'elle faisait dans les surprises et par cette multitude de petits combats qu'il fallait livrer presque au coin de chaque bois et qui se renouvelaient souvent plusieurs fois par jour. »

« *Les Iroquois s'introduisaient ordinairement par bandes. Ils se glissaient dans les forêts, dans les ravines, dans les moindres accidents de terrain, derrière les souches, pour attendre les habitants qui travaillaient aux champs. Il s'en cachait jusque dans la tête des arbres, autour des maisons, et plusieurs fois, on en surprit, ainsi, qui étaient en sentinelle pour donner le signal d'attaque à leurs camarades restés un peu plus loin, où ils passaient des journées entières sans bouger. C'est au milieu de cette lutte et de ces dangers de tous les instants, que cette belle et grande portion du pays, Montréal, les Trois-Rivières, mais surtout Montréal, fut enlevée à la barbarie et conquise à la civilisation. Chaque laboureur était soldat et chaque gué-*

L'AVENIR DU PEUPLE CANADIEN-FRANÇAIS 25

ret arrosé de sang français ou indien. »
Les expéditions militaires et les explorations se faisaient au milieu de difficultés inouïes : l'hiver, sur la neige et la glace, par des froids sibériens ; l'été, sur des fleuves dont le cours était obstrué par des rapides, des rochers, des cascades. On se rendait d'un fleuve à un autre à travers des forêts remplies de moustiques : « *Ces endroits, dit le Père Ragueneau* (1), *s'appellent des portages. Il faut porter sur ses épaules tout le bagage et le navire même pour aller trouver quelque autre fleuve ou pour éviter les brisans et les torrents, et souvent il faut faire plusieurs lieues chargés comme des mulets, gravissant sur des montagnes, puis descendans avec mille peines et avec mille craintes dans les vallées et parmy des rochers, ou parmi des brossailles qui ne sont connues que des animaux immondes.* » Nombreux étaient les noyés, plus nombreux encore ceux qui tombaient entre les mains des Indiens. La bonne humeur régnait partout cependant, et pendant que les hommes étaient sur le qui-vive, les femmes gracieuses et jolies égayaient le foyer. « *Lorsque les Canadiennes travaillent en dedans de leurs maisons, dit*

---

1. *Relations des Jésuites.*

Kalm (1), *elles fredonnent toujours, les jeunes filles surtout, quelques chansons dans lesquelles les mots amour et cœur reviennent souvent.* »

Cette gaieté inaltérable au milieu du danger est l'un des traits les plus caractéristiques de l'âme française. Je trouve dans l'histoire de Lescarbot (2) une page exquise que je ne puis m'empêcher de citer et qui indique d'une manière bien pittoresque de combien peu de sécurité on jouissait à cette époque : *Le fils du chef sauvage Pembertow voit le père Biart, jésuite, très malade, ayant perdu son embonpoint et cela l'inquiète :* « *Écoute, père, lui dit-il, tu t'en vas mourir, je le devine. Ecris donc à Biencourt et à ton frère que tu es mort de maladie et que nous ne t'avons pas tué. Je m'en garderay bien, dit le Jésuite, car possible qu'après avoir écrit la lettre tu me tuerais et, cette lettre porterait que tu ne m'aurais pas tué. Là-dessus le sauvage revint à soy et se prenant à rire : Bien donc, dit-il, prie Jésus que tu ne meures pas, afin qu'on ne nous accuse de t'avoir fait mourir.* »

Cette vie des Indiens, si différente de la

---

1. *Voyages dans l'Amérique du Nord* : Trad. de M. Marchand.
2. Page 673.

nôtre, leurs mœurs, leurs coutumes, l'originalité de leur esprit, semblent n'avoir fait aucune impression sur les Anglo-Saxons. « *L'Anglais*, a dit Renan, *ne peut comprendre ce qui n'est pas lui* ». Dans la Nouvelle-France, au contraire, tout ce qu'il y a chez le Huron ou l'Algonquin, de bizarre, d'ingénu, constitue un aliment constant à la curiosité des colons, un élément à leur gaieté. Le Français s'applique à deviner son *frère* sauvage, à pénétrer le fond de sa pensée; il l'attire par le charme, auquel personne n'échappe, de sa cordialité, de son esprit prime-sautier, de son audace que rien ne déconcerte; il apprend sa langue, lutte avec lui de ruse et de flair, se fait souvent son ami et son commensal.

J'aime à revoir par l'imagination les paysages canadiens d'autrefois : Dans la forêt profonde, le wigwam enfumé avec ses trophées de chevelures et ses colliers; le feu de sapins brûlant devant le seuil, et sous les grands arbres, se profilant dans l'ombre, des silhouettes de Hurons tatoués et de soldats portant l'uniforme de l'armée française. J'aime à me transporter par la pensée, dans quelqu'une de ces fermes qui, longtemps avant la conquête, étaient échelonnées sur les bords du Saint-Laurent : C'est le soir, la famille du colon est réunie autour du foyer, les femmes rieuses, enjouées, un peu coquettes, s'occupent de travaux d'aiguilles ; les hommes, gais, exubérants, batailleurs, racontent leurs exploits. On cause guerre, affûts, chausses-trappes, hécatombes de gibiers, surprises et embuscades ; chacun met son ambition à passer pour le plus adroit tireur, le plus fin chasseur. On rappelle des souvenirs de France ; on parle du fils, du frère absent, au loin par delà les grands lacs, du prochain navire qui arrivera de Saint-Malo. Un Huron que les missionnaires ont converti se tient un peu à l'écart, grave, sobre de paroles, tandis qu'un petit garçon au regard curieux, s'approche doucement de lui, avec un mélange de crainte et d'audace satisfaite.

. . . .

Comme le monde a marché rapidement depuis lors. Il n'y a pas beaucoup plus d'un siècle que cette vie aventureuse battait son plein. Nos arrière-grands-pères étaient de ce temps.

. . . .

Des victoires brillantes, des faits d'armes glorieux signalèrent notre lutte contre les Anglais, mais enfin la fortune cessa de favoriser les audacieux. La bataille des Plaines d'Abraham marqua la fin de la domination française, et nos soldats vaincus revinrent désespérés dans leurs foyers que désolait la famine.

III

Après le traité de paix, les Indiens continuèrent pendant quelques années encore à dévaster les établissements britanniques, et ce ne fut qu'aux instances des Français qu'ils se résignèrent à la paix. « *Les premières mesures efficaces en vue de la pacification générale, dit Bancroft* (1), *furent prises par les Français dans l'Illinois. M. de Neyon, qui commandait au fort de Chartres, envoya des colliers et des calumets de paix dans toutes les parties du continent, exhortant les nombreuses nations indiennes à enterrer la hache de guerre et à donner la main aux Anglais, car jamais plus ils ne reverraient parmi eux un représentant du roi de France* ». Et alors le chef Pontiac fit dire au général Gladwin « *qu'il acceptait la paix que son père le Français lui envoyait* ».

« *Les officiers français, ajoute Bancroft, traversant pour la dernière fois le Canada et la vallée du Mississipi et recevant de tous côtés des témoignages d'attachement*

1. *History of the United States.* Vol. III.

passionné de la part des nombreuses tribus de Peaux-Rouges, jetèrent un regard de regret sur le vaste empire qu'ils abandonnaient ».

Je me rappelle avoir lu quelque part que, si nous étions restés les maîtres dans les immenses territoires qui constituaient autrefois la Nouvelle-France, les sauvages n'en auraient pas disparu.

Peut-être, en effet, eussent-ils trouvé, dans la sympathie que nous leur témoignions, un encouragement à vivre, même au milieu du flot montant d'une civilisation qu'ils parvenaient difficilement à comprendre. Conquis à la foi du Christ, groupés en villages par nos missionnaires, ils auraient vécu en paix avec « leur père le Français » et, qui sait? plus tard, se seraient élevés peut-être à une conception plus parfaite que la nôtre des devoirs de la fraternité humaine. Qui dira ce que peuvent faire naître dans les cœurs ces deux facteurs puissants de civilisation : la charité chrétienne et la sympathie de l'esprit français ? Devant l'Anglais, ils n'ont su que reculer, s'enfoncer toujours de plus en plus au fond des forêts et disparaître...

Comment ont-ils disparu? Les historiens eux-mêmes n'ont pu s'en rendre compte. Un jour, après que le pays fut complètement pacifié et que les Canadiens purent regarder autour d'eux, ils constatèrent qu'il ne restait plus que quelques petits villages d'Indiens, puis, plus tard, qu'il n'en restait plus que trois ou quatre, dans la province de Québec. Bientôt ceux-là même ne seront plus qu'un souvenir. Ainsi, sans doute, l'a voulu la loi qui régit toutes les sociétés humaines. Les Indiens ont dû céder la place à des races d'une civilisation supérieure. Pendant des siècles, ils avaient vécu en maîtres dans ce continent; tatoués, vêtus de peaux de bêtes et conservant des instincts de fauves, sans avoir même jamais pensé qu'ils pouvaient améliorer leur vie. Heureux peut-être, ils ne participaient pas à cette évolution éternelle qui entraîne le monde vers le mieux. Ils ont passé, sans laisser aucune trace. Rien d'eux n'a survécu, pas un tombeau, pas une ruine, pas une pierre. Comme les petits oiseaux qui meurent et dont on ne retrouve presque jamais les os, ils ont disparu tout entiers, et jamais le laboureur n'a heurté, du soc de sa charrue le squelette d'un de ces terribles Peaux-Rouges.

Il reste encore aux Etats-Unis quelques peuplades indiennes, mais la civilisation les repousse sans cesse, toujours plus loin, hors de la vie. Qui oserait blâmer la civilisation ?

Longfellow a représenté, dans son poème d'Hiawatha, un sage indien qui cède d'un cœur soumis à la fatalité du progrès (1) : *Hiawatha, le chef, a vu, en rêve, des villes florissantes s'élever dans la solitude, la hache abattre les arbres séculaires, la forêt disparaître. Il a vu ses frères dispersés comme les feuilles d'automne qu'emporte le vent. Il a vu l'avenir. Et le matin, à son réveil, il accueille l'étranger, le prêtre en robe noire et les soldats dont le navire vient toucher la rive. Il leur offre l'hospitalité dans son wigwam, et pendant qu'ils dorment, lui s'en va pour toujours. Il ne murmure pas, il bénit le progrès. Il s'en va sur la mer et son canot se perd dans la purpurescence des flots que baigne le soleil levant. Il s'en va vers la patrie d'où l'on ne revient jamais* (2).

(1) Saw the remaunts of our people
Sweeping westward, wild and woeful,
Like the cloud rack of a tempest,
Like the withered leaves of automn !
. . . .
From the farthest realms of morning
Came the Black-Robe chief, the prophet,
He the priest of prayer, the Pale-Face,
With his guides and his companions.
2. . . . . Sinking in the purple distance.

Dans quelques pages aussi poétiques (1), mais d'un sentiment plus réel, Edgar Quinet explique la disparition des indigènes de l'Océanie : « *Quel est le fond de l'homme sauvage? dit-il, l'orgueil. Et qu'est-ce que l'orgueil pour lui? Le sentiment d'un être qui n'a pas encore connu sa limite. Il se croit souverain de tout ce qu'il voit, la forêt inextricable est à lui, l'Océan est à lui. Quand ce sentiment qui soutenait l'homme est entamé, l'homme s'écroule. La hache a atteint le cœur du chêne, il tombe.*

« *Ne savez-vous pas comment l'homme se dégoûte de vivre, quand il sent que tout lui devient hostile et qu'il n'a plus aucune résistance à opposer? Ne savez-vous pas ce que c'est que l'exil? Ne savez-vous pas qu'il abrège la vie humaine, que les femmes y deviennent stériles, que les mariages y sont inféconds, que les populations y tarissent sans cause apparente. Oh! que je comprends, il me semble, le vrai mal de ces Océaniens et combien il est sans remède! Ils sont maintenant des exilés dans leurs petites îles, depuis qu'entre chaque chose et eux s'interpose un étranger, un maître. Et quel étranger? Séparé d'eux par toute l'échelle des*

---

1. « *La création* », p. 353.

civilisations antérieures ; descendu au milieu d'eux comme d'une autre planète... Que faire dans une inégalité si profonde ? Perdre l'espérance et avec elle le désir de vivre ; s'asseoir au bord des atolls, aspirer l'air tiède et mourir ».

Ainsi des anciens maîtres de l'Amérique, il ne restera plus bientôt qu'un souvenir poétique : quelques poèmes, quelques légendes fantastiques, quelques ballades ; l'éternel rêve fait de mélancolie et de regret, qui flotte au fond des âmes pour toutes les choses disparues.

Mais non, un peu de ce qu'ils ont été survit et survivra. De l'alliance des plus aventureux parmi les anciens coureurs des bois avec les femmes indiennes, une autre race est née, une race fière et vaillante, les métis du Nord-Ouest, qui ont conservé l'usage de la langue française.

Le commerçant, l'homme d'affaires qui passe devant l'humble cabane d'un métis peut regarder d'un œil hautain et méprisant ces fiers chasseurs, pauvres, et ne parvenant que difficilement à se plier aux travaux de la vie sédentaire ; nous n'en reconnaissons pas moins en eux des frères.

Leurs pères, les coureurs des bois, étaient d'invincibles soldats, semblables à ceux dont Napoléon a fait les généraux et les maréchaux de la grande armée. Leurs mères étaient indiennes, mais le sang indien diffère-t-il beaucoup du sang de nos ancêtres germains et gaulois?

D'humeur belliqueuse, parlant avec esprit et se battant bien ; tels étaient les Gaulois du temps de César.

Féroces, pérorant avec sagesse et éloquence et se battant avec ruse et courage, tels étaient les Indiens d'il y a un siècle.

Nos ancêtres se sont habitués, peu à peu, aux formes de la civilisation qui ne les a pas envahis brutalement, mais s'est pour ainsi dire insinuée parmi eux pour être ensuite développée par eux.

L'ancien Germain se réveillant en plein dix-huitième siècle aurait-il pu s'habituer à nos usages, surtout au milieu de peuples hostiles et le traitant en être inférieur?

« *Quel sera, dit M. de Quatrefages* (1), *le résultat du mélange du sang européen avec celui des races indiennes, accompli sous l'influence d'un milieu dont nous avons constaté l'action civilisatrice? Sans doute, il serait téméraire de chercher à s'en faire une idée quelque peu précise. Mais ce qui s'est passé dans les deux Amériques, autorise déjà quelques prévisions générales.*

1. *Hist. des races humaines*, vol. II, p. 606.

« *Au nord, ni le milieu, ni le sang des Peaux-Rouges n'a abaissé la race. Les métis du Manitoba sont les égaux des purs Yankees, placés dans les mêmes conditions sociales.... Quand le métissage et le milieu auront parachevé leur œuvre, les vieilles aptitudes se réveilleront ; il s'en manifestera de nouvelles engendrées par le mélange même des sangs ; et au Sud comme au Nord, les futures civilisations américaines égaleront, surpasseront sans doute à certains égards celle dont nous sommes si fiers, comme la nôtre a égalé et surpassé sur bien des points celles qui l'ont précédée* ».

Une des plus importantes et des plus anciennes familles des Etats-Unis, celle des Randolph, se glorifie d'avoir pour aïeule une indienne. Du reste, c'est la force de la race anglo-saxonne de se glorifier de tout ce qu'elle est, de tout ce qu'elle n'est pas, de tout ce qu'elle a, de tout ce qu'elle peut avoir.

Songeons à ce rameau égaré de notre nationalité ; faisons place, au foyer commun, à ces frères que nous avons appuyés de nos sympathies, hélas ! impuissantes, aux jours d'épreuves (1), mais que nous délaissons depuis lors. Les métis sont maintenant au nombre de plu-

---

1. Lors du procès de Louis Riel.

sieurs milliers dans le Nord-Ouest, ils sont habitués au climat de cette partie du Dominion et par conséquent plus en état que les émigrants d'en supporter les rigueurs.

Ils ont conservé la langue française. Donnons leur la facilité de s'instruire, appelons leurs fils dans nos collèges ; qu'ils aient parmi eux des prêtres, des médecins, des instituteurs, et bientôt nous pourrons considérer comme rétablies nos attaches de race. Ils se mêleront, avec le temps, à notre population, lui apportant peut-être un élément nouveau de force et de vigueur, et ils contribueront, eux aussi, à l'œuvre de la civilisation française en Amérique.

Avec eux se perpétuera sur ce continent le sang des anciens maîtres de la forêt, l'âme d'un passé évanoui.

II

APRÈS LA CONQUÊTE.

Le Canada était conquis. Les soldats de Montcalm retournèrent à leurs champs qui, depuis trois ou quatre ans, n'étaient plus cultivés que par les femmes et les vieillards incapables de supporter les fatigues de la guerre. Les fonctionnaires et les plus riches citoyens s'embarquèrent pour la France avec une partie de l'armée vaincue. Le drapeau fleurdelisé disparut pour toujours des murs de Québec.

Une paix profonde et certainement durable allait maintenant permettre aux colons d'accomplir ce qui constitue l'œuvre même de la colonisation. Chacun d'eux pouvait, désormais, améliorer paisiblement son patrimoine, l'embellir, accroître ses richesses par tous les moyens honorables, goûter enfin ce paisible bien-être qu'assure la vie agricole dans un pays aux ressources inépuisables, jouissant d'institutions relativement libres et d'une sécurité absolue.

Mais ce n'est pas impunément qu'on a dans les veines le sang de nombreuses générations de soldats ; qu'on a été élevé presque exclusivement en vue d'une vie aventureuse, qu'on « s'est adonné de bonne heure à la guerre, à la chasse et aux voyages ». La tâche des Canadiens était bien simplifiée. On ne leur demandait plus, ni leur sang, ni leur vie ; on n'exigeait plus d'eux des prodiges de valeur et de vaillance. On ne leur demandait que de vivre. On ne leur demandait pas même cela. On n'exigeait d'eux qu'une chose : ne pas gêner l'expansion des vainqueurs, ne pas s'opposer à la prospérité, aux succès, aux fortunes rapides des fonctionnaires et des marchands accourus d'Angleterre.

Isolés désormais, ils ne reverraient plus les navires des côtes de Normandie et de Bretagne ; ils ne causeraient plus, avec les soldats revenus de France, des amis demeurés là-bas, des guerres européennes, des victoires françaises sur le vieux continent. C'était fini, les courses lointaines, les expéditions aventureuses par delà les grands lacs, la traite avec les Indiens, les voyages de contrebande pleins de dangers. La terre seule leur restait avec ses ressources infinies. Mais les Canadiens n'avaient aucune bonne tradition d'agriculture et ne songeaient guère à améliorer leurs procédés routiniers.

Peu à peu, ils virent les vainqueurs se grouper autour d'eux, acheter les plus belles propriétés, s'emparer de toutes les fonctions publiques, et, mornes, entêtés, ils se tinrent à l'écart, caressant peut-être un vague espoir de revoir un jour le drapeau de la France. Au surplus, les vexations des fonctionnaires anglais les empêchèrent pendant longtemps de tourner leur esprit vers les grandes entreprises mercantiles pour obtenir la prospérité matérielle.

« *Après la conquête, dit Bancroft* (1), *des*

---

1. The ignorant, the greedy and the factious were appointed to offices which required integrity, knowledge and abilities. The judge pitched upon to conciliate the minds of 70.000 foreigners to the laws and government of Great-Britain was taken from a jail and was entirely unacquainted with the civil law and the language of the People... In the 110 rural parishes were but 19 protestant families. The rest of the Protestants were a few half-pay officers, disbanded soldiers, traders, mechanics and publicans who resided in Quebec and Montreal ; most of them followers of the army,

gens ignorants, avides et factieux, furent nommés à des fonctions qui exigeaient de l'intégrité, des connaissances et des capacités. Le juge choisi pour concilier les esprits de 70.000 étrangers qui ne connaissaient pas la constitution et les lois de la Grande-Pretagne fut tiré d'une prison; il n'avait pas la moindre notion des lois civiles et de la langue de la population... Dans les cent dix paroisses rurales du pays, il n'y avait que dix-neuf familles protestantes. Le reste des protestants se composait de quelques officiers à la demi-solde, de soldats licenciés, de commerçants, d'artisans et de marchands qui demeuraient à Québec et à Montréal ; la plupart étaient des gens qui avaient suivi l'armée, des gens grossiers qui tous avaient leur fortune à faire et étaient peu scrupuleux sur le choix des moyens. « Je vous les donne, écrivait le général Murray, comme la collection la plus

of low education ; all with their fortunes to make, and little solicitous about the means. Report them, wrote Murray, to be in general the most immoral collection of men ever knew, Yet out of these and these alone, though they were but about 450 in number, magistrates were to be made and juries composed ; for all catholics were disfranchised.

The meek and unresisting province was given over to hopeless oppression. The history of the world furnishes no instance of so rash injustice.

(*History of the United states.* Vol. III, p. 87).

immorale d'individus que j'aie jamais vue ». « *Et cependant, c'était parmi ces gens et parmi eux seulement, bien qu'ils ne fussent que quatre cent cinquante, qu'il fallait choisir les magistrats et composer les jurys; car tous les catholiques avaient été dépouillés de leurs droits politiques. La province paisible et sans résistance, fut livrée à une horrible oppression. L'histoire n'offre aucun exemple d'une aussi criante injustice* ». Il est juste cependant d'ajouter que, si l'Angleterre nous envoya un certain nombre de fonctionnaires peu recommandables, et si nous eûmes à nous plaindre à maintes reprises, de nos nouveaux compatriotes, le gouvernement de Londres s'est presque toujours montré animé des intentions les plus conciliantes à notre égard.

Les Canadiens soumis, et en apparence résignés, portant le deuil de tous les bonheurs qu'ils avaient rêvés, se réfugièrent alors dans la vie familiale et s'adonnèrent tout entiers aux affections douces du foyer. Ces hommes dont l'ardeur enthousiaste et la superbe ambition n'avaient, pendant un siècle et demi, connu aucune limite, ces soldats dont l'âme altière ne s'était sentie à l'aise qu'en planant sur d'immenses horizons, se firent humbles et casaniers au point de renfermer leurs désirs aux bornes étroites d'un village. Les liens de famille, qui s'étaient un peu relâchés pendant les époques précédentes, se resserrèrent, si bien que nulle part au monde peut-être l'affection familiale n'est aussi profonde qu'au Canada.

Nos ancêtres se livrèrent donc exclusivement à l'agriculture. Certes, ils étaient peu propres à la bureaucratie et ils ne paraissent pas s'être avisés, tout d'abord, que, dans un pays neuf et vivant désormais en paix, il y avait d'immenses ressources à exploiter, qu'un champ magnifique s'ouvrait à l'activité commerciale. L'Anglais vainqueur s'empara de tout, comme je l'ai dit; le vaincu regardait faire, presque indifférent, songeant sans doute, à mesure que grandissait dans son cœur son affection pour ses champs et son foyer, qu'après tout, un calme bonheur lui était réservé. « *D'ailleurs, dit Garneau* (1), *il n'était resté dans les villes que quelques rares employés, quelques artisans, à peine un marchand et les corps religieux* ».

Le Canadien devint pieux, lui aussi, comme l'habitant de la Nouvelle-Angleterre, mais de façon différente. Sa religion, bien que plus superstitieuse fut moins étroite; sa piété plus chaude, plus féconde. Le Dieu de paix substitua ses voluptés à celles que le Dieu des batailles ne pouvait plus lui procurer.

1. *Histoire du Canada.*

Le prêtre, dont l'influence avait toujours été grande au Canada — car pendant la domination française, les missionnaires s'étaient imposés à ces valeureux par le courage et l'héroïsme — prit alors dans la vie de notre pays la place prépondérante qu'il occupe encore aujourd'hui.

L'église catholique est restée pour les Canadiens français le centre d'union, de cohésion par excellence.

Quelques années plus tard, on put dire de nos pères qu'ils étaient simples, naïfs, et manquaient d'initiative. Mais l'esprit belliqueux était loin d'avoir disparu. En 1775 et en 1812, le vieux sang se réveilla. Les Canadiens, réconciliés avec le nouveau régime par quelques concessions opportunes, se battirent pour leurs vainqueurs, luttèrent pour maintenir leur allégeance à la Grande-Bretagne.

Puis la lutte fut portée sur un autre terrain. L'ardeur belliqueuse de nos pères se dépensa dans une agitation constitutionnelle, et parfois extra-constitutionnelle, en vue d'obtenir de plus amples libertés et l'égalité de droits avec les Anglais qui s'étaient établis près de nous et avaient peuplé les autres provinces du Dominion.

Naturellement, le gouvernement impérial n'avait et ne pouvait avoir d'autre but que de maintenir dans la soumission sa nouvelle conquête et de lui donner satisfaction, si possible. Mais les fonctionnaires qui arrivaient dans le pays conquis formaient souvent un obstacle à l'accomplissement des désirs du cabinet de Saint-James.

L'Angleterre ne nous a pas traités plus mal, du reste, que ses propres colonies d'Amérique.

La crainte d'un soulèvement, à la veille de la déclaration d'indépendance des Etats-Unis, nous a valu une première concession en 1774. Dès cette époque, les Canadiens comprirent qu'une nouvelle perspective s'ouvrait à eux, et c'est d'alors que date cette fièvre politique intense à laquelle nous devons beaucoup des biens dont nous jouissons, mais aussi beaucoup des maux dont nous souffrons.

Plusieurs générations des fils des vaincus de 1760 ont fourni d'ardents patriotes, qui ont défendu nos droits menacés dans l'arène parlementaire. Les uns furent des orateurs brillants, les autres des hommes d'état tenaces, et, autour d'eux, se groupèrent toutes les forces militantes de notre peuple. En 1837, une rébellion promptement réprimée ajouta quelques centaines de noms nouveaux au martyrologe canadien-français.

Pendant toute la durée de ces luttes parlementaires, depuis la conquête jusqu'à la confédération (en 1867), notre développement économique a suivi un cours normal. Il n'a pas été aussi rapide que celui de nos voisins et de nos compatriotes anglais, mais cela s'explique aisément. La conquête a laissé les Canadiens au nombre seulement de 65,000, tous ne connaissant que trois industries : la chasse, le commerce des pelleteries, qui, sous la domination française, ne se faisait qu'avec les commissaires du gouvernement; et l'agriculture d'après des méthodes primitives. Ils n'avaient pas de capitaux pour lancer de grandes entreprises. L'ère industrielle, au surplus, n'était pas encore inaugurée. Les Anglais, enfin, étaient maîtres du gouvernement et de tous les postes administratifs. Le mouvement commercial qui existait entre la Grande-Bretagne et les colonies voisines, restées anglaises encore pendant quinze ans, s'étendit au Canada, mais les intermédiaires des échanges ne pouvaient être que des Anglais; car tout favorisait ces derniers : la communauté de la langue, la connaissance des marchés et des habitudes du commerce britannique, enfin la sympathie et la protection des leurs.

C'est ainsi que le commerce d'importation et d'exportation a été tout d'abord accaparé par nos compatriotes venus de la Grande-

Bretagne. Il en a été de même pour l'exploitation de nos richesses naturelles : bois de construction, mines houillères, etc., à laquelle le manque de capitaux nous empêchait de nous livrer.

Pendant que nos frères de l'Acadie étaient dispersés sans ressources par tout le continent américain, et que le gouvernement français, débiteur des colons de la Nouvelle-France pour une somme de huit millions de dollars (40.000.000 fr.), les abandonnait sans s'acquitter envers eux, le gouvernement anglais distribuait quinze millions aux *loyalistes* américains qui s'étaient réfugiés au Canada après la guerre de l'Indépendance. « *Tout étant désormais perdu, dit Garneau* (1), *les Canadiens avaient repris tristement le chemin de leurs foyers. Décidément ruinés par cette longue guerre, ils venaient de perdre leur dernière espérance, en apprenant que non-seulement il ne leur arriverait aucun secours de France, mais que le trésor du royaume était incapable, pour le moment, de payer les avances qu'ils avaient faites au gouvernement. Cette nouvelle fut un coup de foudre pour ces malheureux à qui l'on devait plus de quarante millions de francs; il y en avait à peine un qui*

1. *Histoire du Canada.*

n'était pas créancier de l'État. Ils ont tout sacrifié, écrivait M. de Lévis, pour la conservation du Canada. Ils se trouvent actuellement ruinés, sans ressources. Des marchands et des officiers de l'armée anglaise, achetèrent plus tard, à vil prix, une partie de ces créances. » Les Canadiens perdirent presque tout.

Enfin les Anglais avaient sur nos ancêtres cet avantage. Ils arrivaient, fiers et désireux de s'enrichir dans un pays conquis par leurs armes, où ils étaient assurés de toutes les protections, où le négociant entreprenant et malheureux pouvait avec certitude, compter sur une charge qui l'indemniserait de ses pertes. Ils trouvaient notre peuple dans cet état d'énervement et de prostration qui suit les grandes catastrophes, les malheurs considérés comme irréparables : peuple haï, maltraité et opprimé.

Dans ces circonstances, quoi d'étonnant à ce que nous soyons moins riches que les Anglais ? Il ne pouvait en être autrement. Il faut reconnaître cependant que de vrais cultivateurs sont venus d'Ecosse et d'Angleterre, qui ont su tirer de leurs terres un meilleur parti que nous, et appliquer des méthodes meilleures, que nous leur avons, en partie, empruntées depuis.

Les Anglais étant, avant tout, un peuple de commerçants, se sont, dès la première heure, emparés du commerce et ont gardé leur conquête : Armés de riches capitaux, ils ont fondé les maisons les plus considérables et les plus prospères. En dépit de tous ces désavantages originels, nous avons, peu à peu, cependant, pris notre part dans la vie commerciale et industrielle du pays ; nous avons contribué et nous contribuons, dans une large mesure, à son extension, si le plus clair des profits n'est pas toujours pour nous.

On se plaît souvent à comparer le développement matériel si rapide de nos voisins des Etats-Unis, l'accroissement vertigineux de leur population avec les progrès plus modestes réalisés par les Canadiens, et l'on en conclut trop hâtivement d'ordinaire à la supériorité des premiers. Sans doute, ils doivent beaucoup à leur esprit d'initiative, à leur entente des affaires, à leur patriotisme éclairé et pratique, mais plusieurs circonstances spéciales les ont favorisés.

Le fait que les Etats-Unis renferment une grande variété de climats et de productions, qu'ils peuvent à la rigueur, se passer de l'étranger et entretenir un commerce intérieur florissant, leur donne, tout d'abord, un grand avantage sur nous. Forcés par leur rupture avec l'Angleterre et les difficultés de la navigation, au temps des guerres de Napoléon, de construire des fabriques et des usines, les Américains ont fait de leur République un grand Etat industriel et ont attiré chez eux, en conséquence, le flot de l'immigration européenne. Les indigents, que la misère et la pauvreté forcent à s'expatrier ne peuvent s'occuper d'établissements agricoles, et ils vont, en mettant le pied sur le sol étranger, demander du travail aux chefs d'industrie. Ainsi les Etats-Unis se peuplèrent rapidement d'émigrants qui *se sont mis, d'abord, au service* des anciens propriétaires du sol. Les émigrants venus au Canada, à la faveur des privilèges accordés par le gouvernement anglais, sont arrivés avec l'intention d'être les *maîtres* des anciens propriétaires du sol.

Il est intéressant d'étudier dans ses premières phases la croissance de la prospérité chez nos voisins et de se rendre compte de la manière dont ils ont su tirer parti des circonstances. A la fin du siècle dernier, alors que l'émigration ne se faisait encore que sur une faible échelle, la situation économique, éducative et sociale des anciennes colonies anglaises différait assez peu de la nôtre; si ce n'est que les habitudes d'économie et d'épargne étaient plus répandues, dans les classes rurales, chez les Américains que chez les Canadiens, et que les premiers possédaient plusieurs villes dont le commerce était florissant.

J'emprunte le tableau qui suit à l'un des principaux historiens des Etats-Unis, M. Macmaster (1) :

« *Les champs étaient mal clos, les granges petites et d'apparence misérable. Le cultivateur du Massachusetts labourait sa terre avec une charrue en bois, traînée par des bœufs, semait son grain à la volée, le fauchait avec une faulx, lorsqu'il était mûr, et le battait avec un fléau sur l'aire de sa grange. Sa maison ne portait aucune trace de peinture ; le parquet en était nu. Lorsque la nuit venait, il s'éclairait de quelques chandelles de fabrication domestique. Sa nourriture, de l'espèce la plus simple, était servie dans les plats les plus grossiers, et mangée avec les plus grossiers ustensiles. Du bœuf et du porc, du poisson salé, des pommes sèches et des légumes complétaient son menu quotidien, d'un bout de l'année à l'autre ; son pain était fait de farine d'orge et de maïs et pas toujours bien cuit.*

Pour le service religieux, le jour du sabbat et, dans les grandes occasions, la semaine,

---

1. *History of the United States*, pp. 10 et suiv.

il avait un complet de grosse étoffe qui lui durait sa vie entière et qui, peu endommagé par l'usage, devenait finalement, avec ses bestiaux et sa ferme, la propriété de son fils. Le vêtement que ses voisins lui voyaient habituellement porter, lorsqu'il conduisait la charrue, soignait son bétail, ou sommeillait devant la cheminée, pendant que sa fille Abigail ou Comfort lui lisait un sermon d'Edwards, était en tirelaine, filé et tissé à la maison. La somme qu'un fermier de la Nouvelle-Angleterre dépensait dans ces temps-là, pour lui-même, sa femme et ses douze ou treize enfants, était ridiculement petite.

Ses lectures étaient peu variées et se bornaient en général aux livres qui se trouvaient, par hasard, dans la malle du colporteur. Des journaux il en voyait rarement, à moins qu'ils ne lui arrivassent servant à envelopper quelque paquet, mais sa curiosité y suppléait amplement. . . . . . . En politique, c'était un ferme patriote ; en religion, un congrégationaliste. Ni ses opinions politiques, ni sa manière de voir sur les questions se rapportant au péché originel, n'étaient le résultat de longues et patientes réflexions. Il était zélé dans la cause des États, non pas parce qu'il considérait l'impôt sans la représentation comme injuste, ou la loi du timbre comme tyrannique, mais parce que les hommes qu'il regardait comme ses supérieurs étaient patriotes, et parce qu'il croyait que le roi d'Angleterre avait sérieusement l'intention de faire de l'Église établie dans le royaume, la religion de l'Amérique. Il était congrégationaliste parce que son père et son grand-père avaient appartenu à cette confession avant lui.

L'école se tenait alors, pendant deux mois de l'été et deux mois de l'hiver, dans de petites maisons badigeonnées en rouge; il y avait un instituteur pour l'hiver et une institutrice pour l'été. L'école était fréquentée, l'hiver par les garçons, et l'été par les filles. Le maître d'école demeurait en général, chez les parents de ses élèves et proportionnait la durée de son séjour chez chacun d'eux au nombre des enfants qui fréquentaient l'école. Son travail quotidien consistait à enseigner aux enfants à lire assez couramment, à écrire lisiblement, à épeler avec quelque respect des règles de l'orthographe et à apprendre suffisamment l'arithmétique pour pouvoir calculer l'intérêt d'une dette, tenir les comptes de la famille et faire la monnaie dans une boutique.

Quelque primitif que fût le système scolaire dans la Nouvelle-Angleterre, il était incomparablement supérieur à tout ce qu'on *pouvait trouver dans aucune autre partie du pays. Dans l'État de New-York et dans la Pensylvanie, il n'y avait pas d'écoles, en dehors des villages et des villes. Dans les États du Sud, l'éducation était presque totalement négligée* ».

Lors de la révolution, les États du Sud étaient plus peuplés que ceux du Nord. Les cinq Etats de la Virginie, du Maryland, des deux Carolines et de la Georgie comprenaient presque la moitié de la population anglaise de l'Amérique.

« *Celui qui voudrait étudier l'histoire de ce temps dans les journaux d'alors chercherait longtemps pour trouver peu de choses. Il lirait de nombreuses colonnes sur le péché de la paresse, sur l'importance de l'économie, sur la perversion de la méchante femme dont les pieds prennent racine dans l'enfer; mais rien ou presque rien sur les questions les plus excitantes et les évènements les plus importants de cette époque.*

« *Où l'on trouve maintenant des villes opulentes, il n'y avait alors que de misérables hameaux. La condition des manufactures était pitoyable. Les femmes filaient elles-mêmes leur laine et leur coton, et c'était considéré comme un complément d'éducation pour une demoiselle que de savoir bien filer.*

Il y avait dans la Virginie et la Géorgie

un bon nombre de familles opulentes. La plupart se sont éteintes depuis lors, et celles qui ont survécu aux ravages du temps ne rappellent que faiblement l'ancienne grandeur de leurs ancêtres.

« *Cependant, grâce aux conditions favorables du climat et du sol, l'agriculture était florissante, et la population et la richesse augmentaient rapidement dans les Etats situés au sud de la Virginie...*

Boston avait alors quinze mille âmes ; une partie de la ville était bien bâtie ; les maisons étaient confortables et les rues bien entretenues. Dans la partie ancienne, les maisons étaient pauvres et sales, construites entièrement en bois, avec leurs auvents en planches brutes et leurs toits de bardeaux, surmontés de vilaines balustrades en bois, entre lesquelles, les jours de lessive, les chemises et les jupons flottaient au vent.

« *Les villes de l'intérieur étaient pauvres et sales, mais celles qui étaient situées au bord de la mer, entre Portsmouth et New-London, étaient populeuses et florissantes. Leur situation riveraine en avait fait des ports de commerce et des entrepôts de pêche importants. Avant l'indépendance, elles avaient fait un grand commerce de contrebande avec les colonies françaises et espagnoles* ».

En effet, malgré les restrictions imposées au commerce, les négociants américains faisaient de la contrebande jusqu'en Portugal, en Espagne et même en Orient. D'un autre côté, l'Angleterre, produisant peu de céréales, en importait de ses colonies, de sorte que, jusqu'à la guerre de l'indépendance, celles-ci eurent toujours un excellent marché pour leurs produits agricoles.

On sait qu'après la guerre, cependant, la situation des États-Unis fut durant quelques années très critique, et que la jeune République se trouva même dans l'impossibilité de faire honneur aux engagements qu'elle avait contractés vis-à-vis de ses créanciers, en Europe. A partir de 1791, jusqu'en 1805, les produits américains obtinrent des prix très élevés sur les marchés étrangers, puis on employa la richesse créée par l'agriculture à la construction de fabriques et d'usines dont on sentait vivement la nécessité depuis la rupture avec l'Angleterre, « *Stimulées, dit l'historien que je viens de citer, par une réunion de circonstances excessivement favorables : l'embargo, la loi de non-importation, les ordres en conseil, les décrets de Napoléon, les primes, les offres d'exemption d'impôts, les résolutions solennelles des législatures et les engagements solennels, pris par la population, de n'employer que des marchandises américaines, les manufactures commencèrent à prospérer, des moulins, des fabriques, des ateliers, des fonderies, des corderies s'élevèrent dans toutes les parties du pays, du Maine jusqu'à Louiseville* ».

Ce progrès industriel eut pour résultat, comme je l'ai dit, d'attirer des émigrants qui devinrent les ouvriers de ces fabriques. Le mouvement de l'émigration ne s'est pas ralenti depuis lors; le capital et le travail n'ont jamais fait défaut; le gouvernement de l'Union a su faire de bonne politique économique, et les ressources du pays ont été rapidement mises en exploitation.

Jusqu'à 1867, l'histoire économique du Canada, surtout en ce qui concerne les Canadiens français, a été absolument subordonnée à son histoire politique. Nos pères, tout entiers à leurs réclamations constitutionnelles, à la vindicte de leurs droits violés ou menacés, ont moins songé que les Anglo-Saxons à tirer parti des avantages matériels qu'offre notre pays. D'ailleurs, manquant de capitaux, ils n'auraient pu, tout au plus, que prendre une part plus grande dans le commerce local. Coupés de tous rapports avec la France; tenus en suspicion, pendant les guerres de Napoléon, par les Anglais, qui, en outre, étaient jaloux de monopoliser tout le commerce de transport ; sans navires et hors d'état d'en acheter, il est naturel qu'ils n'aient pas songé au commerce extérieur.

Lorsque la loi de non-importation fut votée aux Etats-Unis, quelques années après la guerre de l'indépendance, un grand commerce intérieur se développa dans ce pays, mais comme les difficultés de transport étaient très grandes, les États avoisinant le Canada durent chercher un marché pour leurs produits à Québec et à Montréal. Naturellement, ce furent les Anglais établis au Canada dans le but unique d'y faire du commerce qui profitèrent de cette aubaine. La moitié du commerce de fourrures du Nord-Ouest et tous les produits du Vermont et des comtés du nord de l'Etat de New-York, jusqu'au Niagara, se concentraient à Montréal, d'où ils étaient expédiés en Angleterre. Les marchandises anglaises étaient admises en franchise au Canada et de là prenaient la route des Etats américains limitrophes. Les Canadiens-français étaient exclus de ce commerce, par la force des choses ; mais ils en bénéficiaient cependant, car les produits de leurs terres atteignaient des prix plus élevés. Ils jouirent d'ailleurs, après la conquête, d'une plus grande prospérité ; qu'en aucun temps de la domination française.

Aussi, satisfaits du côté matériel, ou, dans tous les cas, ne s'en préoccupant guère, ils ne songèrent qu'à se faire une part plus importante dans l'administration et le gouvernement, et ils mirent d'autant plus d'ardeur dans leurs revendications qu'ils se heurtaient à plus d'obstacles. Je lis ce qui suit dans une pétition adressée par les Canadiens-français au prince-régent, en 1814 :

« *Chaque fois que les Canadiens encouragés par l'idée de leur constitution ont essayé d'en jouir, ils ont été terrassés, comme opposés au gouvernement; ils ont encore le cœur brisé des traitements qu'ils ont éprouvés sous le gouverneur précédent. Il leur semble être le jouet d'une contradiction étrange, comme si, d'un côté, une constitution leur eût été donnée, sans doute, pour en jouir, et que, de l'autre, il eût été placé un gouvernement exprès pour les en empêcher.* »

Pendant toute cette période de luttes parlementaires, la vie municipale s'est organisée sur des bases très libérales. Des écoles ont été établies partout. Dès 1831, sur 100.000 enfants pouvant participer à l'instruction primaire, 45.203 fréquentaient ces écoles. Des établissements d'éducation secondaire furent dés, et bientôt ils distribuèrent dans les fonvilles et les villages les médecins, les notaires, les avocats, considérés comme nécessaires dans tout organisme social dont les rouages commencent à se compliquer.

Ainsi donc, de 1763 à 1867, le peuple Canadien-français n'a pas d'histoire économique proprement dite. Le défrichement des terres s'est étendu dans des proportions très satisfaisantes ; de nouveaux cantons ont été ouverts à la colonisation ; quelques industries locales se sont fondées.

L'instruction primaire s'est répandue et est devenue à peu près universelle. Nous avons obtenu toutes les libertés possibles. La vie rurale et urbaine s'est constituée sur les bases les plus cordiales qui se puissent imaginer. En un mot, 65.000 soldats, friands d'expéditions, d'aventures et de batailles, se sont transformés en un million de citoyens paisibles, aimant leurs foyers, attachés à leur religion, à leur langue ; heureux de vivre, gais et contents.

A ce dernier point de vue, nous n'avons pas changé non plus depuis vingt-cinq ans : La gaieté, la sociabilité semblent être l'élément naturel de nos compatriotes. Les rapports entre tous sont courtois, sympathiques, pleins de cordialité ; il est probable qu'il s'épanouit plus de jolis sourires et qu'il retentit plus d'éclats de franche gaieté dans la seule province de

Québec que dans tout le reste du continent américain.

Au moment où nos vainqueurs célébraient le centenaire de la conquête, le Canada, grâce surtout à un traité de réciprocité commerciale, conclu avec le gouvernement de Washington, jouissait d'une prospérité jusqu'alors sans exemple dans notre histoire. Il l'emportait même sur les Etats-Unis.

De 1850 à 1860, la population du Canada s'est accrue de 40.87 pour 100, pendant que celle des Etats-Unis n'a obtenu qu'une augmentation de 35-58 pour 100. En 1860, la terre arable était évaluée au Canada, à 20.87 dollars l'arpent (frcs 104.35) et aux Etats-Unis à 16.32. Le rendement des fermes, le progrès du défrichement, la valeur du bétail et des instruments aratoires servant à l'exploitation de ces fermes ont été également plus considérables, pendant cette période décennale, chez nous que chez nos voisins. A l'époque où nous avons obtenu de l'Angleterre notre constitution définitive, nous étions le peuple le plus prospère du monde.

III

DE 1867 A 1894.

Réconciliés maintenant avec notre situation de vaincus, le dernier obstacle à notre complet développement disparaissait. Le moment était venu, pour nous, de lever haut la tête; de montrer que si nous avions tenu à conserver l'héritage de nos ancêtres, ce n'était pas en vain; de prouver que l'élément français était appelé à prendre en Amérique une part brillante aux luttes pacifiques d'une ère nouvelle. Le moment était venu, enfin, d'affirmer avec énergie que nous pouvions créer, nous aussi, des richesses, et des richesses de l'ordre le plus élevé. Malheureusement, au lieu de cette ardeur enthousiaste qui eût été si naturelle chez un peuple jeune et plein de sève, c'est un souffle d'apathie et d'égoïsme qui a passé sur notre province. On s'est dit que, le temps des sacrifices était passé ; le *chacun pour soi* a tout envahi. Et c'est ainsi que sans lutte, nous nous en allons à la dérive, lentement, insensiblement, vers l'absorption finale.

Il y a quelques années, dans un discours prononcé devant les membres de la société celtique, Ernest Renan exposait avec toutes les grâces de langage, les atténuations et les réserves propres à sauvegarder sa modestie, que ce qu'il était devenu, il le devait aux nombreuses générations de travailleurs simples, sobres et un peu contemplatifs dont il était issu : qu'il avait fallu les accumulations de forces non utilisées de siècles d'ignorance pour produire un savant. Cette théorie a, sans doute, son côté paradoxal ; cependant je me sens porté à l'appliquer dans une certaine mesure à mon pays.

Quand je songe au passé de notre peuple, il me semble que j'entends frémir au fond de l'âme canadienne toute une germination mystérieuse, et je me dis qu'un monde latent de poésie, d'art, de grandeur intellectuelle, de noblesse morale, est là qui demande à prendre un libre essor, qui aspire au soleil et à la vie.

Pendant cent cinquante ans, de nombreuses générations de nos ancêtres ont accompli des exploits fabuleux ; quelques milliers de soldats ont dominé, pour ainsi dire, tout un continent, presque toujours vainqueurs, toujours supérieurs à la fortune, même dans la défaite, bataillant sur des espaces immenses : de l'Atlantique au Pacifique, de la Baie d'Hudson au Golfe du Mexique. A ce passé de gloire a succédé un passé d'humbles labeurs, de vie renfermée et paisible, d'affections familiales intenses... La flamme ardente qui s'est éclipsée ne va-t-elle pas renaître ? Une éclosion brillante ne va-t-elle pas s'épanouir au jour ?

Cette éclosion, d'heureuses circonstances semblent encore devoir la favoriser : seuls, nous formons un corps que mille liens de profonde sympathie unissent, dans ce continent où les autres populations se désagrègent sourdement en leur homogénéité factice, où les citoyens se sentent chaque jour plus étrangers les uns aux autres : seuls nous avons dans nos traditions et notre sang, cette chaude flamme d'enthousiasme qui inspire les grandes pensées et réalise les nobles ambitions.

Fils de cette glorieuse nation française dont les impérissables illustrations nous appartiennent et dont nous gardons jalousement les qualités, se peut-il que nous n'ayons rien à dire au monde ? De la combinaison de tant d'éléments heureux, quelques initiatives fécondes ne jailliront-elles pas ? Sommes-nous réellement destinés à disparaître ainsi, mesquins, neutres, inutiles ? Non, je le répète, si des symptômes de décadence se font sentir, parmi nous, depuis vingt-cinq ans, c'est simplement parce que l'âme canadienne, détournée d'une voie longtemps suivie, n'a pas su encore choisir une voie nouvelle.

Je me suis efforcé, dans les pages qui précèdent, d'indiquer l'état d'âme de nos ancêtres plus que de décrire leur vie. L'existence impose à tout homme certaines préoccupations qui n'ont rien d'héroïque, l'entretien de sa famille, le succès de son étude, la prospérité de sa boutique, le bon rendement de sa ferme. Le *Primo vivere* ne perd jamais ses droits. Jusqu'à 1760, les facultés de nos pères étaient, sans doute, en grande partie absorbées par la culture du sol et le commerce des pelleteries ; mais il y avait aussi en eux ce que j'appellerai une vie supérieure, faite de tous leurs souvenirs de courage et d'audace ; de tous leurs rêves d'expéditions lointaines, de nouvelles conquêtes pour Dieu et pour la France ; de tous leurs désirs d'abnégation et de dévouement. Cette vie supérieure a mis son sceau sur toute cette période, et c'est son souvenir seul qui nous reste.

Pendant le siècle suivant, la vie domestique, terre à-terre, se déroulant en une alternance d'humbles désirs, de satisfactions modestes, de labeurs monotones, de pieuses jouissances, a pris une bien plus grande part dans les âmes. Cependant, au cœur des Canadiens, vivait encore le souci inquiet de l'avenir de la race, des conquêtes constitutionnelles à poursuivre, de l'oppression à repousser, d'un maximum de liberté à obtenir, fût-ce au prix du sang. Certains hommes, doués d'une fière éloquence et animés d'un noble patriotisme, s'étaient faits les champions infatigables de ces revendications ; et, au foyer de l'agriculteur, du commerçant, de l'ouvrier, on commentait avec une ardente émotion les progrès des Papineau, des Bourdages, des Morin, des Lafontaine, des Cartier. Cette sorte de vie supérieure par laquelle seule les nationalités menacées peuvent surmonter tous les obstacles subsistait encore. Mais qu'est-elle devenue depuis 1867 ?

A cette date, ainsi que je l'ai déjà dit, notre existence nationale était organisée de façon définitive, sur les bases les plus démocratiques, les plus égalitaires.

Toutes les carrières étaient ouvertes à tous.

Un bien-être général régnait. La vie matérielle réalisait les plus enviables conditions. Le malheur est que l'on s'en contenta trop aisément et que l'on négligea le reste. On ne s'occupa ni de créer une vie intellectuelle nouvelle, ni de satisfaire les besoins accrus des intelligences, ni d'ouvrir une voie plus large aux facultés supérieures. On ne songea même pas à élever le niveau des études classiques, à fonder dans les villes des bibliothèques publiques, des écoles d'art, etc., etc. Nous n'avions plus à lutter ; il fallait nous appliquer à créer dans tous les champs où notre activité pouvait s'exercer utilement. On ne le fit pas.

I

Vers 1807, alors que les Américains ne se trouvaient pas dans une situation matérielle plus avantageuse que la nôtre, « *c'était la mode, dit Mac-Master, pour les gens ayant de la fortune et des loisirs, de se former en société, en vue de l'encouragement de tout ce qu'ils avaient à cœur. Des sociétés pour l'encouragement des manufactures, des sociétés pour venir en aide à l'agriculture, des sociétés pour le développement des arts et des sciences se fondèrent dans toutes les grandes villes* (1) ».

Les peuples ne prospèrent pas seulement parce qu'ils peuvent compter sur l'activité de bras nombreux, sur une grande somme d'énergie, sur des habitudes générales de travail et d'économie, mais aussi parce qu'ils ont des érudits, des savants, des ingénieurs, des agronomes, des physiciens, des chimistes, et enfin des hommes dans l'âme desquels de fortes études scientifiques et littéraires ont développé un sens de la responsabilité morale plus étendu, un patriotisme plus éclairé, plus actif, plus fécond.

Nous arguons trop du fait que nous sommes un peuple jeune et relativement pauvre, pour excuser notre apathie et notre négligence.

Dès 1832, un Français qui visitait le Canada, M. Lebrun, exprimait des regrets sur les lacunes que présentait notre pays, au point de vue de l'instruction supérieure. « *Il ne manque pas, disait-il* (2), *sur les bords du fleuve et des lacs, d'esprits ardents comme leur âge et généreux qui dissipent leur vigueur dans des utopies ; tandis que des études fortes, faites dans les grandes écoles*

---

1. *Hist. of the United states*, vol. 1, p. 296.
2. *Tableau des deux Canadas.*

de l'Europe, mûriraient leur patriotisme et leur procureraient le bonheur d'enseigner à leur pays les sciences et les arts... La religion a eu sa propagande, la liberté son apostolat, toutes deux leur fanatisme et leurs martyrs ; les sciences attendent encore des missions ».

Elles en attendent encore, en 1894.

Nous étions excusables en 1832 ; nous ne le sommes plus aujourd'hui.

Ayons le courage de constater toute l'étendue du mal dont nous souffrons.

II

Vers 1860, nous possédions quatre ou cinq collèges classiques qui suffisaient amplement aux besoins de notre province ; nous en possédons aujourd'hui seize ou dix-sept ; et cependant notre population n'a guère augmenté depuis cette date ; car près de la moitié des Canadiens-Français ont émigré aux Etats-Unis, surtout pendant les trente dernières années. L'instruction classique étant à la portée de tous, il en résulte que le nombre des jeunes gens qui entrent dans les carrières libérales et qui pour obtenir quelque humble emploi, se font les caudataires des politiciens, dont j'aurai l'occasion de parler, augmente dans des proportions effrayantes. Si encore ces études avaient pour résultat d'empêcher la déperdition des talents (chose si regrettable toujours), de mettre les jeunes gens, qu'on enlève aux travaux du commerce, de l'agriculture ou de l'industrie, en état de se rendre utiles à la société par leur science, il n'y aurait peut-être qu'à se réjouir. Malheureusement il n'en est rien ; et quatre-vingt-dix-neuf pour cent d'entre eux ne deviennent jamais ce qu'en France on appellerait des hommes instruits.

De grandes choses ont été accomplies au Canada depuis vingt-cinq ans, ne fût-ce que la construction du chemin de fer du Pacifique et la colonisation du Nord-Ouest. Mais une grande partie de ce qui a été fait l'a été sans notre collaboration.

Dans l'agriculture, nous n'avons su qu'accumuler des ruines, si bien qu'un grand nombre de nos cultivateurs ont dû s'expatrier, et que plus de la moitié de nos terres sont grevées d'hypothèques, plusieurs même abandonnées et en friche.

Dans l'industrie et le commerce, les seules carrières qui mènent à la fortune, nous avons fait des progrès sensibles, mais pas assez rapides, semble-t-il ; car, pour les raisons que j'ai mentionnées plus haut, les plus puissantes maisons de commerce de la province de Québec appartiennent encore à des Anglais. Nos richesses forestières et minérales sont de même presque exclusivement exploitées par des Anglais.

Le mal, tant au point de vue du bien-être individuel et du développement moral de nos concitoyens que de l'existence de notre race, ne consiste pas dans le fait que nous ne sommes pas les plus riches, mais dans le fait qu'un certain nombre d'entre nous, devant cet état de choses, perdent peu à peu leur fierté nationale. Constatant la supériorité industrielle et commerciale de l'Anglais, ils lui accordent toute leur admiration et concluent à faux à leur propre infériorité. De là, par une pente assez naturelle, en tout cas fort glissante, ils sont amenés à *désirer uniquement la richesse.*

Il n'est pas bon que l'homme soit seul, a dit l'Écriture. Peut-être n'est-il pas bon non plus, à certain point de vue, qu'un peuple faible et jeune soit seul, au milieu de vastes multitudes avec lesquelles il n'a presque rien de commun.

. Loin de toutes les sources congéniales où son esprit national pourrait se retremper, il en vient peu à peu à adorer les dieux des peuples au milieu desquels il vit.

Plusieurs de ceux qui, depuis quelques années, se sont élevés des rangs si absolument égaux de notre démocratie, dans les professions libérales ou le haut commerce se sont laissé persuader que la possession de la richesse était le seul but digne de leurs efforts, le seul résultat enviable, la seule récompense appréciable des labeurs de la vie. Ils ont regardé autour d'eux, ils ont vu les foules, à flots pressés, se précipiter vers le temple que le veau d'or domine, et sans songer que plus loin, plus haut, d'autres champs ensoleillés et radieux s'ouvrent à l'ambition humaine, ils se sont dit : « Travaillons ! Le but est là tout près ! Ceux qui après une lutte fébrile y atteindront, pourront ensuite, assis sur des monceaux d'écus, dominer cette humanité inférieure qui devra continuer à travailler et à peiner ! Soyons riches, le bonheur n'est qu'à ce prix ».

Cette conception de la vie, dans laquelle le bonheur s'identifie avec la richesse, n'est pas nouvelle en vérité, ni particulière à l'Amérique et aux peuples de race anglo-saxonne. De nos jours, elle est si bien entrée dans les âmes que ce serait folie que de chercher à la combattre. Elle a été et sera encore la cause de nombreuses erreurs et de terribles déceptions avant le grand cataclysme social qui se prépare.

Toute victoire qui provoque l'enthousiasme est une jouissance ; toute lutte est intéressante, même cette lutte pour la richesse, la moins noble de toutes, puisque, dans la plupart des cas, celui qui s'enrichit ne fait qu'œuvre d'intermédiaire entre les producteurs et les consommateurs et lui-même ne crée pas. L'homme qui travaille pour s'enrichir éprouve certaines satisfactions, mais l'enrichi, dans un pays sans haute culture littéraire et artistique, est difficilement heureux, à moins qu'il ne trouve son bonheur, à vivre en Europe comme certains Américains et qu'il n'ait une intelligence très cultivée, très ouverte, capable d'apprécier les œuvres d'art dont abondent les grandes capitales. Fut-il jamais une existence plus triste, plus stérile, plus nuisible même que celle de ce millionnaire américain, Jay Gould, qui, pendant cinquante ans, a édifié sa fortune sur mille ruines, ignorant toute jouissance un peu élevée, étranger à toute autre préoccupation que celle du cours de la bourse ; poussé comme par une force fatale vers un but indéfini qui ne pouvait rien lui promettre et qui ne lui a rien donné que l'ivresse d'un joueur ?

Certes, il est bon, il est désirable que tous ceux d'entre nous qui se sentent des dispositions pour le commerce et l'industrie entrent dans cette voie, qu'ils y prospèrent, qu'ils soutiennent avec énergie la concurrence contre les hommes d'affaires qui nous entourent. Dans notre pays, il peut même sembler que l'on fait œuvre patriotique en s'enrichissant ; car c'est, aux yeux de nos voisins, le plus sûr moyen de faire honneur à notre race. Ce que je crains, c'est que cet idéal mesquin de l'homme d'argent ne s'empare avec le temps de l'âme canadienne, au détriment de notre avenir national.

Depuis la conquête, comme je l'ai dit, un instinct de combativité très ardent, très exubérant, s'est perpétué, au sein de notre population et a cherché un aliment dans les luttes politiques. D'un autre côté, un esprit d'égoïsme, de lucre et d'avidité se dégage insensiblement dans les couches de notre société où règne le plus de bien-être, et tend à absorber toutes les autres aspirations, fortifié qu'il est par les courants psychiques qui parcourent et embrassent tout le continent Américain. De ces deux esprits, combinés ou séparés, se forme, peu à peu, depuis vingt-cinq ans, l'esprit de ce qu'on veut bien appeler les classes dirigeantes. Et c'est ainsi que s'éclipse notre vieille fierté de race. Là est un des grands dangers dont nous sommes menacés.

III

Une seule chose fleurit et prospère absolument dans la province de Québec, dans les centres progressifs comme dans les petites villes dont la population décroît. Le peuple canadien-français tout entier, s'adonne avec délices, à un sport (pour un certain nombre on pourrait dire une industrie) unique « la politique. »

« Il y a des époques, dit Tocqueville (1)*, où les changements qui s'opèrent dans la constitution politique et l'état social des peuples sont si lents, si insensibles, que les hommes pensent être arrivés à un état final ; l'esprit humain se croit alors fermement assis sur certaines bases et ne porte pas ses regards au-delà d'un certain horizon.*

« C'est le temps des intrigues et des petits partis. Ce que j'appelle les grands partis politiques sont ceux qui s'attachent aux principes plus qu'à leurs conséquences ; aux généralités et non aux cas particuliers ; aux idées et non aux hommes. Ces partis ont, en général, des traits plus nobles, des pas-

---

1. *De la démocratie en Amérique.*

sions plus généreuses, des convictions plus réelles, une allure plus franche et plus hardie que les autres. L'intérêt particulier, qui joue toujours le plus grand rôle dans les passions politiques, se cache ici plus habilement sous le voile de l'intérêt public ; il parvient même quelquefois à se dérober aux regards de ceux qu'il anime et fait agir.

« Les petits partis, au contraire, sont, en général, sans foi politique. Comme ils ne se sentent pas élevés et soutenus par de grands objets, leur caractère est empreint d'un égoïsme qui se produit ostensiblement à chacun de leurs actes. Ils s'échauffent toujours à froid ; leur langage est violent mais leur marche est incertaine. Les moyens qu'ils emploient sont misérables comme le but qu'ils se proposent. De là vient que lorsqu'un temps de calme succède à une révolution violente, les grands hommes semblent disparaître tout à coup.

« Les grands partis bouleversent la société, les petits l'agitent ; les uns la déchirent, les autres la dépravent ; les premiers la sauvent quelquefois en l'ébranlant, les seconds la troublent toujours sans profit. »

Cette page de Tocqueville visait les partis politiques des grands pays, cependant elle contient des vérités également applicables au

Canada; car nous avons, nous aussi, dans la province de Québec, de petits partis, de très petits partis. Hélas !

Les hommes qui ont lutté pour nous procurer les libertés constitutionnelles dont nous jouissons, ont droit à toute notre reconnaissance : malheureusement ceux qui prétendent avoir recueilli leur succession nous empêchent de tirer parti des avantages si péniblement acquis.

Tout n'est pas fini, quand une longue période de luttes se trouve close et que la paix semble définitivement établie; les choses ne peuvent de longtemps encore reprendre leur cours normal. Il reste une armée à licencier; un corps d'officiers qui s'est fait de la vie des camps une carrière et dont il faut assurer l'existence; des entrepreneurs, des fournisseurs, des industriels de toutes sortes qui vivaient de l'armée et qui se résignent difficilement à la perte de leurs bénéfices : Pendant cette période, un état de choses s'est constitué qui est devenu régulier et, en apparence, permanent. Certains besoins nouveaux ont donné naissance à certaines fonctions nouvelles, des charges nécessaires ont trouvé leurs titulaires. Ces fonctions et ces charges ont, à leur tour, donné naissance à des hiérarchies et à des formes nouvelles, favorisé l'éclosion d'aptitudes professionnelles *ad hoc*, etc., etc. Or, il advient que cet état de choses n'a plus sa raison d'être, que ces besoins ont disparu, que ces charges ne sauraient plus être que des sinécures. Les fonctionnaires, les hiérarchies, les formes sont conservées cependant. Il n'est pas facile de supprimer des institutions qui ont été créées pour répondre à des exigences réelles et qui peuvent, à un moment donné, devenir encore nécessaires. Un peuple a dû combattre pour sa liberté, pour son honneur, pour préserver l'intégrité de son territoire; le danger est passé, il a obtenu une paix honorable, mais une partie de l'armée reste; on n'ose pas forcer les militaires de carrière à retourner dans leurs foyers.

Depuis 1867, notre armée de politiciens provinciaux ressemble par bien des points à un corps de troupes devenu inutile, dans tous les cas beaucoup trop nombreux, mais que l'on ne peut licencier.

Les parlements ont été, dès l'origine, des champs de bataille, des arènes dans lesquelles le progrès luttait contre le conservatisme outré, le libéralisme contre la réaction. Ils sont restés tels dans certains pays. Il n'en est pas ainsi chez nous, heureusement. Nous n'avons plus rien à réclamer, tout ce que nous demandions, nous l'avons obtenu; il suffirait maintenant de quelques hommes bien intentionnés, instruits, de quelques légistes, de quelques économistes sans parti pris d'école, qui se réuniraient, de temps à autre, pour examiner les rouages de la machine administrative, réparer les avaries, renouveler ce qui serait vieilli et voir au bon fonctionnement de l'ensemble. Un député à la législature provinciale, qui représente sept ou huit communes, pourrait, sans inconvénient aucun et sans que la province en souffrît le moins du monde, en représenter trente ou quarante. Mais non, on semble croire que les libertés populaires augmentent au fur et à mesure que s'accroît le nombre des représentants du peuple.

Au surplus, le mal ne consiste pas tant dans les institutions, comme on le verra, que dans l'abus qu'on en fait.

Un des départements les plus importants de la France, la Gironde, population 800.000 âmes, est représenté aux chambres françaises par onze députés et quatre ou cinq sénateurs. Ses affaires locales sont administrées par un préfet, quelques sous-préfets et quarante-huit conseillers généraux qui siègent un mois par an; et tout marche admirablement. Le préfet est un homme respecté et considéré, mais il ne porte qu'un titre bien simple, « M. le Préfet », et il ne reçoit que 20.000 francs par an. Pas de gouverneur, ni de ministres, ni d'honorables, ni de députés ; on se réunit pour veiller à l'administration d'un département et l'on s'acquitte de cette tâche tout simplement, *sans éloquence*. Il y a, parmi les conseillers généraux, des jurisconsultes distingués ; plusieurs d'entre eux ont de sérieuses connaissances économiques : c'est tout ce qu'on leur demande.

La province de Québec, population 1.300.000 âmes, est représentée au parlement fédéral par soixante-dix députés et vingt-quatre sénateurs. Ses affaires locales sont administrées par un lieutenant gouverneur, un Conseil législatif ou sénat provincial, composé de vingt-quatre *pairs* portant le titre d'honorable, et soixante et treize députés dont sept ministres siégeant environ trois mois par an. Mais ce n'est pas tout : les élections ont lieu tous les cinq ans ; dans chaque circonscription deux ou plusieurs candidats sont en présence ; l'un triomphe et les autres consacrent à la pensée de la revanche, en attendant la prochaine élection, tout le temps qui n'est pas dévolu à leur besogne quotidienne ; ils prélèvent quelquefois même sur leur travail des heures qui pourraient certainement être mieux employées. Ce n'est pas tout encore : derrière chaque candidat, il y a un certain nombre d'individus, plus ou moins besogneux, qui se chargent des basses œuvres électorales et qui, comptant sur une récompense prochaine, sur un emploi quelconque dans les administrations publiques, s'abstiennent de toute initiative utile, de tout travail en vue d'une carrière indépendante. Enfin, dans chaque ville, dans chaque village, il y a des hommes ardents, enthousiastes, jeunes, dont l'esprit gravite sans cesse autour de ces mots fatidiques : conservatisme, libéralisme, députation, ministère auxquels ils ne parviennent pas toujours, du reste, à donner un sens précis.

Les attributions de la législature d'une province canadienne, me dira-t-on, sont plus étendues que celles du conseil général d'un département français ; cela est vrai. Il y aurait, en effet, beaucoup plus de ressources nouvelles à exploiter chez nous; mais c'est là ce dont on se préoccupe le moins, en général. Personne ne songe à étudier l'économie politique ; M. de Molinari raconte avoir rencontré à Montréal un homme qui raisonnait selon les principes de cette science sans l'avoir apprise; mais ces hommes-là sont rares. La lutte des partis est, pour un bon nombre, un simple sport, pour les autres c'est une spéculation. Et ce sport ridicule accapare toutes les forces vives de la nation, et cette spéculation ruine notre province.

Oh ! perfide Albion, serait-on en droit de s'écrier, quel don funeste tu nous as fait ! Comme les politiciens nous font payer cher les libertés que des hommes politiques nous ont procurées !

Depuis que notre vie nationale s'est ainsi constituée en une lutte sportive de deux ou plusieurs partis, des qualités nouvelles, des vertus inédites, des devoirs inconnus auparavant ont fait leur apparition. Au temps des combats parlementaires utiles, alors que nos pères travaillaient pour obtenir notre constitution définitive, il y avait deux partis réellement distincts, ayant de vrais principes, l'un demandant plus de libertés, l'autre les refusant. Les libertés étant acquises, les principes n'ont plus d'objet; néanmoins les partis sont restés. Ils sont même devenus plus ardents à défendre le nom, l'étiquette qui les désignait. Les politiciens, vis-à-vis de leur parti, sont dans la situation d'un garde-magasin qui aurait reçu mission de veiller sur de riches marchandises et se battrait avec acharnement après la vente de ces marchandises pour protéger les coffres vides.

Les vertus nouvelles dont j'ai parlé plus haut s'appellent fidélité aux principes, discipline, intransigeance, etc., etc. On ne néglige pas les grands mots, il y a des *traîtres* à leur parti, et ceux là sont voués au plus insigne mépris; il y a des *orateurs illustres*, de *grands tribuns*, des *hommes d'Etat éminents*. La presse dont presque tous les organes sont des armes de combat aux mains des politiciens, crée une opinion publique factice, on ne s'y occupe que des faits et gestes des ministres, députés et orateurs politiques, et naturellement ces hommes notoires passent, en peu de temps, grands hommes. Le plus regrettable c'est qu'on inspire à plusieurs d'entre eux une vanité puérile, inconcevable. En France, si l'on donnait de l'illustre à un conseiller de préfecture n'ayant aucun autre titre à la gloire, il est probable qu'il enverrait ses témoins à l'ours qui lui aurait lancé ce pavé. Un ministre de la province de Québec, est pour ses partisans, un *éminent homme d'Etat*. Si l'on accolait à son nom l'épithète de « connu » ou même de « distingué », il serait furieux. Allons donc, distingué vous-même ! Distingué ! Cela est bon pour un simple député ! M. Z. a-t-il proposé un amendement à notre code de procédure civile ou obtenu des subventions pour la construction d'un chemin de fer local, on parle aussitôt des services insignes qu'il a rendus à son pays et de son dévouement à la cause nationale. On peut voir, tous les jours, des politiciens véreux de notre province malmenés par leurs collègues, invoquer *l'histoire*, se réfugier dans l'histoire, déclarer naïvement *qu'elle leur rendra justice*...

Hélas ! hélas ! que voulez-vous que fasse un pauvre petit peuple autrefois héroïque, mais déchu de sa gloire passée et isolé au milieu d'un grand continent, si on le dirige ainsi ?

Nos politiciens provinciaux entrent dans cette commode et parfois lucrative carrière, parce que c'est la mode et que c'est le seul moyen de devenir facilement un « grand homme », un « conducteur de peuples », d'être acclamé par les foules et de disposer des faveurs gouvernementales. Pour y obtenir des succès, il n'est pas nécessaire de faire des études sérieuses, de se casser la tête à résoudre des problèmes d'économie politique ou de science financière ; un peu de bagout et d'intrigue suffit. Ils sont retenus ensuite par l'habitude, l'agrément du palais législatif, où ils sont de gros personnages, et le plaisir des acclamations de leurs mandataires. Songez-y, chacun des soixante-treize députés à la législature locale de Québec pourrait appeler M. Labouchère, M. Chamberlain ou le comte de Mun « cher confrère ». Les membres du cabinet provincial sont des ministres tout comme M. Gladstone, lord Rosebery et M. Casimir-Perier (1), tandis que les représentants locaux des départements français sont de simples conseillers généraux. Voyez-vous la différence ? Le nom, le titre, tout est là.

Les félicités parlementaires sont bien un peu mélangées, il est vrai ; chaque élection laisse à sa suite de nombreuses inimitiés et de fortes rancunes. Après une campagne électorale, dans chaque ville, chaque bourg, chaque village, on constate qu'un certain nombre des partisans actifs des deux factions rivales ont cessé de se parler, de se saluer, évitent de se rencontrer. « Ils ne se connaissent plus » ; cela dure quelquefois cinq ou six mois, puis des amis communs qui ont meilleur caractère les réconcilient en leur rappelant qu'on peut avoir des *idées* différentes — ils appellent leur attachement à un parti des *idées* — et s'estimer et sympathiser. Quant aux candidats et députés, les haines qu'ils ont suscitées sont plus féroces, les rancunes qu'ils ont conçues sont plus tenaces. On les a calomniés, vilipendés, injuriés. Ils brûlent de prendre leur revanche. C'est ainsi que leur horizon se borne peu à peu et finit par ne plus consister, pour plusieurs, qu'en deux groupes distincts d'amis et d'ennemis.

1. Au moment où ces lignes ont été écrites, M. Gladstone et M. Casimir-Perier étaient encore ministres.

Cependant, en dehors de la question de partis, fidèles aux qualités de leur race, ils restent aimables, sympathiques, et « le cœur sur la main. »

Lorsqu'il s'agit de juger les actes d'un homme qui tient à un parti par quelques liens apparents, la politique substitue, dans une grande mesure, son critérium à celui de la conscience. Ce qu'il a fait est bien ou mal, excusable ou inexcusable, selon qu'il appartient ou n'appartient pas à l'opinion politique de celui qui le juge. La *politique* s'empare de tout ce qu'il y a, dans l'âme de notre jeunesse, d'ardeurs, d'enthousiasmes, de tendances vers le bien. Sa science, qui consiste principalement à connaître la chronique scandaleuse du parti adverse, à savoir les tergiversations, les métamorphoses, et les variations des adversaires les plus influents, ou mieux encore à connaître dans leur vie privée telle erreur, tel chagrin, telle honte oubliée, cette science satisfait tous les besoins intellectuels de beaucoup de nos jeunes Canadiens. C'est pourquoi, dans notre province, personne, à part quelques esprits supérieurs, ne peut plus s'élever à cette hauteur de vues, à cette sérénité de jugement qui domine les préjugés et constitue chez un peuple ce qu'on appelle « l'opinion indépendante et éclairée. » La saine

raison est faussée à un tel point que lorsqu'un brave citoyen, un vertueux père de famille, ayant rempli une carrière honorée dans l'agriculture, le commerce ou l'industrie, passe de vie à trépas, le plus bel éloge que nos journaux croient pouvoir faire de lui, c'est de déclarer que toute sa vie, il a été fidèle à son parti et qu'il a fait des sacrifices pour ses convictions politiques. Cela signifie que, pendant vingt ou vingt-cinq ans, il a pris au sérieux ce sport ridicule et coupable ; qu'il a couvert de son nom respecté mille malpropretés, mille gaspillages ; qu'enfin il a souscrit des sommes fort rondes à un fonds électoral, qu'il a distrait de l'avoir de sa famille, dans le but d'acheter des votes d'électeurs, de l'argent qui aurait pu lui être utile à lui-même ou avec lequel il aurait pu doter une bibliothèque publique, un hôpital, une société de colonisation.
- La déclamation tient lieu, aujourd'hui, de science, d'aptitudes, de supériorité, je dirai même de vertu. Le grand art dans ce monde bizarre, c'est de pouvoir faire un *speech*.

Oh ! le *speech*, voilà l'un des maux dont se meurt notre nationalité.

- Sur nos orateurs politiques, nos tribuns, quel chapitre à écrire ! Et combien il y aurait de choses amusantes à dire, si ce n'était pas aussi triste !

Je ne veux pas être injuste envers mes compatriotes et j'admets bien volontiers que cette ambition d'entrer à un titre quelconque dans la vie publique n'est pas toujours inspirée par la vanité, le cabotinage, et qu'on me passe le mot, la *speechomanie*. Si l'on pouvait ressusciter l'âme de jeunesse de nombre de politiciens intrigants autant que peu scrupuleux et y lire, on trouverait sans doute plus d'une pensée désintéressée donnée à la patrie, plus d'un projet bienfaisant, plus d'un rêve de gloire et de prospérité pour notre Canada. Le désir d'être utile au pays reste latent au fond de bien des cœurs, et s'il est improductif, c'est qu'on l'a identifié avec l'envie d'affaiblir ou de renverser le parti ennemi.

Tous ceux qui s'occupent de la chose publique ne le font pas pour des motifs d'intérêt sordide, mais ils ne songent pas qu'il y a mille manières d'être utile à son pays. Certains hommes du passé ayant servi notre cause dans l'arène parlementaire, on ne prend plus la peine de se demander si, en dehors de cet arène, il n'y a vraiment rien à faire.

Persuadez à de bons citoyens, comme nous les appelons, que servir son pays, c'est contribuer à la fondation d'institutions utiles, à la dotation de sociétés pour l'exploitation de nos ressources nationales, c'est travailler en faveur de la diffusion de l'instruction, c'est encourager le défrichement et la colonisation, et vous verrez combien il y a encore chez nous de vrai désintéressement et de pur patriotisme.

On a prétendu que les institutions parlementaires n'étaient pas faites pour les peuples latins. Cette opinion, probablement fausse, semble justifiée au Canada. Je ne veux pas étudier la question ici, et je persiste à croire que nous nous guérirons avec le temps du politiquage à outrance. L'esprit français est peut-être trop ardent à s'enflammer, trop plein de ressources. Réunissez pour une session d'un mois soixante anglais appartenant aux professions libérales, à l'agriculture et au commerce, sans assigner aucun sujet à leurs délibérations. La supposition est insensée, mais acceptons-la telle quelle. Après une séance consacrée à élire les bureaux et à échanger quelques compliments, ils reconnaîtront qu'ils n'ont rien à faire et ajourneront la session. Réunissez soixante Canadiens-français dans les mêmes conditions; la première séance donnera lieu à quelques malentendus. L'élection des bureaux ne satisfera pas tout le monde. Certaines rivalités se manifesteront; certaines antipathies se glisseront au fond des cœurs. A la deuxième séance, on attaquera l'élection des bureaux comme entachée de vices de formes. Les rivalités se dégageront, les antipathies se changeront en animosités... Et la deuxième semaine de la session sera si intéressante que tous les grands journaux enverront des reporters aux séances.

Le peuple canadien-français est un peuple artiste ; il aime la forme, qu'il apprécie naturellement dans la mesure de ses connaissances, mais il a l'instinct du bien dire. Il s'enthousiasme pour ce qui est ou ce qu'il s'imagine être l'expression d'un beau sentiment. Dans les moments où l'émotion de l'art le grise, il serait prêt à se dévouer, à accomplir des actes d'héroïsme pour soutenir la cause la plus futile, quitte, dès qu'il sera sorti de la foule, à reprendre son âme à lui, pleine de bon sens et de clarté.

L'électeur anglais écoute avec recueillement l'orateur qui lui parle de ses intérêts, à moins que celui-ci ne s'adresse à son fanatisme national ou religieux. Il lui demande des arguments, des faits. La phrase échevelée, ronflante le ferait sourire. Il pèse les arguments, il loge les faits énoncés dans sa cervelle. Après la réunion, il retourne chez lui, l'air sérieux et réfléchi. Et quand il déposera son bulletin de vote dans l'urne électorale, il aura fait, soyez-en certains, des efforts réels pour arriver à une opinion éclairée et logique.

J'admets que, dans la plupart des cas, l'esprit de parti lui fera trouver supérieurs les arguments qu'aura fournis le candidat en faveur duquel il était prévenu.

Cette tournure d'esprit a contribué plus que toute autre chose à assurer la grandeur et la stabilité politique de l'Angleterre. Chaque élection est pour le peuple anglais un cours d'économie politique et de droit constitutionnel.

C'est ainsi que, depuis 1832, il a pu marcher d'étape en étape dans la voie des réformes, toujours à la hauteur de ses institutions ; car les lois nouvelles n'ont fait que consacrer les conquêtes de l'opinion.

Voyez maintenant une réunion électorale française, ou canadienne-française. Ici, ce ne sont plus des arguments et des faits que l'on demande à l'orateur. Les faits, on ne les appréciera qu'énoncés sous une forme pittoresque, théâtrale, agressive ; les arguments n'auront de valeur qu'enroulés dans des phrases tonitruantes, saccadées, coupées de gestes violents, d'éclats de voix emphatiques, compliqués d'effets de basse profonde ou de fioritures de ténor. C'est un virtuose qu'il faut, un homme qui connaisse la musique des mots. Cette musique, d'ailleurs, peut n'être que la déclamation ampoulée d'un collégien ; on n'est pas exigeant. Ce qui plaît le mieux encore, c'est « l'engueulade » classique, les démentis, les reparties spirituelles ou gauloises, les injures, les menaces. Que deux pauvres basochiens, très fiers de leur mérite, du reste, se donnent en pâture au public, voilà l'idéal.

Tant qu'il y a eu de vraies batailles parlementaires à livrer, des causes sacrées à défendre, nous avons eu des orateurs et des tribuns réellement éloquents, nous avons eu de grands patriotes. A l'heure actuelle, il y a parmi nos représentants au parlement du Dominion — un parlement d'hommes d'affaires — des hommes qui ont fait des études sérieuses et qui soutiennent avec honneur le prestige de notre race. Le chef de l'opposition libérale est un Canadien-français (1) qui unit à de grandes connaissances en droit constitutionnel, en histoire et en économie politique, une diction élégante, un langage élevé d'un français irréprochable (c'est une qualité, hélas! dont il nous faut tenir compte) et une grande puissance d'argumentation. Il y a, à la législature de Québec, bon nombre d'hommes de talent. Ce n'est pas le talent qui manque dans notre pays.

Qui donc a accusé le caractère français d'être inconstant? Hélas, nous sommes trop

---

1. M. Wilfrid Laurier.

constants ; nos ancêtres étaient des soldats. Pendant cent cinquante ans, ils sont restés, pour ainsi dire, sur le champ de bataille, « ils détestaient la paix », comme disait Charlevoix, et c'est la mort dans le cœur qu'ils enterrent la hache de guerre et renoncent à leur vie aventureuse. Les circonstances les jettent dans les luttes politiques, et voilà qu'ils s'acharnent sur ce nouveau champ de combat. Quand l'objet pour lequel ils luttaient est obtenu, leur ardeur ne diminue point et ils continuent à batailler les uns contre les autres.

Heureusement que les qualités d'impressionnabilité et d'enthousiasme qui nous distinguent, sont accompagnées d'un correctif qui saura en prévenir l'abus, quand notre peuple aura su prendre une direction logique et adéquate à sa mission. Ce correctif, c'est l'horreur du ridicule, le sens esthétique et la lucidité de l'esprit. Que l'on fasse sentir aux Canadiens-français que leurs emballements électoraux sont risibles, que les vocations artificielles qu'ils encouragent, occasionnent une déperdition d'énergie et de forces intellectuelles qui compromet notre avenir, et bientôt l'on verra s'éclipser tous ces ineffables « conducteurs de peuples », ces « éminents hommes d'Etat » et ces « illustres tribuns ».

Les qualités d'un peuple ont besoin d'être canalisées, contenues et dirigées vers un but bien défini, si l'on veut qu'elles deviennent des forces nationales. On n'a guère appliqué, jusqu'à présent, qu'à la déclamation creuse décorée du nom d'éloquence — l'éloquence est une tout autre chose — les dons innés et précieux de la race canadienne-française. L'éloquence déclamatoire, si l'on tient à ce nom, est un art des âges primitifs. Elle agit sur les esprits encore naïfs, mais surtout sur les nerfs ; elle n'obtient que des résultats immédiats, puisque la réflexion reprend toujours ses droits après que l'émotion nerveuse et factice suscitée par les gestes et les éclats de voix s'est dissipée. Or, comme nous n'avons plus de nos jours à exciter des soldats à la bataille, et que l'électeur n'est pas appelé à voter immédiatement après les grandes réunions, il en résulte que le plus souvent *l'éloquence* des tribuns est dépensée en pure perte.

Les influences qui prévalent aux bureaux de vote proviennent de sources multiples et agissent en général sans le secours des phrases à effet. Quant aux parlements et aux législatures, où ceux qui prennent part aux débats ne font guère que rééditer, sous une forme moins littéraire, les arguments développés, à satiété, dans les journaux, on comprend que le talent oratoire n'y puisse être qu'un élément décoratif.

« *Un orateur politique, dit Macaulay* (1), *peut, sans avoir lu dix pages ou réfléchi dix minutes, traiter des questions épineuses de commerce et de législation, s'attirer de bruyants applaudissements et retourner à son siège en laissant l'impression qu'il a fait un excellent discours. Pourquoi, en effet, se mettre en peine d'une logique de qualité supérieure, lorsque des raisonnements inférieurs sont également bien acceptés? C'est là, croyons-nous, l'un des maux les plus sérieux qui contrebalancent les nombreux bienfaits du gouvernement populaire. Les esprits les plus perspicaces et les plus vigoureux de chaque génération, des esprits admirablement doués souvent pour la recherche de la vérité, consomment la plus grande partie de leur temps à produire des arguments auxquels un homme de bon sens ne voudrait même pas donner place dans un traité destiné à la publicité, des arguments bons tout au plus à servir une fois grâce au secours d'une élocution aisée et d'un langage choisi. L'habitude de dis-*

1. *Essays.*

cuter des questions, de cette façon, réagit nécessairement sur l'intelligence de nos hommes les mieux doués et surtout de ceux qui entrent au parlement très jeunes, avant que leur esprit ait atteint toute sa maturité ».

L'orateur armé d'un grand savoir pourrait accomplir une œuvre patriotique en répandant des vérités utiles parmi les populations. « *Parler en public, dit Taine, c'est vulgariser les idées, c'est tirer la vérité des hauteurs où elle habite avec quelques penseurs, pour la faire descendre au milieu de la foule.* » Ferdinand Lassalle a plus fait pour la propagation des idées socialistes en Allemagne que tous les livres des penseurs ; mais il avait fait des études profondes, et pour chaque phrase qu'il prononçait, comme il le disait lui-même, « il était armé de toute la science de son temps. »

Les centaines d'orateurs, qui, lorsque l'époque des élections est arrivée, parcourent les villes et les campagnes de la province de Québec, enfilant des phrases creuses, agrémentées de soupirs, de cris, de roulements d'yeux et de gestes virulents, n'enseignent aucune science, ne répandent aucune vérité. Ils s'en vont simplement annoncer aux populations que le parti dont ils ont l'honneur d'être membres est animé des meilleures intentions et n'aspire qu'à faire des économies, tandis que le parti qu'ils combattent est composé d'hommes tarés, d'intrigants et d'incapables.

En France, où le mouvement intellectuel est si intense, les préoccupations politiques n'entravent en rien l'activité des esprits. La vie parlementaire fomente à la vérité beaucoup de divisions, donne lieu à d'interminables commentaires, se nourrit de tristes intrigues, tout comme dans notre pays; mais elle ne constitue pas une attraction unique, et il y a plusieurs millions de Français intelligents qui n'ont jamais songé à être députés. Les 560 députés et les 280 sénateurs de la République Française (population 40.000.000) pourraient être renvoyés dans la vie privée et se consacrer exclusivement aux professions pour lesquelles ils ont des aptitudes, sans qu'aucune modification bien sensible eût lieu dans la marche intellectuelle et économique de la nation. Je ne parle pas des quelques milliers de conseillers généraux, que les affaires du département ne détournent guère, vraisemblablement, de leurs autres travaux.

Dans la province de Québec (population 1.300.000). *Si parva licet...* les 70 députés fédéraux, les 73 députés à la législature locale, les 143 adversaires de ceux-ci! députés en

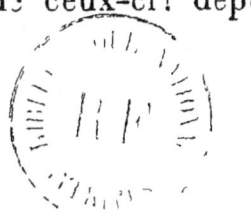

expectative ; les 24 sénateurs du Dominion ; les 24 conseillers législatifs (sénateurs provinciaux) ; les 200 ou 300 jeunes gens qui rêvent des futures gloires de la députation, et se préparent en conséquence, en étudiant avec soin les annales scandaleuses des partis; les *clients* des députés, aspirant à des postes dans les administrations publiques : tous ces fervents de la politique constituent la presque totalité des ressources intellectuelles dont dispose la race française au Canada. Peut-être en est-il parmi ceux que je viens de nommer, qui, s'ils avaient donné une autre direction à leur vie, auraient été des savants distingués, de brillants littérateurs, de grands artistes et auraient augmenté la fierté de leurs compatriotes et leur foi en l'avenir, en ajoutant à la gloire du nom Canadien-français. Un de ceux-là peut-être, qui a fait des sacrifices pour son parti, aurait pu, tout aussi bien, faire des sacrifices pour sa race et son pays et contribuer d'une manière pratique au développement des ressources matérielles de notre province.

On évalue généralement à cinq mille dollars le coût d'une élection provinciale ou fédérale, dans un comté de la province de Québec; les unes coûtent plus cher, les autres moins cher; cinq mille est le chiffre moyen. Dans une période de cinq ans, cent quarante-trois de ces élections ont lieu, soit une dépense de 715.000 dollars. Cet argent, me dira-t-on, ne sort pas de la province, il ne fait que changer de propriétaire. Ce n'en est pas moins une perte irréparable de capital; car il est distribué pour payer des démarches, des voyages, des fatigues inutiles, ou dans un but beaucoup moins avouable. Cette somme de cinq mille dollars est bien loin de compenser, en outre, la perte de temps et par suite de profits qu'occasionne une élection dans chaque comté. On pourra m'objecter encore que la perte de temps est synonyme, dans le cas qui nous occupe, de repos, de délassement agréable, et qu'elle ajoute, en conséquence, à la somme des jouissances de la population. Mais ne pourrait-on pas procurer aux Canadiens, des délassements plus intelligents?...

Je dis donc qu'une élection coûte environ cinq mille dollars dans chaque comté.

Or, avec cinq mille dollars employés, d'une manière éclairée et pratique, aux fins de la colonisation, personne ne me contestera qu'il ne soit possible de rapatrier dix jeunes gens émigrés aux États-Unis et de leur donner les moyens de s'établir dans les terres encore incultes de la vallée du lac Saint-Jean ou du Nord-Ouest. Si surtout ceux qui distribuent cet argent voulaient déployer autant d'ardeur et autant de zèle à en assurer l'utilisation pour des fins patriotiques qu'ils en déploient dans le but d'en tirer de bons résultats pour les fins électorales.

Mgr Labelle, sans argent, a fondé vingt paroisses.

Ainsi cette somme de 715.000 dollars correspond au rapatriement et à l'établissement de 1.430 colons, à la fondation de 1.430 familles de colons.

Ce calcul paraîtra fantaisiste. Je sais que ce n'est pas chose facile que d'obtenir que 1.430 jeunes gens employés dans les fabriques des États-Unis, viennent défricher des terres dans leur patrie, qu'ils regrettent cependant ; je sais que ceux qui perdent un mois ou deux, pendant la période électorale, ne seraient pas disposés à faire don des sommes qu'ils auraient pu gagner, s'ils s'étaient occupés utilement, que les capitalistes qui rendent des services à un parti ne le font pas toujours *honoris causâ*, qu'une élection ne peut avoir lieu sans dépenses de temps et d'argent, qu'on ne peut constituer de législatures et de parlements sans élections, qu'une élection implique une lutte électorale, attendu qu'il y a deux partis, et que c'est là l'idéal d'un gouvernement constitutionnel, etc., etc. Je n'insiste pas.

Qu'on y réfléchisse cependant et l'on se rendra compte, peut-être, de ce qui pourrait être fait dans l'intérêt bien entendu de notre province, si nous avions plus de patriotes et moins de politiciens.

Il est nécessaire, sans doute, que nous jouions un rôle politique dans le gouvernement du Dominion, afin de sauvegarder notre part d'influence et d'empêcher les rivalités de race de se substituer aux rivalités de partis. Mais il est également nécessaire que nous nous habituions à voir nos politiciens locaux sous leurs vraies couleurs et dans leurs vraies proportions. « *Il y a, je crois, écrivait Cobden en 1865* (1), *une faiblesse inhérente à cette parodie de notre vieille constitution anglaise qui se joue sur les scènes en miniature des capitales coloniales, avec leurs discours du trône, leurs votes de confiance, leurs appels au peuple, leurs changements de ministère, etc. Et tout cela à propos de questions si futiles que le jeu finit par devenir ridicule,*

---

1. There is, I think, an inherent weakness in the parody of our old english constitution, which is performed on the miniature scenes of the colonial capitals, with their speeches from the throne, votes of confidence, appeal to the country, changes of ministry, etc. And all about such trumpery issues that the game at last becomes ridiculous in the eyes of both spectators and actors.
(Lettre de Cobden au Colonel Cole, 30 mars 1865).

aux yeux des acteurs, comme à ceux des spectateurs ».

Je ne serais pas disposé à me ranger absolument à l'avis de l'apôtre du libre-échange, mais on ne peut s'empêcher d'admettre que, s'il avait parlé de nos législatures locales, il eût eu mille fois raison.

Que ceux de nos jeunes gens qui se sentent attirés invinciblement vers la vie parlementaire, étudient au moins et s'instruisent.

Dans un pays neuf comme le nôtre, un homme armé de solides connaissances en économie politique peut facilement se rendre utile.

Que ceux que la rage de parler en public domine absolument, aillent prêcher la bonne parole, la parole patriotique, à nos frères dispersés aux États-Unis. Il y a là une grande œuvre à accomplir.

.·.

Il résulte de ce qui précède que, depuis 1867, au lieu de concentrer nos forces, de tirer parti de toutes nos ressources intellectuelles et matérielles, et de jeter les bases d'un développement national propre à nous assurer un avenir brillant sur ce continent, nous avons continué la vie de luttes du passé, tout comme si rien n'avait été modifié dans notre existence. Les carrières libérales se sont encombrées, la campagne s'est dépeuplée, l'égoïsme a envahi toutes les classes, toutes les forces productrices de notre race ont été gaspillées comme à plaisir. Le mal est encore plus étendu. Ce n'est pas seulement une interruption dans notre marche que représentent les vingt cinq dernières années : notre population s'est démembrée, et nous avons fait des pertes irréparables.

En même temps que l'envahissement de l'idéal américain et la non-utilisation de nos ressources intellectuelles, amenée par le sport politique, un troisième fléau désole notre pays, l'émigration aux Etats-Unis.

IV

Un pays neuf, régénéré par la conquête des plus amples libertés, possédant de vastes étendues de terres fertiles, que les colons peuvent se procurer à un prix nominal, un pays agricole situé aux portes de l'un des plus grands empires industriels du monde, et dont les habitants ne sont astreints à aucun service militaire et ne paient presque aucun impôt, le Canada, a vu, dans l'espace de trente ans, une partie de sa population s'expatrier et aller enrichir de son travail les villes manufacturières du pays voisin. La seule province de Québec a perdu ainsi près de la moitié de ses habitants. Vu ce phénomène étrange au premier abord, mais facilement explicable, notre expansion nationale pourra être considérablement modifiée ou entravée, si nous ne nous hâtons de prévenir les maux qui nous menacent, si nous n'opposons pas aux circonstances adverses une foi patriotique inébranlable, prête à tous les sacrifices comme à tous les dévouements.

Quelles sont les causes de l'émigration? J'ai rappelé, dans un chapitre précédent, comment, avant la construction du magnifique réseau de voies ferrées qui sillonne les Etats-Unis, une partie du commerce de la Nouvelle Angleterre et de l'État de New-York s'était concentrée à Montréal et à Québec. Plus tard, en 1854, un traité de commerce basé sur la réciprocité fut conclu entre le Canada et la République voisine, assurant à notre pays agricole un libre accès à son marché naturel, la Nouvelle Angleterre, qui est couverte de fabriques et d'usines. Ce traité nous valut une ère de prospérité sans exemple. En 1867 malheureusement, le gouvernement américain refusa de le renouveler, et des deux côtés de la frontière on eut recours aux tarifs protecteurs: le gouvernement américain, afin de défendre contre la concurrence canadienne les céréales et les bois de construction de ses États de l'Ouest, le gouvernement canadien, afin de défendre contre la concurrence américaine les industries qu'il voulait créer et qu'il ne put créer. Le résultat à constater, c'est qu'à partir de 1871-72 la prospérité a disparu de la province de Québec, et que l'émigration a pris des proportions gigantesques, qui n'ont fait qu'augmenter chaque année.

Les émigrés sont, en partie, des journaliers et des ouvriers qui se croient assurés d'un meilleur salaire aux États-Unis ; l'immense majorité est composée de cultivateurs qui ont, autrefois, connu une grande aisance et qui ne veulent pas donner le spectacle de leur indigence dans la localité où on les a vus prospères et heureux. Pour tous ceux-ci, l'histoire est la même. Ils possédaient une jolie propriété libre de toute hypothèque ; les mauvaises années sont venues, un premier emprunt a été facilement accordé par une compagnie de prêts hypothécaires, à sept ou huit pour cent. Comme on obtenait l'argent de si bonne grâce, on a un peu majoré le montant strictement nécessaire — car on sait qu'avec de l'argent on gagne de l'argent — on se disait qu'on achèterait un morceau de terrain, qu'on améliorerait le bétail, qu'on se procurerait des instruments aratoires perfectionnés, un phaëton plus confortable, qu'on consacrerait une somme plus importante à l'instruction des enfants, etc. Ces bonnes intentions plus ou moins réalisées, il se trouva qu'à la première échéance les produits de la ferme n'étaient pas vendus et qu'on en offrait des prix dérisoires. Les protectionnistes déclaraient que ce n'était qu'une gêne momentanée, qu'avec les nouvelles manufactures canadiennes on allait revoir une ère de prospérité supérieure même à celle dont on avait joui avant la crise. Les libre-échangistes, prédisaient le contraire ; mais on croit facilement ce qu'on désire. Bref, on payait l'intérêt échu, en escomptant un billet à ordre à une banque de la ville voisine, à huit ou neuf pour cent. Les échéances d'intérêts se succédaient, la vente de la récolte à des prix infimes ne suffisait pas à les couvrir et le billet à ordre se renouvelait, passait d'une banque à une autre, se divisait en deux ou trois effets négociables, atteignait une somme considérable qu'il fallait enfin solder au moyen d'une nouvelle hypothèque. Avec le premier terme d'intérêt échu sur le nouvel emprunt hypothécaire, l'usurier entrait en scène; car ces banques de petite ville n'accordent qu'un crédit très limité. Et c'était le commencement de la fin.

Le négociant qui vit du crédit, réussit assez facilement à se relever de deux ou trois chutes ; le propriétaire foncier se relève rarement, lorsqu'il a seulement glissé sur la pente de l'hypothèque. Chacun sait que, même dans les années de prospérité, un cultivateur ne peut payer huit pour cent d'intérêt. Combien reste-t-il de propriétés aujourd'hui, dans la province de Québec, qui ne soient pas grevées d'hypothèques de mille à cinq mille dollars, à sept et huit pour cent ?... En vérité, la situation est on ne peut plus grave.

Il y a déjà longtemps que tous les Canadiens aimant leur pays déplorent amèrement et combattent par la parole et le journal cette calamité nationale de l'émigration aux États-Unis. La plupart s'insurgent surtout contre le luxe, les dépenses exagérées, dans lesquelles ils voient la principale cause de la ruine des familles. Il est incontestable qu'il y a deux ou trois générations, on aurait vécu largement avec le même revenu qu'on déclare insuffisant aujourd'hui ; mais il n'est pas facile d'établir une ligne de démarcation entre le nécessaire et le superflu ; les notions du bien-être se modifient constamment, et tous les produits que l'industrie moderne jette à profusion sur les marchés multiplient nos exigences et nos désirs. Le besoin de ce que nous appelons le superflu ne prend pas naissance à la campagne ; il se développe d'abord dans les villes, s'étend dans les bourgs, puis devient général. La tendance à l'imitation donne aux mœurs, comme aux maladies, un caractère rapidement épidémique.

Ajoutons que le goût du bien-être, du confort, de l'élégance n'est pas un mal en soi, car il implique un degré de civilisation plus avancé, un certain développement artistique, un affinement des intelligences. Et puis j'avoue qu'il me semblerait d'un bourgeoisisme étroit de dénier, *a priori*, à ceux qui travaillent et produisent un bien-être que nous trouvons absolument dans l'ordre chez les privilégiés plus ou moins parasitaires de notre état social (1). Je préfère ne prêcher que la simple prudence. Il faudrait que chaque citoyen sût équilibrer son budget et ses dépenses, qu'il s'appliquât à prévoir les embarras financiers qui peuvent survenir, et qu'il ne vît pas l'ave-

1. Les socialistes, qui annoncent la bonne nouvelle aux travailleurs, déclarent que l'humanité ne sera pas appauvrie par l'avènement du nouveau règne, mais que les jouissances, aujourd'hui le privilège d'un petit nombre, deviendront communes à tous. Car la terre est assez riche, disent-ils, l'industrie assez féconde, et le travail de tous assurera à tous assez de loisirs. Cette croyance n'est peut-être qu'une utopie. Mais elle répond si bien aux désirs de ceux qui aiment l'humanité qu'elle s'impose à l'intelligence et à la raison.

nir d'une manière trop optimiste. L'extension du crédit, comme je l'ai dit, a été le point de départ de la ruine de la plupart de nos agriculteurs. Cet instrument du progrès économique est un instrument à deux tranchants dont il faut se servir avec une extrême prudence.

Que le spectacle des catastrophes, que les leçons de l'expérience instruisent ceux qui sont portés trop facilement à croire à une prospérité permanente ! Il est certain que les cultivateurs, dont le luxe a déterminé la ruine, ne prévoyaient pas ce résultat, et que les imprudents de l'avenir qui iront expier, dans les fabriques de la Nouvelle-Angleterre, des calculs trop optimistes, un besoin de comfort peu conforme à leurs moyens, ne soupçonnent pas ce qui les attend. Du reste, jamais parole de moraliste ou conseil de pasteur n'aura à ce sujet le moindre résultat, s'il n'est accompagné d'un exemple général qui ramène la société à des goûts plus humbles.

Il manque aux cultivateurs canadiens-français, en général, ce qui fait le succès de la plupart des commerçants, l'esprit de prévoyance, de prudence, d'ordre et d'économie, qui seul peut conduire au bien-être.

On a parlé souvent de ce millionnaire de New-York, de Boston ou de Philadelphie — on le fait naître un peu partout — qui a commencé sa fortune en ramassant des bouts de cigares dans les rues et en vendant des journaux. Gagnant dix sous par jour, il en dépensait cinq ; peu à peu il a acquis un petit pécule. Quand son avoir a été suffisant, il a ouvert une boutique dans un sous-sol. Ses profits se sont accrus, son expérience également ; il a fait des spéculations n'entraînant aucun risque et il est ainsi parvenu à la richesse. Ce millionnaire n'est pas un être imaginaire. Il en existe aux Etats-Unis de nombreux exemplaires, et s'ils n'ont pas tous ramassé des bouts de cigares, ils ont souvent débuté par des fonctions aussi humbles. L'agriculture, en vérité, ne mène jamais à la grande fortune ; mais, dans un pays comme le Canada, elle peut assurer à celui qui prendrait le souci de bien équilibrer son budget et n'abuserait pas du crédit, beaucoup d'aisance et de bonheur.

Quoiqu'il en soit, tous les efforts qui ont été faits au Canada dans le but de répandre ces vérités ou d'autres aussi utiles n'ont pas abouti. Tout ce qui a été dit et écrit à ce sujet n'a pas empêché une seule famille de quitter ses foyers. Les partis politiques naturellement ne sont pas d'accord. « Vous êtes heureux chez vous, indépendants et libres », disent à nos cultivateurs les adeptes du protectionisme, « et vous allez là-bas servir sous des maîtres, perdre votre nationalité peut-être, abandonner votre religion. Vous vous préparez de grands déboires ; vous croyez émigrer dans un pays dont les ressources sont illimitées, quelle erreur ! Le Canada est plus prospère que les Etats-Unis, les Américains le reconnaissent eux-mêmes. » Les libre-échangistes tiennent un langage tout différent. « Vous pourriez être heureux chez vous, indépendants et libres, déclarent-ils, mais un gouvernement aveugle ou malhonnête, sacrifie vos intérêts à ceux de quelques grands industriels. Vous n'avez qu'à ouvrir les yeux : Les produits agricoles atteignent dans la Nouvelle-Angleterre un prix triple de celui qu'ils atteignent au Canada. Les Etats-Unis seraient prêts à nous accorder un traité de réciprocité. Il ne tient qu'à vous, à votre vote, de renverser les barrières douanières qui nous séparent de notre marché naturel. Vous pouvez rivaliser avantageusement, à conditions égales, avec les cultivateurs de l'Ouest américain ; car vous pouvez, en huit ou dix heures, transporter vos produits dans les centres manufacturiers de la Nouvelle Angleterre, tandis qu'il leur faut deux ou trois jours. La vie, en outre, est à meilleur marché au Canada que chez nos voisins ; ainsi, tout vous favorisera dans cette concurrence ». Cela paraît très plausible ; mais l'agriculteur ruiné n'a pas le temps d'attendre, il ne se rend bien compte que d'une chose, c'est qu'il est pressé par l'usurier dont l'espèce s'est excessivement multipliée depuis vingt ans ; c'est qu'on a déjà intenté contre lui des procédures judiciaires ; c'est que l'insomnie est la compagne de ses nuits, et qu'il est malheureux enfin. Il sait encore que si, dans les fabriques américaines, le travail est ardu, si l'ouvrier y est exposé à des chômages périodiques, il y sera en somme bien rémunéré, et que sa vie, à la vérité, plus renfermée, moins libre, y sera dégagée des mille soucis qui la rendent si amère au pays. Il reviendra, d'ailleurs, il ne part que pour quelques années.

Une crise terrible sévit actuellement aux Etats-Unis, plusieurs émigrés ont dû revenir au Canada, et les protectionnistes triomphent. Ajoutons que l'industrie fromagère qui a pris un grand développement dans notre pays, depuis quinze ans et a trouvé un marché avantageux en Angleterre, a pu, dans certains endroits, ramener une prospérité relative chez les cultivateurs dont les terres étaient libres d'hypothèques. Malheureusement, elle n'a pas suffi à libérer de leurs charges les propriétés qui étaient obérées.

V

Que nous sommes loin de cette époque de vie aventureuse et libre où les Canadiens se croyaient le premier peuple du monde, et, quand ils étaient lassés des travaux de l'agriculture, s'organisaient en partis d'explorateurs et s'en allaient sur les lacs et les fleuves, à travers les vastes solitudes, traiter avec les Indiens construire des forts, fonder des établissements, ou découvrir des territoires inconnus ! Reconnaîtraient-ils leurs descendants, ces fiers pionniers, dans ces pauvres gens, qui s'en vont, mornes et humiliés, frapper à la porte d'un chef de fabrique ou d'usine de la Nouvelle-Angleterre ?

Mais que les émigrés conservent au fond de leur cœur cette fierté qu'ils ont en apparence abdiquée, ce courage qui jamais ne les a abandonnés, cette fidélité au souvenir de la patrie qui soutient l'âme dans les épreuves, et des jours meilleurs se lèveront pour eux, quand, au sein des générations nouvelles, la foi patriotique en l'avenir et en la mission du peuple canadien-français aura fait éclore des pensées généreuses, des initiatives fécondes.

La fondation de banques agricoles à un taux d'intérêt de trois ou quatre pour cent, la promulgation de lois rigoureuses contre l'usure, la formation de sociétés de colonisation pratiques, et surtout la conclusion de traités de commerce propres à ouvrir des marchés avantageux à nos produits, toutes ces mesures, si on les adopte, pourront faire beaucoup pour enrayer les progrès de l'émigration et ramener au pays nombre de jeunes gens dont la carrière n'est pas encore entravée par l'obligation de soutenir une famille. *Mais la plupart de ceux qui sont partis depuis trente ans ne reviendront pas dans la province de Québec. Il nous faut donc considérer désormais, quand nous songeons à l'avenir, que la race canadienne-française est, d'ores et déjà, partagée entre deux nations, a juré allégeance à deux drapeaux différents, et que des frontières politiques nous divisent en deux fractions de peuple.*

De notre arbre national, un rejeton se trouve transplanté dans un champ voisin. Il faut que ses racines restent unies à celles du tronc dont il a été détaché et que la croissance ne fasse qu'enchevêtrer et joindre leurs rameaux dans une même végétation.

Huit cent mille, quelques-uns disent un million, des nôtres ont quitté l'héritage paternel ; disons plutôt qu'ils l'ont agrandi, et faisons en sorte que cela soit. Ils recommencent la lutte pour la vie dans des conditions humbles et subordonnées. Nous qui conservons l'ancien patrimoine familial, travaillons à l'embellir, pour qu'ils en soient fiers et que cette fierté les rende fidèles à son souvenir. A leur tour, ils prospèreront — [un bon nombre d'entre eux, déjà, ont su triompher des circonstances adverses et se faire une situation enviable] — et nous pourrons, nous aussi, nous enorgueillir des résultats et de leur énergie de leur activité. Nos frères des Etats-Unis regrettent de nous voir consumer nos forces dans ces luttes stériles et ridicules de la politique et, peu à peu, ils se désintéressent de notre vie nationale. Il manque entre eux et nous un élément d'activité commune.

A nous, Canadiens de la province de Québec, qui conservons le dépôt des archives du passé et veillons sur les tombes des ancêtres, d'entretenir un foyer de patriotisme si ardent que ses rayons pénètrent partout ; de nous nourrir d'espoirs si fermes que tout le corps national en soit vivifié ; d'élargir notre horizon et d'assigner un but si élevé à nos efforts que tous les regards puissent s'y fixer !

Un même sentiment national doit unir tous les descendants des 65,000 vaincus de 1760.

Notre patrie a pour centre les bords du Saint-Laurent, berceau de notre race; elle peut s'étendre partout où bat un cœur de Canadien-Français désireux de se rapprocher de ce centre. Les liens de race, de religion, de souvenirs, sont mille fois plus forts que tous les liens politiques; les uns et les autres sont d'ailleurs parfaitement compatibles; notre allégeance à un drapeau n'exige de nous le sacrifice d'aucuns sentiments.

Déjà quelques-uns de nos frères émigrés ont oublié le nom français et n'ont pas enseigné à leurs fils la langue qu'eux-mêmes avaient apprise sur les genoux de leur mère. Ils ont cédé à un concours de circonstances défavorables, et leur nombre, heureusement, est encore très restreint. Le danger est infiniment plus grand pour les Canadiens émigrés aux Etats-Unis qu'il ne l'a jamais été pour nos pères; ils n'ont pas ce stimulant: l'hostilité incessante d'une autre race — les Américains leur sont sympathiques — ils n'ont pas cette force de résistance que possédaient les anciens Canadiens, ils ne sont pas propriétaires du sol. Deux choses seulement peuvent les sauver, la foi et la fierté : la foi en la religion de leurs pères, la foi en l'avenir de leur race, la fierté du nom français. Cette foi, cette fierté, c'est nous qui devons l'entretenir chez eux. Hélas ! depuis de longues années, les échos des bords du Saint-Laurent ne redisent guère aux émigrés que la gloire des « illustres tribuns » ; les journaux du pays natal ne leur apportent le plus souvent que des comptes-rendus de «*speeches* » ou des colonnes d'injures à l'adresse de tel ou tel. Il faut à l'avenir que, lorsque l'émigré portera sa pensée vers la province de Québec, elle lui revienne pleine d'orgueil et de satisfaction, qu'il songe à venir terminer ses jours dans l'ancienne patrie, qu'il y envoie étudier ses enfants, qu'il mette son ambition à posséder un peu de son sol.

Les Canadiens partaient autrefois de la Nouvelle-France pour aller fonder des établissements dans les territoires aujourd'hui occupés par les Etats-Unis ; nous verrons bientôt, je l'espère, de jeunes Canadiens des Etats-Unis s'organiser pour venir fonder des établissements dans les déserts de la Nouvelle-France.

DEUXIÈME PARTIE

CE QU'IL FAUT FAIRE POUR ASSURER L'AVENIR.

Dans les pages qui précèdent, je me suis efforcé d'indiquer les maux dont nous souffrons, et j'ai mis en plein relief nos fautes, sans les exagérer, certes, mais aussi sans les atténuer. Je voudrais indiquer maintenant d'une façon précise les obligations immédiates qui s'imposent à nous, les unes légères et faciles, les autres, lourdes et onéreuses, toutes également nécessaires.

Quel est donc le devoir qui incombe à la jeunesse canadienne-française ? Que lui commande le passé ? Quels efforts exige la préparation de l'avenir ?

Selon moi, notre activité patriotique doit avoir trois objets principaux, auxquels j'ai fait plus d'une allusion déjà. Je vais seulement les exposer ici d'une façon brève, me réservant d'y revenir dans les chapitres suivants avec tous les détails qu'ils comportent :

1º Nous devons conserver avec un soin jaloux notre belle langue française et la débarrasser des éléments étrangers qui la déparent ;

2º Nous devons développer nos ressources intellectuelles avec la même ardeur que nos ressources matérielles et nous employer énergiquement à faire de la province de Québec un centre rayonnant de culture scientifique, littéraire, artistique ;

3º Enfin, nous devons donner un nouvel essor à la colonisation, depuis quelque temps trop négligée, favoriser la prise de possession du sol et son défrichement par tous les moyens en notre pouvoir.

I

LA LANGUE FRANÇAISE.

« *La conservation, la propagation de la langue française importent à l'ordre général de la civilisation. Quelque chose d'essentiel manquerait au monde, le jour où ce grand flambeau clair et pétillant cesserait de briller. L'humanité serait amoindrie, si ce merveilleux instrument de civilisation venait à disparaître ou à s'amoindrir. Que de choses éternellement bonnes et vraies ont été pour la première fois dites en français, ont été frappées en français, ont fait leur apparition dans le monde en français ! Que d'idées libérales et justes ont trouvé, tout d'abord en*

> *français, leur formule, leur définition véritable !*
>
> *...Je dis que le français a été une langue bienfaisante pour l'humanité. Ça été aussi une langue aimable. Oh! que de douces choses on a dites en français. Il n'y a pas de langue dont on puisse détacher de plus jolies phrases. Que de sentiments fins et exquis ont trouvé leur expression en cet harmonieux idiome !*
>
> (E. Renan. Conférence faite à « l'Alliance pour la propagation de la langue française) ».
>
> *C'est dans les temps où un peuple est endormi ou esclave que sa langue se couvre de mots étrangers, d'une origine différente. Mais ces mots ne s'implantent pas véritablement dans le tissu du langage national. Ils n'y adhèrent qu'à la surface. Cet alliage de mots d'une autre langue est comme une maladie; tant qu'elle dure, la langue est impuissante à exprimer le vrai génie d'un peuple ».*
>
> (Edgar Quinet. « *La Création*, vol. II, p. 180).

Au milieu de toutes les choses obscures qui nous ont été léguées par les âges lointains ou que nous entrevoyons au fond du passé, il est une seule chose lumineuse, le langage. Le langage est le véhicule de la tradition et de l'histoire ; mais lors même qu'il ne nous raconte aucun fait, il éclaire l'ombre d'une vive lueur ; car il nous dit les émotions qu'ont ressenties les générations humaines disparues, l'étendue, la variété de leurs impressions, la complexité de leurs sensations, leurs croyances, leurs passions, leurs misères, leurs bonheurs.

Chacun des mots qui le constitue, indique une forme, un être, une manifestation de la vie du passé. Qu'importe, après tout, le détail des évènements? Le philosophe qui connaîtrait bien la langue d'un peuple disparu sans laisser d'histoire écrite, pourrait reconstituer la vie de ce peuple. Dans la prédominance de certaines idées : justice, pitié, charité, clémence, force, bravoure, domination ; dans les unions permanentes de mots, les proverbes, les maximes, il apprendrait combien de sang il y a dans ce passé, combien d'atrocités, combien de joies calmes, quelle somme de bonheur paisible.

L'origine des langues que nous appelons langues-mères est inconnue, celle des langues dérivées est toujours obscure. C'est pourquoi elles ont l'attrait d'êtres dont la beauté échappe, dans son essence, à l'appréciation des critiques, le charme d'êtres uniques que jamais plus on ne créera.

Dans notre siècle de lumière, en effet, on ne concevrait pas qu'on voulût forger une langue de toutes pièces. Le volapuk est un exemple de cet effort ridicule ; l'on ne conçoit pas, en supposant l'éternité du progrès, que désormais aucune langue nouvelle soit créée.

Les monuments sont le souvenir de faits particuliers ; les langues sont les portraits des âmes des nations. Mille fois plus barbare serait celui qui voudrait supprimer la langue d'un peuple, que celui qui démolirait ses monuments.

« *Sous les auspices d'une providence miséricordieuse, les diverses familles du genre humain, les grandes nations de la terre dispersées sur toute la surface du globe habitable, ont parlé diverses langues, raconté leur histoire, exprimé leur caractère et enfin révélé les pensées et les faits du genre humain sous diverses formes de langage, qui ont rivalisé entre elles de beauté, de richesse, de variété, de force et d'éclat.* » (1)

Ainsi la multiplicité des langues est devenue un bienfait. De la confusion babélique

---

1. Mgr Dupanloup. *De la haute éducation intellectuelle*, p. 99.

l'homme s'est fait un rempart contre cette autre confusion qui serait nécessairement résultée d'un mode de manifestation uniforme des produits de la pensée. Grâce à la variété des idiomes, il se fait dans chaque région, dans chacune des divisions importantes du globe, considérées comme centres producteurs, une sélection des travaux les plus parfaits, qui viennent prendre place dans le trésor littéraire et scientifique de l'humanité. En Allemagne, en France, en Angleterre, en Italie, le critique sait distinguer au milieu de la foule des productions journalières, l'œuvre originale, géniale, digne de vivre ; il sait la distinguer et la mettre en vedette. Il sait extraire des œuvres moins brillantes ce qu'elles ont de bon, et il livre au commerce intellectuel, si je puis m'exprimer ainsi, une quintescence de la production littéraire et scientifique de son pays. Supposez qu'une langue devienne universelle ; par ce temps de fiévreuse activité intellectuelle quel historien de la littérature, quel moissonneur des travaux de l'esprit pourrait se charger de faire un choix judicieux et de signaler au public ceux de ces travaux qui sont dignes de son admiration ? Combien d'œuvres sublimes peut-être passeraient inaperçues, combien de découvertes précieuses resteraient improductives ! Supposez seulement que la République Américaine compte, proportionnellement à sa population, autant de savants, de poètes, de penseurs, de romanciers que la France, l'Angleterre ou l'Allemagne, la critique anglaise ne serait déjà plus à la hauteur de sa tâche, elle aurait un champ trop vaste à embrasser. La diversité des langues a imposé une heureuse division du travail, et il semble que la Providence, en châtiant l'homme, suivant la parole de l'Ecriture, ait voulu lui conserver l'économie de ses forces.

Ainsi, les langues, dans leur développement multiple, ont incarné le génie des races et se sont perfectionnées avec elles. Elles ont fixé par un axiome, une maxime, un proverbe les expériences de chaque génération. Elles sont venues à travers les âges, recueillant, comme une riche moisson, tout ce qui nous est resté des âmes envolées : fruits de la réflexion, de l'activité, du labeur ; fleurs du rêve, de la souffrance et des affections saintes. « *Ce sont les langues qui forment les peuples bien plus qu'elles ne sont formées par eux* », a dit le grand philosophe allemand Fichte (1).

1. (*Reden an die deutsche Nation*, p. 44).

II

La langue française, dont tant de générations successives de littérateurs et de poètes ont fait un instrument si perfectionné, nous a été transmise, héritage glorieux d'autant plus cher que sa conservation a coûté plus d'efforts, comme l'âme des ancêtres, comme l'incarnation vivante de tout ce qu'ils ont été.

Les chefs-d'œuvre qu'elle a produits sont nôtres, les hautes inspirations dont elle a été l'interprète, nous nous les assimilons, elles font partie de notre être.

Quel homme cultivé peut, devant un beau spectacle de la nature, séparer ses impressions du souvenir des choses lues, souvenir très souvent inconscient et ayant par là-même d'autant plus de charme? Quel Canadien-Français ayant étudié dans nos collèges classiques, et par conséquent encore épris des œuvres de la première période romantique, ne récitera mentalement et presque instinctivement, devant un lac, les beaux vers de Lamartine :

Ainsi toujours poussés vers de nouveaux rivages, etc.

Ou, devant un paysage d'automne, n'évoquera « Le jeune malade » de Millevoye... *Un jeune malade, à pas lents*, etc.

Oh ! la langue maternelle, génie familier, qui s'est introduit, infiltré peu à peu dans nos âmes, avec les premiers balbutiements, langue des aïeux, combien elle l'emporte sur tout autre idiome, acquis depuis, à l'âge d'homme, ou même d'adolescent, de collégien ! Combien parfois un seul mot, un mot de la langue maternelle rappelle de souvenirs ! Quelle force magique et évocatrice elle renferme, quelles associations d'idées, que d'émotions elle fait naître ! A l'âge de l'enfant, alors que l'âme est un pur miroir où tout se reflète dans une lumière si douce et si claire, elle a donné un nom à toutes les émotions ressenties, à tous les rêves bercés, à toutes les illusions chéries, et ce nom conserve une puissance unique, incomparable. Les langues apprises par un effort de mémoire nous apportent des mots, des sons, des notions d'êtres et de choses ; seule la langue maternelle nous donne la sensation intime de la vie.

Au pays, dans la langue maternelle, la causerie a plus d'attrait, elle est plus vivante, elle condense plus. La parole est remplie de sous-entendus qui restent des énigmes pour l'étranger. Le frère qui parle à son frère, prononce un seul nom : Marie, Louis, Édouard, et les yeux se remplissent de larmes, les figures deviennent sérieuses, ou gaies et souriantes : Marie, c'est peut-être la sœur aimée qui est morte ; Louis, c'est le frère éloigné ; Édouard, c'est l'ami dont on vient d'apprendre d'heureuses nouvelles.

Il en est ainsi entre deux compatriotes ; certains noms d'endroits, d'hommes, de choses, contiennent tout un monde. Cette phrase : « Ce vieillard était à Saint-Denis », ne dit rien à l'étranger ; mais quels souvenirs elle évoque dans l'âme d'un Canadien-français ! Elle dit : Ce vieillard était brave et fier, il n'a pas voulu qu'on l'opprimât dans son pays, il a exposé sa vie, il a lutté pour la liberté en 1837.

On a déjà dit bien souvent que la langue française est la langue policée par excellence, la langue de la diplomatie, des salons de l'aristocratie. Je ne le répèterai pas.

Chez l'étranger qui sait s'en servir, elle équivaut à un brevet de distinction et de haute éducation. Elle contient en germe toute cette politesse élégante, cette science du bien vivre, cette douce philosophie de la gaieté, cette sociabilité parfaite, qui distinguent la nation française des autres nations. « *Une certaine lourdeur, disait un célèbre publiciste anglais* (1), *pèse sur toutes les langues d'origine germanique. Ces langues, au lieu d'avoir été améliorées et affinées par les soins constants d'esprits attentifs, ont été habituellement employées d'une manière obtuse et brutale. Il en a été tout autrement depuis des siècles, chez le Gaulois léger et beau diseur. Prenez une plume dont vient de se servir un bon calligraphe, et pendant un instant il vous semblera que vous écrivez mieux vous-même. Une langue dont se sert depuis longtemps une société à l'esprit délicat et critique est un trésor de plaisirs esthétiques* ».

Tout cela nous est, certes, un sujet de fierté ; mais notre langue maternelle ne devrait pas nous être moins chère, quand elle n'aurait pas ces qualités d'élégance, d'harmonie, de clarté qui l'ont mise à la mode. Elle a pour nous des charmes qu'elle ne peut avoir pour d'autres ; elle contient des trésors que seuls nous pouvons apprécier.

---

1. A certain clumsiness pervades all tongues of german origin. Instead of the language having been sharpened and improved by the constant keenness of attentive minds, it has been habitually used obtusely and crudely. Light loquacious Gaul has, for ages, been the contrast. If you take up a pen just used by a good writer, for a moment you seem to write rather well. A language long employed by a delicate and critical society is a treasure of dexterous felicities.
(W. Bagehot. *Essay on Béranger*).

III

On aurait tort de croire que tout est dit, quand on a cessé de parler la langue de ses pères pour en adopter une autre. « *Lorsqu'un peuple change de langue, dit encore Fichte* (1), *ceux de ses citoyens qui les premiers accomplissent cette transformation, sont semblables à des hommes qui retombent dans l'enfance.* » La langue que ce peuple adopte lui apporte des noms de choses, de qualités, de rapports entre ces choses et ces qualités ; c'est un instrument dont il apprend à se servir, ce n'est pas une nouvelle âme qu'il acquiert, une âme dont les profondeurs sont remplies de souvenirs mystérieux et charmants. S'il n'y avait en nous que des besoins matériels à satisfaire, le mal ne serait pas grand, les enfants des Canadiens-français pourraient cesser de parler la langue de leurs pères, et à la seconde génération d'anglicisés ou d'américanisés, une transformation radicale aurait été accomplie par une simple substitution de sons ; une insignifiante question de vocables aurait été résolue.

1. Fichte. « *Reden an die deutsche Nation* », p. 48.

Mais il n'en est pas ainsi, l'âme a également ses besoins, et si on la prive des aliments auxquels elle est habituée, elle s'alanguit et s'affaisse.

Avec la langue d'un peuple, c'est tout un passé qui s'efface ; il se fait une interruption dans la civilisation de ce peuple, dans la civilisation qui lui est propre, dans la marche de sa culture. « *Les changements de religion et de langue étouffent la mémoire des choses* (1). » Certains souvenirs ne se traduisent pas, les traditions populaires ne se transmettent pas sans la langue dans laquelle elles se sont d'abord incarnées et perpétuées. Tous ces noms d'êtres fantastiques et abstraits : héros des légendes, de l'histoire embellie par l'imagination, personnages de contes, fantômes, esprits, tout ce qui constitue cette poésie des masses dont la source a abreuvé tant de générations successives, tout cela disparaît. Enlevez à l'enfant de race française cet entourage imaginaire de guerriers invincibles, de géants, de diablotins, de revenants qui lui créent de charmantes terreurs ou le font rêver d'actes de bravoure chevaleresque ; enlevez-lui ces douces et naïves chansons du vieux temps dont on nous a bercés ; privez-le

---

1. Machiavel. *Discorsi politici*, chap. V, livre II.

de ce gracieux ramage d'oiseau que sait tirer de notre langue la mère française, et il me semble que vous lui aurez enlevé une partie du soleil auquel il a droit. Terreurs puériles, évocations fantastiques, prières tendres, caresses naïves, rêves généreux et héroïques : tels sont les premiers éléments dans lesquels naît et se développe l'imagination d'un enfant de notre race, les premières sources où il puise son idéal.

Qui de nous, étant enfant, n'a pas rêvé d'être un jour, un chevalier sans peur et sans reproche, comme Bayard, un conquérant comme Napoléon, un héros du sacrifice comme Dollard Desormeaux? qui ne s'est pas vu un instant missionnaire, conquérant au ciel des peuplades égarées, comme de Brébœuf et Lallemand, et comme eux martyr de la foi? quel enfant de la génération actuelle n'a pas songé, un jour, à devenir un apôtre de la colonisation, comme Mgr Labelle? Les enfants canadiens-français sont peut-être les seuls en Amérique qui grandissent sans être familiers avec les noms des Vanderbilt, des Astor ou des Gould, sans être remplis d'un sentiment de profond respect pour les juifs de la finance.

Et notre histoire glorieuse, noble épopée d'une grande race, que deviendrait-elle, si la langue dans laquelle elle a été écrite disparaissait en Amérique? Que resterait-il de la généreuse pensée qui nous a donné l'être, du sang qui a été versé pour nous assurer un pays? Une page ignorée dans l'histoire de France relaterait les progrès des établissements français au Canada, pendant les xviie et xviiie siècles, la prise de Québec, les dernières paroles de Montcalm. Quelques phrases incidentes dans l'histoire de l'Amérique rappelleraient le souvenir de nos ancêtres; et tout disparaîtrait dans l'éternel silence de l'oubli. Silence criminel; car il importe au bien-être des nations que la mémoire de toutes les grandes actions vive et se perpétue.

La race anglaise a joué et jouera encore un rôle proéminent dans le monde. Vaincus, nous estimons nos vainqueurs; mais nous ne devons aucun culte à leurs héros, nous ne pouvons leur rendre que celui que l'humanité, en général, rend à ceux qui l'ont honorée. Fils anglicisés ou américanisés d'ancêtres français, il nous serait interdit, lors des fêtes nationales, lors des commémorations qui réveillent tout ce qu'il y a de patriotisme latent au cœur des habitants d'un même pays, lors de ces grandes revues des gloires du passé par lesquelles s'affirme une race, il nous serait interdit de chanter nous aussi, de prendre part à ces manifestations, d'en partager l'enthousiasme. L'adjectif possessif « notre, nos » — le plus noble des adjectifs, car il indique l'union et la solidarité — ne nous serait pas permis dans ces circonstances. Nous ne pourrions que chanter ridiculement des rôles de comparses, comme dans ces chœurs d'opéras où les paroles sont noyées dans la musique et où la substitution d'un mot à un autre ne brise pas l'unisson. Pendant que le principal personnage, l'homme de race anglo-saxonne clamerait :

Et ces héros sont mes aïeux (1) !

nous répéterions, au second plan, avec un enthousiasme de commande :

Et ces héros sont ses aïeux !

L'abandon de notre langue, ce serait une rupture absolue avec le passé ; car nous ne céderions pas à la force ; nous sommes libres. Nous ne pourrions plus nous réclamer de la patrie française que nous aurions volontairement reniée.

Le Français d'Amérique qui a adopté une autre langue et qui reste naturellement étranger à tous les souvenirs qu'elle comporte, ne pourra jamais être qu'un homme pratique, sans idéal. Déjà un petit nombre des nôtres, cédant, admettons-le, à un concours de cir-

1. Chœur du 2ᵉ acte des « *Cloches de Corneville.* »

constances fatales, ont abandonné notre nationalité, sans désir de s'y rattacher plus tard ; la plupart ont fait fortune ou sont en train de faire fortune, leur ambition ne va pas au-delà. Ce passage, cette transition d'une langue à une autre dans une famille, transition qui jette entre les parents et les enfants comme un mur de froideur, marque l'avènement de générations nouvelles qui n'auront plus rien de commun avec celles qui s'éteignent. Les parents émigrés à un certain âge n'apprennent jamais bien une langue étrangère, les enfants au contraire apprennent plus facilement celle de leurs compagnons de jeux et de leurs camarades d'écoles que celle que l'on parle à la maison. J'ai vu, aux Etats-Unis, une famille canadienne dans ce cas, les enfants parlaient l'anglais, les parents n'avaient pu l'apprendre, et le spectacle que présentaient leurs relations intimes avait quelque chose de pénible. Les circonstances avaient été favorables ; les parents, dont la fortune augmentait rapidement, voyaient avec un sourire de contentement leurs fils bien mis, actifs, de bonne mine, appelés, pensaient-ils, à un avenir prospère. Ces derniers étaient froids, compassés, pratiques et brusques. Il n'y avait plus entre les âmes cette communion que seule peut créer la langue maternelle. Cette atmosphère chaude, sympathique entre toutes, de la famille canadienne n'existait plus, quelque chose s'était détaché de l'âme de ceux qui grandissaient, quelque chose qui avait appartenu à leurs ancêtres et que rien ne remplacerait.

IV

Les Canadiens-Français, lors de la conquête, en 1760, étaient au nombre de 65,000; ils sont aujourd'hui deux millions, au Canada et aux Etats-Unis. Si nous triomphons des obstacles qui s'opposent à son expansion, notre langue sera parlée dans un siècle par quinze millions de personnes.

Nos frères des Etats-Unis ne peuvent conserver la langue française qu'en s'imposant des sacrifices pécuniaires pour la fondation et l'entretien de nombreuses écoles. Déjà dans beaucoup de villes de la Nouvelle-Angleterre leur patriotisme, dirigé et encouragé par le clergé, s'est affirmé d'une manière pratique, et le temps n'est pas éloigné, espérons-le, où nul groupement de Canadiens-Français n'existera aux Etats-Unis sans son église et son école.

Dans la province de Québec, notre langue jouit des mêmes prérogatives que dans la vieille France ; mais là, aussi bien que dans tout le reste de l'Amérique, un danger sérieux la menace : l'*Anglicisme*.

L'*Anglicisme, voilà l'ennemi*, tel a été le mot d'ordre d'une campagne entreprise, il y a quelques années, par quelques organes patriotiques de la presse canadienne (1) ; cette campagne, malheureusement, s'est poursuivie et se poursuit encore au milieu de l'indifférence presque générale de notre population, et l'ennemi continue ses ravages.

La langue anglaise a emprunté beaucoup à la nôtre, mais elle a donné à presque tous les mots empruntés une signification différente de celle qu'ils ont conservée en français. Ainsi au mot « lecture » les anglais ont donné le sens de « conférence » ; de « salaire » ils ont fait *salary*, qui signifie rémunération : le traitement d'un ministre, l'indemnité d'un député, les appointements d'un employé, le salaire d'un ouvrier, les gages d'un domestique tout cela se traduit par *salary*. On comprend que pour un Canadien-Français, qui a tous les jours l'occasion de lire et de traduire de l'anglais, le

---

1. Notre poète national, M. Fréchette, s'est courageusement dévoué a cette tâche ingrate, ainsi que M. Beaugrand, directeur du journal *La Patrie* et quelques autres patriotes.

terrain soit très glissant et qu'il faille être constamment sur ses gardes. Aussi tous les jours pouvons-nous lire dans nos journaux des phrases comme les suivantes : M. X... a fait une *lecture* à la salle Saint-Jean-Baptiste. Le *salaire* des ministres. Il est *rumeur* que... (It is rumoured). J'ai rencontré M. Z... *sur* la rue (on the street). Les employés du *service civil* (civil service), etc., etc. Les termes techniques se rapportant à la plupart des industries nouvelles, aux inventions mécaniques, aux professions et métiers acclimatés chez nous depuis la conquête, nous les avons empruntés à l'anglais ou traduits de la manière la plus commode possible. C'est ainsi qu'une locomotive se nomme au Canada *engin* (engine) ; une écluse, *dame* (dam) ; une force hydraulique, *pouvoir d'eau* (water-power). Du mot anglais Registrar (conservateur des hypothèques), nous avons fait *Régistrateur ;* l'assistant de ce fonctionnaire se nomme *député-régistrateur* (deputy registrar). L'interrogatoire d'un témoin devant un tribunal se divise en trois parties indiquant que des questions ont été posées par l'un ou l'autre des avocats : l'*examen-en-chef* (examination-in-chief), les *trans-questions* (cross-questions) et le *réexamen* (reexamination) ; déposer un document au greffe du tribunal se dit souvent *filer* (file), etc., etc.

Je ne parle pas des fautes grossières qui décorent les enseignes de nos boutiques (*groceries, marchand de provisions, marchandises sèches,* etc.), dont, grâce à certains journaux, personne maintenant n'ignore le ridicule.

Où ce système d'emprunts à une langue étrangère nous conduira-t-il?

Certains de nos compatriotes, prenant au sérieux quelques paroles flatteuses de trop aimables touristes, déclarent que nous parlons un français plus pur que les Français de France et soutiennent que nous avons conservé la langue du xviie siècle. D'autres, un peu moins optimistes, réclament cependant pour nous le droit d'emprunter à la langue anglaise tous les mots dont nous avons besoin. N'a-t-on pas acclimaté en France, disent-ils : wagon, turf, jockey, flirt, etc. ? Pourquoi n'userions-nous pas de la même liberté ?

Le langage que nous parlons est resté celui du xviie siècle en ce sens que notre vocabulaire est aussi limité qu'il y a deux cent ans, et que nous sommes encore réduits aux 1600 mots dont se servait Racine. En France la langue s'est enrichie en puisant à ses sources naturelles, qui sont le grec et le latin, tandis que chez nous elle s'est appauvrie en empruntant à l'anglais des termes qui la défigurent et la rendent impuissante, comme dit Edgar

Quinet, à exprimer le génie de notre race.

Si encore cette introduction de termes barbares pouvait avoir pour effet d'établir, entre nos compatriotes anglais et nous, une concorde, une harmonie plus parfaites ; si elle pouvait être considérée comme une gracieuseté à leur adresse, l'anglicisme aurait une excuse. Mais il n'en est rien, et les Anglais ne nous savent aucun gré de ces concessions.

Nous ne pouvons nous permettre d'emprunter aux Anglais, comme pourraient le faire nos frères de France, pour deux raisons principales : La première, c'est que les mots anglais que nous franciserions ne seraient francisés que pour nous et resteraient des barbarismes pour le reste du monde ; les seuls termes étrangers qui ont été introduits en France, l'ont été par de grands écrivains, avec la complicité des grands journaux parisiens, ou par les grands journaux parisiens avec la complicité de grands écrivains et plus tard avec la sanction de l'Académie. La seconde, c'est que la pente de l'anglicisme est trop glissante ; nous ne saurions pas nous limiter et nous tomberions bientôt dans le patois. Toute langue qui se détache, dans ces circonstances, de l'un des grands idiomes littéraires du monde peut difficilement réussir à être autre chose qu'un patois. Non seulement nous devons proscrire l'anglicisme, mais nous sommes tenus *d'être plus puristes que les Français de France eux-mêmes.*

C'est dans cette question de l'épuration de notre langue que l'on peut le plus facilement demander à tous les Canadiens-français ayant au cœur quelque patriotisme, de joindre leurs efforts ; car ces efforts n'impliquent aucun sacrifice réel. Il suffit qu'à Montréal et à Québec, une élite, plus nombreuse qu'elle ne l'est aujourd'hui, déclare une guerre sans pitié à l'anglicisme et au barbarisme, l'émulation et, disons le mot, la vanité feront le reste. Quand on pourra compter à Montréal cent jeunes gens parlant un français absolument irréprochable ; quand vingt avocats de notre barreau seront en état de plaider devant un tribunal comme pourraient le faire des avocats français de province ; quand il y aura à la législature de Québec dix orateurs en état de prononcer un discours qu'un conseiller général de département pourra lire sans sourire ; quand surtout nos journalistes en seront arrivés à avoir honte de faire des fautes de français, alors nous pourrons être certains que le travail d'épuration de notre langue sera en bonne voie. Nos jeunes gens acceptent bien un état d'infériorité générale qui est commun à tous ceux avec lesquels ils sont journellement en contact ;

jamais ils ne se résigneront à une infériorité qui sera particulière à un certain nombre d'entre eux et pourra être constatée à chaque instant.

Songeons-y pendant qu'il en est temps. Il ne faut qu'un peu d'effort. Nous en sommes encore à cette phase heureuse où un mouvement patriotique peut se propager sans entraves et exercer en même temps dans tous les centres canadiens-français une influence immédiate. Dans notre province, tout le monde, pour ainsi dire, se connaît. Nos frères émigrés aux États-Unis, ou du moins l'immense majorité d'entre eux, n'ont pas encore rompu les liens qui les attachent à nous ; ce sont des émigrés d'hier, qui, presque tous, conservent un vague espoir de revenir au pays, aussitôt que les circonstances seront favorables. Leurs journaux se modèlent sur les nôtres ; l'esprit qui les anime est le nôtre ; leur sens du beau, du bon, du bien, ne s'est guère modifié dans les villes américaines, puisqu'ils se mêlent peu à la population de langue anglaise. Si donc tous nos jeunes compatriotes ayant reçu une éducation classique se disaient : détruisons l'anglicisme, débarrassons-nous de cette entrave qui arrête notre développement intellectuel à sa source même, l'œuvre serait bientôt accomplie. Nous apprenons une langue étrangère d'une manière suffisante en moins d'un an d'étude ; pourquoi ne corrigerions-nous pas quatre ou cinq cents barbarismes, anglicismes et négligences de langage dans le même temps.

En France, l'homme qui, ayant reçu une bonne instruction primaire, est pris en flagrant délit de locutions incorrectes, se sent tout honteux. C'est ce sens-là qui nous manque ; mais il y a plus, ce sens chez nous a été retourné. Il existe dans la province de Québec un état d'esprit qu'un lecteur français ne s'expliquerait guère et qui, de fait, n'est pas explicable, un état d'esprit unique au monde peut-être. Dans ce réseau de la médiocrité qui nous étreint et retient tout à son humble niveau, il n'est presque personne qui ait le courage de s'affirmer homme de progrès. On *a honte* de bien parler sa langue et surtout de la bien prononcer, si, pour ce faire, il faut différer de son entourage. « Voilà X..., qui parle *à la française* » (c'est-à-dire en bon français), dira-t-on et... c'est incroyable, mais c'est comme cela, X..., qui prononcera miroir, mois, oiseau, main, tard, au lieu de *mirouère, modâ, ouéseau, min, tord*, sera voué au ridicule.

O mes compatriotes, quand nous aurons émondé et épuré notre belle langue, quand nous lui aurons rendu sa limpidité, sa clarté, son élégance incomparables, il me semble que notre race aura fait un grand pas dans la voie du progrès. Chacun de nous pourra énoncer clairement ce qu'il concevra bien et sentira profondément ; nous aurons retrouvé un organe. Nous serons au niveau des autres peuples ; nous pourrons produire et créer ; nous aurons à notre service toute la puissance du verbe.

I

DE LA NÉCESSITÉ DES HAUTES ÉTUDES.

« La vie n'a de prix
« qu'aussi longtemps que l'on
« peut faire un pas en avant,
« agrandir son horizon, s'aug-
« menter soi-même ». Edgar
Quinet « *La création* ».

« Sans doute, il est bon
« d'avoir des ingénieurs, des
« géomètres et des machinis-
« tes, pour faire des chemins
« de fer, des bateaux a vapeur
« et des chaudières et conduire
« nos citoyens, nos marchands
« et nos touristes sur tous les
« points du globe ; mais cela
« ne suffit pas a la prospérité,
« a la dignité d'un grand pays.

« Les télégraphes électriques
« sont, sans doute, admirables
« pour transmettre la pensée
« avec la rapidité de l'éclair,
« etc., etc. Mais il serait très
« important aussi de savoir
« quelles paroles et quelles
« pensées nous transmettrons
« si vite, quels hommes nous
« mettrons sur ces chemins de
« fer et sur ces bateaux a va-
« peur, quels citoyens, enfin,
« nous enverrons a l'étranger,
« représenter l'honneur de notre
« pays » (Mgr Dupanloup : *De
la haute éducation intellectuelle*, p. 61).

Je suis forcé dans ce chapitre d'alléguer des faits, de soutenir des propositions qui, en dehors de la Province de Québec, ne sont plus guère contestés à notre époque. Dire qu'un peuple ne peut prendre rang parmi les autres peuples que s'il est leur égal par la culture intellectuelle, que l'ignorance ne peut engendrer la grandeur, que celui qui est chargé d'enseigner une science doit en connaître tous les secrets, ce sont là de ces vérités qui paraissent naïves, tant elles sont incontestables. Combien cependant qui n'en sont pas convaincus, dans notre pays; combien qui sont encore remplis de cette vieille illusion : la sagesse des nations primitives, le bonheur des nations arriérées !

La question de l'éducation est l'une de celles sur lesquelles nos compatriotes sont le plus divisés ; elle a donné lieu en ces derniers temps à de nombreuses polémiques et engendré, je le crains, beaucoup de partis pris et d'entêtements.

Lorsqu'il s'agit de la diffusion de l'instruction primaire, de l'encouragement à donner aux écoles communales, tout le monde est d'accord et chacun pérore à qui mieux mieux sur les bienfaits de l'éducation, excepté toutefois un certain nombre des principaux intéressés. Ceux-ci, pères de famille peu à l'aise ou d'un esprit trop borné, prétendent que leurs enfants en savent assez, que le temps passé à l'école est perdu pour le travail ; et l'on ne va pas plus loin. Le spectre de l'instruction obligatoire, qui, du reste, n'a pas encore osé se montrer ouvertement au Canada, recule devant le respectable principe de l'autorité paternelle. La question est résolue.

Il est tout naturel que l'homme de nos classes dites instruites, qui n'a aucun point de comparaison à sa portée, qui ne rencontre que des gens ayant à peu près la même somme de connaissances que lui, qui vit en dehors de tout mouvement littéraire, scientifique et artistique, loin de toute bibliothèque, et qui n'a pas eu l'avantage de bénéficier d'une instruction universitaire élevée, trouve également *qu'il en sait assez*. Comment lui persuader le contraire? N'a-t-il pas appris, naguère, les dates auxquelles ont eu lieu nombre de batailles, de faits d'armes glorieux, de prises de citadelles? Ne se rappelle-t-il pas encore les noms des vainqueurs et des vaincus? N'a-t-il pas traduit jadis César, Virgile, Horace et Homère et les Pères de l'Église? N'a-t-il pas lu Corneille, Racine, Boileau, plusieurs comédies de Molière (édition corrigée à l'usage de la jeunesse), les Harmonies de Lamartine et les Contemplations de Victor Hugo? Que peut-on exiger de plus?

Il existe une moyenne d'instruction composée du maigre stock de latin et de littérature emporté du collège, des renseignements multiformes puisés dans les journaux, et des études professionnelles que nul ne peut dépasser sans concevoir une fort haute idée de sa science.

M. X..., citoyen éminent de Montréal, a rencontré M. Z..., citoyen non moins éminent de Québec. La conversation a été *des plus relevées*, et tous deux se sont quittés enchantés de leur savoir mutuel et respectif. M. X... a causé pertinemment des œuvres de Bonald, du comte de Maistre et de Montalembert; M. Z... a cité avec à propos quelques traits méchants de Louis Veuillot, rappelé quelques phrases « risquées » de ce *malpropre de Zola* et critiqué cet *exalté de Victor Hugo* « qui avait beaucoup d'imagination, mais dont le jugement avait été faussé par les mauvaises lectures ». Les quelques profanes qui entouraient nos deux compatriotes étaient émerveillés... En vérité, il faudrait être bien exigeant pour demander plus aux citoyens dirigeants d'aucun pays.

Et puis, après tout, tant de science est-elle nécessaire pour faire un beau *speech* et devenir un *illustre tribun* ?

« Quel besoin avons-nous d'études ardues et compliquées, diront ceux de nos *hommes instruits* qui ne s'illusionnent pas sur l'étendue de leur savoir ; notre peuple en sera-t-il plus heureux ? L'instruction donnée dans nos collèges classiques et notre université nous a amplement suffi jusqu'à présent ; pourquoi ne continuerait-elle pas à nous suffire ? » Nous pourrions à la rigueur, répondrai-je, nous passer de latin, de grec, d'extraits d'auteurs classiques et même d'histoire. On manque rarement de pain pour ne pas savoir ces choses ; les jouissances du cœur sont aussi fécondes pour les simples que pour les lettrés ; mais on déchoit comme peuple, on perd, peu à peu, tout sentiment de fierté, et l'on prépare les voies à la domination étrangère. Car, ce sont finalement les peuples les plus cultivés qui dominent et qui absorbent les autres.

Cette vérité, je le sais, ne s'imposera que difficilement à l'esprit d'un grand nombre de Canadiens. Nous sommes si habitués à la routine peu compliquée de notre existence villageoise et citadine, si bien protégés contre tous les courants du dehors que plusieurs considèrent notre force d'inertie comme un rempart contre la décadence et qu'ils redoutent le progrès.

Dans la petite ville souriante et gaie où la vie se déroule avec son activité facile, son indolence aimable, on se demande ce que la science viendrait faire, quel rôle elle serait appelée à jouer, quelle somme de bonheur elle pourrait ajouter à celui que l'on possède déjà.

Certes, c'est une piètre satisfaction que de pouvoir raisonner sur le sujet et l'objet, la finalité et la causalité, l'être et le non-être, la représentation et la chose en soi. Il peut être quelquefois superflu d'avoir approfondi les grands problèmes de la sociologie et de l'économie politique.

Tout le pédantisme des savants en us ne vaut pas, peut-être, la poignée de main cordiale, le bon gros rire jovial, la phrase hérissée de barbarismes et d'anglicismes, mais sans prétention et sincère, du bourgeois canadien qui nous invite à prendre une consommation ou à faire une partie de whist, tout en causant politique ou cheval.

En somme, on ne demande pas au médecin de faire de savantes dissertations sur la bactériologie ou l'histologie, mais seulement de donner le remède approprié au mal dont on souffre et d'être aimable et gracieux avec ses clients. On n'exige pas non plus d'un avocat qu'il plaide en termes aussi noblement académiques que M⁰ Barboux du barreau de Paris. On se contente de lui vouloir une grande probité, de la discrétion dans la façon dont il établit ses mémoires de frais, une connaissance profonde des habiletés de la procédure, une ample provision de précédents, de décisions de tribunaux supérieurs s'appliquant à tous les cas. On aime, avec cela, qu'il parle longuement, verbeusement, et qu'au temps de la lutte électorale, il puisse faire quelques *speechs* éloquents pour son parti.

De ci, de là, il y a bien un certain nombre d'âmes romanesques, éprises d'idéal, aspirant à la beauté esthétique, qui voudraient tout connaître et tout approfondir et tendent de toutes leurs forces à des jouissances plus nobles dans une vie plus haute. Mais ce sont-là des chimères que l'on noiera dans l'alcool, que l'on épuisera dans les tourments et les voluptés du *flirt*, et qui, dans tous les cas, s'envoleront d'elles-mêmes, lorsque l'âge, les soucis, les tyrannies de la vie enfin feront prévaloir la raison et le sens pratique.

Ceux dont je traduis ainsi l'opinion trop commune se démentent cependant eux-mêmes par une remarquable inconséquence. Ils comprennent, en effet, si bien qu'un peuple ne peut se maintenir indépendant et fier au milieu des autres peuples sans participer à la vie intellectuelle générale, sans grossir leur trésor de gloire de ses propres trésors, qu'ils multiplient les grands hommes de province et les célébrités locales dans des proportions réellement inquiétantes.

Le désir de briller pour quelqu'un de chez soi, de se voir embelli dans un autre, est si fort qu'à défaut d'illustrations réelles nous nous en créons d'imaginaires. A défaut d'éloquence, nous glorifions la faconde, à défaut d'idées neuves, les lieux communs. A défaut des maîtres notre admiration salue les exécutants.

II

Nos compatriotes satisfaits par cette honnête médiocrité, cette gloire pour la consommation domestique, et se complaisant dans le sentiment de leur humble bien-être, se croient pratiques : il ne leur vient probablement pas à l'esprit qu'ils manquent de patriotisme ; car ils se battraient courageusement pour défendre leurs foyers ou leur nationalité menacés. Et c'est à la faveur de ce calme optimisme que l'esprit américain pénètre au milieu de nous.

Qu'on ne dise pas qu'il faut laisser les choses suivre leur cours, ne rien hâter, et que tout viendra en son temps, que le développement de nos ressources s'accomplira d'une manière normale, sans efforts de notre part : le monde marche vite depuis le commencement de ce siècle et il faut être armé de tous les instruments du progrès pour ne pas être laissés trop en arrière. Nous ne pouvons plus nous contenter d'un progrès que j'appellerai « progrès de consommation » ; car nous ne différons absolument en rien de nos pères et de nos grands-pères, si ce n'est que nos besoins se sont accrus et que nous dépensons plus qu'eux pour vivre. Nous sommes entrés, en outre, dans une ère où la passion des voyages est devenue générale, où le monde est envahi par des touristes cosmopolites ; nous ne pouvons plus dissimuler notre médiocrité et notre ignorance sous les dehors d'un bonheur paisible et idyllique. Pendant longtemps, notre existence n'a été connue que de nos voisins et compatriotes anglais. Lorsque nos frères de France nous ont découverts, ils ont été émerveillés du courage avec lequel nous avions traversé un siècle d'abandon en conservant l'héritage transmis par nos ancêtres. S'attendant à nous trouver absolument ignorants, ils ont été surpris de constater que le niveau de l'instruction primaire était aussi élevé, chez nous, que dans tous les autres pays du monde, excepté l'Allemagne. On nous a étudiés quelque peu au point de vue économique et social, plus encore au point de vue pittoresque; un jour on s'avisera de se demander : mais ce peuple qui n'est déjà plus de la première jeunesse, — car on vieillit vite par le temps qui court — ce peuple canadien-français, que fait-il, que produit-il ?

Déjà, en 1824, un écrivain de la *Revue d'Edimbourg*, parlant du peuple américain, s'écriait : « Qui, dans les quatre parties du monde, lit un livre américain, va voir une pièce américaine, ou une statue, ou un tableau américain? Qu'est-ce que le monde doit aux médecins ou aux chirurgiens américains ? Quelles nouvelles substances leurs chimistes ont-ils découvertes? Quelles nouvelles constellations leurs astronomes ont-ils aperçues ? Qui boit dans un verre américain ? Qui mange dans de la vaisselle américaine ? Qui porte un habit ou dort dans des draps américains ? » Le temps n'est peut-être pas très éloigné où on se fera les mêmes questions à notre sujet.

Il y a dans notre histoire des pages si belles, si héroïques ; nos ancêtres ont si bien incarné l'âme ardente et chevaleresque de la France d'autrefois ; on sent au fond du cœur canadien un tel amour de la mère-patrie, que notre peuple, dans son ensemble, forme pour les écrivains et publicistes français une entité très sympathique.

Ceux d'entre eux qui, jusqu'à présent, se sont occupés de nous, séduits par la merveilleuse légende de notre passé, se sont tus, pour la plupart, indulgents et courtois, sur les défectuosités de notre culture et le ridicule de nos mœurs « politiques ». Nous leur sommes reconnaissants du bien qu'ils disent de nous ; nous leur en voudrions peut-être de se montrer sévères à notre égard, et leur sympathie nous est un précieux encouragement. Mais disons-nous bien qu'il n'en sera pas toujours ainsi et qu'un jour viendra où l'on ne nous ménagera pas de dures vérités. Notre cœur en saignera peut-être.

Si j'insiste sur ce point, c'est que, dans notre

situation géographique et ethnographique, nous ne pouvons pas être indifférents à l'opinion étrangère, surtout à celle de la France; c'est, comme je l'ai déjà dit, que la plus sûre garantie de notre conservation nationale, *c'est la fierté* ; et cette fierté, elle doit reposer sur la conscience de notre valeur, sur le sentiment que nous remplissons dans le Nouveau-Monde une mission haute et utile. Si nous ne produisons rien dont nous puissions être fiers, si nous ne nous affirmons pas par des qualités précieuses, par des œuvres fécondes, notre peuple finira par être classé, comme une quantité négligeable, parmi les peuples inférieurs. Notre patriotisme s'affaiblira à mesure que s'éloignera le passé; l'idée française s'éteindra et les enrichis passeront peu à peu dans les rangs des autres races où ils pourront plus facilement satisfaire leur vanité, leurs désirs de prééminence et de distinction. Les huit cent mille Canadiens-français qui ont émigré aux États-Unis, les fils de ceux-ci surtout, dont un bon nombre certainement auront fait fortune, oublieront ce pays qui ne leur rappellera plus rien de grand, ne leur parlera plus que de luttes stériles; ces Canadiens se détacheront pour jamais de notre vie nationale, pour jamais renonceront à la nationalité française.

On parlera français pendant longtemps encore, pendant des siècles sans doute, sur les bords du Saint-Laurent ; le peuple pauvre et ses politiciens de plus en plus bruyants resteront fidèles à une langue de plus en plus détériorée. « *Et jusqu'à ce que l'absorption soit complète*, comme disait Fichte au peuple allemand en 1800 (1), *on fera des traductions des livres scolaires autorisés dans la langue des barbares ; c'est-à-dire à l'usage de ceux qui seront trop stupides pour apprendre la langue du peuple dominant* ».

Mais, me dira-t-on, nous avons produit, relativement à notre population, depuis trente ans, plus d'hommes distingués que nos voisins et nos compatriotes des autres races. En effet, un certain nombre d'hommes de talent se sont affirmés malgré les difficultés qui se sont opposées à leur éclosion, malgré l'inertie ambiante qui les enserrait, malgré le peu d'encouragement qu'ils ont rencontré. Trois d'entre eux surtout, un poète, un historien et un sculpteur (2), ont fait connaître notre nom à l'étranger et jeté quelque gloire sur leur

1. (*Reden an die deutsche Nation*, p. 165).
2. MM. Fréchette et l'abbé Casgrain ont été couronnés par 'Académie française, le premier pour deux volumes de vers, e second pour un ouvrage historique. Un groupe d'Indiens, par M. Ph. Hébert, a obtenu une médaille à l'exposition de 1889.

pays. D'autres ont accompli et accomplissent
cette tâche patriotique de recueillir avec un
soin jaloux toutes les reliques de notre grand
passé (1); leur œuvre forme une gerbe admirable. Nous avons une histoire nationale que
l'on enseigne dans nos écoles, et c'est là une
puissante garantie de conservation pour un
peuple. Voilà pourquoi j'espère, pourquoi je
crois fermement en l'avenir de notre nationalité. Mais combien de talents qui se sont éclipsés! Combien de jeunes gens pleins d'aptitudes littéraires qui se sont heurtés aux difficultés de la langue, à l'insuffisance de leur
vocabulaire, et concluant à l'impuissance, ont
vu, pleins d'amertume, disparaître dans la nuit
cette muse qui leur était venue si souriante
et leur avait murmuré de si douces choses.
que leur crayon n'avait pu traduire! Combien
d'artistes se sont contentés d'écouter la
beauté chanter dans leur cœur, de rêver de
formes idéales et de chefs-d'œuvre sublimes! Combien d'esprits ardents, curieux de
savoir et de comprendre, ont été détournés
des hautes études par l'indifférence qu'ils
sentaient autour d'eux pour tout ce qui se rap-

---

1. Nos historiens sont nombreux. Citons Garneau, l'abbé
Ferland, Mgr Tanguay, MM B. Sulte, l'abbé Casgrain,
J. Tassé, Faucher de Saint-Maurice, etc.

porte à la culture intellectuelle! Que sont-ils devenus? Politiciens et employés...

Cette élégie sur les génies jetés en dehors de leur voie, sur les fleurs dont la destinée est de s'épanouir loin des regards, n'est pas nouvelle, je le sais. Il est peu de villages où quelque vieillard ne vous dira : « Moi aussi, Monsieur, j'étais poète! » « Moi aussi j'étais peintre! » Mais dans notre pays, cette quasi-impuissance de produire qui résulte des difficultés de la langue, de l'absence des hautes écoles, de la rareté des livres, de l'indifférence générale à toute question un peu élevée, du politiquage à outrance et de l'invasion progressive de l'esprit américain, nul ne peut la nier; elle est d'une évidence absolue.

Vers 1860, un certain mouvement intellectuel, qui s'est continué pendant quelques quinze ans, a pris naissance dans la province de Québec. Un journal hebdomadaire illustré « *l'Opinion publique* » devint le porte-parole des aspirants littéraires d'alors. On s'occupait beaucoup d'esthétique, on lisait, on se renseignait; beaucoup de poètes étaient éclos, des romanciers, des historiens surtout. Les vers n'étaient pas toujours de coupe orthodoxe, manquaient parfois d'originalité; la prose n'était pas toujours suffisamment châtiée; mais on travaillait, et c'était l'essentiel. Un bon nombre de romans ont été publiés pendant cette période et pendant la décade précédente ; beaucoup de travaux historiques ont vu le jour ; plusieurs recueils de vers se sont offerts à l'admiration bienveillante de nos compatriotes (1).

Comment ce beau mouvement s'est-il arrêté ? Je ne sais pas très bien.

La politique a tué un certain nombre de producteurs, d'autres ont disparu pour d'autres causes ; quelques-uns, sans doute, lisant les productions d'outre-mer, et frappés, par la comparaison, de leur manque d'études, de l'insuffisance de leur vocabulaire, se sont dit : « Il est trop tard » ! Ce que je constate avec regret, *c'est que les vides qui se sont faits dans leurs rangs n'ont pas été remplis*. Les jeunes gens d'aujourd'hui, sauf quelques rares exceptions récentes, sont indifférents à tout ce qui n'est pas la politique et paraissent avoir renoncé à la vie de la pensée. Les seuls hommes sur lesquels s'appuie notre nationalité pour affirmer sa vigueur et sa supériorité intellectuelles, ont

---

1. Parmi nos romanciers, il faut citer A. de Gaspé, O. Chauveau, Gérin-Lajoie, G. de Boucherville, J. Marmette, etc. ; parmi les poètes : O. Crémazie, MM. P. Lemay, L. Poisson, W. Chapman, etc. D'autres écrivains et publicistes de valeur sont MM. Routhier, De Celles, H. Fabre, Beaugrand, Tarte, Buies, l'abbé Laflamme, T. Chapais, L. O. David, Sylva Clapin, P. Tardivel, etc.

tous plus de cinquante ans et appartiennent à la pléiade dont j'ai parlé (1).

Je reconnais bien volontiers que l'art du tribun populaire qui sait faire vibrer l'âme des masses et tressaillir leurs nerfs, en leur débitant des lieux-communs sur un rythme tonitruant et avec des regards enflammés, est une force non négligeable. Dieu me garde de médire du lieu commun ; il a certainement fait verser plus de douces larmes, fait naître des émotions plus intenses que les pensées les plus sublimes ! Combien de fois j'ai vu de nos orateurs politiques se grisant au son de leur propre voix, le rouge de l'inspiration aux joues, l'ardeur du feu sacré dans les yeux, faisant courir de petits frissons dans les veines de leurs auditeurs qui les acclamaient avec frénésie ! La phrase évocatrice des saints enthousiasmes avait pourtant été lue des milliers de fois dans les journaux par ces mêmes auditeurs. Certes, en des jours de crise ou d'affaissement national, l'éloquence populaire pourrait devenir un instrument de salut. En temps ordinaire, cet art me paraît inférieur,

---

1. MM. Frechette, Laurier, Sulte, Routhier, Tassé, Mgr Tanguay, l'abbé Casgrain et tous les historiens et hommes de lettres dont j'ai mentionné les noms dans les notes des pages précédentes, moins trois peut-être, ont plus de cinquante ans. Ces derniers ont plus de quarante.

au point de vue de l'utilité de ses résultats, à celui de l'acteur qui lui, au moins, se fait souvent l'interprète de hautes pensées exprimées dans un langage harmonieux et leur prête tout le charme d'une diction parfaite.

Il est certains orateurs de foules, apôtres mus par une pensée religieuse ou philantropique, dont la parole sincère et enthousiaste est quelquefois profitable. Les officiers de l'Armée du Salut, en Angleterre, qui pérorent sur les places publiques, ou les champions de la cause socialiste qui, durant les après-midi dominicales, prêchent au Hyde-Park l'évangile du siècle prochain, ont pu, souvent, faire germer quelques bonnes pensées. Qu'est-il résulté, depuis vingt-cinq ans, de tous les *speechs* prononcés dans la province de Québec ?

Notre tribun, dont la mémoire ne s'orne guère que de la liste des méfaits de ses adversaires, trésor mnémonique qui grossit d'année en année, et du compte des bienfaits de son parti, le tout recouvert de quelques vieilles fleurs de rhétorique, se meut exclusivement dans le cercle étroit des intérêts de coterie et de faction. Il cherche à soulever l'indignation publique contre ce misérable X..., qui a reçu nombre de pots de vin, contre cet ignoble Z..., qui s'est livré dans son comté, à une corruption éhontée ; il s'efforce d'exciter l'enthousiasme de ses partisans en leur déclarant qu'une *victoire glorieuse* leur est, d'ores et déjà, assurée... Les années, les lustres, les décades se passent ; tout ce bruit de rivalités et de vanités locales éclate, tonne, hurle l'envie, l'intolérance ; et notre nationalité se fait plus humble, notre pays devient moins prospère. Ainsi se consume l'activité intellectuelle de la plupart des jeunes gens bien doués de la présente génération.

La renaissance ne me paraît désormais possible qu'avec un encouragement pratique donné aux hautes études et la création de chaires d'enseignement supérieur.

III

La science prend, chaque jour, une part plus large dans la vie des esprits : l'art, la poésie, tous les genres de travaux littéraires sont ses humbles esclaves et personne aujourd'hui ne peut produire, s'il n'a longtemps étudié, approfondi et comparé.

La science se spécialise de plus en plus et, par là-même, gagne en profondeur et en étendue. Nul ne peut, eût-il un génie puissant, ajouter quoi que ce soit de neuf et d'utile à l'ensemble des travaux humains, en aucun champ de production, s'il ne s'est familiarisé d'avance, au moyen de longues études, avec l'œuvre de ses devanciers. Autrement, il courra le risque de se rencontrer avec quelques beaux esprits du passé et de *découvrir* un domaine déjà exploré. Il y a peu d'idées neuves, et ce n'est qu'après s'être assimilé tout ce qui a été dit et écrit sur un sujet donné que l'on peut caresser l'espoir de trouver soi-même quelque chose d'inédit et par conséquent d'utile.

La conception de l'art varie, se renouvelle, se modifie avec la marche du temps, et il faut être au courant de ces modifications pour trouver la note juste qui fera vibrer dans les âmes le sens de la beauté, qui éveillera le genre d'émotions particulier dont chaque génération est susceptible.

Peut-être qu'après de longues méditations, M. L..., publiciste canadien, aura réussi à formuler quelque grande vérité économique. On n'a pas dû penser cela avant moi, se dit-il, et il est très fier de sa trouvaille. Or, s'il avait lu Adam Smith, J.-B. Say, John, S. Mill ou Leroy-Beaulieu, il aurait constaté peut-être que cette vérité était depuis longtemps découverte.

En étudiant les raisonnements et les faits exposés par les maîtres, il aurait pu, soit qu'il approuvât leurs conclusions, soit qu'il les repoussât, déduire de leurs théories quelques conséquences nouvelles, en faire quelque application ingénieuse. Et cela sans qu'il lui en coûtât plus de travail.

En thèse générale, la culture intellectuelle est un devoir sacré; Jésus-Christ lui-même l'a proclamé : Qu'on se rappelle la parabole des talents : « *Il fallait, toi aussi, faire valoir mon argent, dit le maître au serviteur qui lui a rapporté le talent qu'il a reçu. Qu'on lui enlève son talent et qu'on le donne à celui qui en a dix !* »

Les intelligences devraient être cultivées comme le sol; pour obtenir le développement idéal d'un pays et d'une nation, il ne faudrait laisser inculte ni une parcelle de terrain, ni une âme de villageois.

« *Par le développement de la civilisation, dit M. Alfred Feuillée* (1), *chaque homme vit davantage, non seulement de sa vie propre, mais encore de la vie commune; le progrès a deux effets simultanés qu'on a cru d'abord contraires et qui sont réellement inséparables : accroissement de la vie indi-*

---

1. « *La science sociale contemporaine* », introd.

viduelle et accroissement de la vie sociale. »

Il faut surtout, comme je l'ai dit ailleurs, que ceux qui marchent à la tête d'une nation et se chargent de la guider, soient en état de voir haut et loin. Les hommes qui dans un pays constituent une élite intellectuelle et perpétuent ses traditions de culture ne sont pas tous des poètes, des savants, des artistes. Mais ce sont des connaisseurs et des lettrés. Quelques-uns produisent des œuvres d'art, les autres savent apprécier ces productions et ils en favorisent l'éclosion par l'atmosphère intellectuelle élevée qu'ils entretiennent : « *Comprendre, c'est égaler* », *disait Raphaël* « *Nous sommes tous poètes, quand nous lisons bien un poème* » (1). Il existe rarement des écrivains ou des artistes en dehors d'un centre éclairé qui sache les apprécier et les comprendre.

Il reste encore, dans la province de Québec, quelques esprits privilégiés qui, malgré les circonstances défavorables, ont pu s'élever à une certaine hauteur, mais cette élite nombreuse que l'on rencontre à Genève, à Zurich, à Bruxelles, à Edimbourg, à Christiania, à Copenhague, pour ne parler que des capitales de petits États, n'existe pas encore dans le Canada français.

1. Carlisle.

Un temps viendra peut-être, bien que cela ne me paraisse nullement probable, où les historiens et les sociologues, les hommes politiques et les publicistes, auront pour juger les nations un critérium différent de celui qui a toujours prévalu.

Le peuple qui attirera leurs éloges sera alors le petit peuple humble, primitif, qui aura presque inconsciemment résolu le problème du bonheur et qui aura contribué au grand œuvre, humain, en réalisant cette part enviable : la plus grande somme de désirs modestes satisfaits, la paix, le calme, les relations sociales aimables, l'égalité aussi parfaite qu'elle peut l'être, le travail obligatoire pour tous. Nous nous rapprochons, à plusieurs point de vue, de cet idéal. Mais aujourd'hui, on ne juge un peuple que sur ce qu'il a créé, sur sa contribution au progrès économique et intellectuel du monde. Procédant de la méthode de leurs aînés, les historiens d'aujourd'hui ne savent voir encore que les côtés brillants des nations, ils passent devant les vertus modestes pour aller porter leurs hommages au génie, à la fierté, à la haute culture.

Les exemples ne manquent pas, dans l'histoire de l'antiquité, de villes qui ont échappé au pillage et à l'incendie parce qu'elles étaient ou avaient été la patrie d'un grand poète, d'un grand philosophe ou d'un savant illustre. Nous n'avons guère changé. De nos jours, les petits peuples qui peuvent se glorifier de posséder des hommes éminents ont acquis à l'autonomie, à la vie nationale, des droits si puissants, si sacrés, qu'une nation conquérante ne pourrait les leur contester sans exciter, en dehors de toute raison politique, une indignation universelle. La Suède-Norvège, patrie d'Ibsen et de Bjœrnson, la Suisse qui, dans ce siècle, a ajouté au livre d'or de l'humanité les noms de Mme de Staël, de Candolle, de Sismondi, de Gottfried Keller, de Bluntschli et de tant d'autres, ont payé leur droit d'entrée au cercle des nations de haute civilisation. L'immense Russie, que l'Europe dédaigneuse repoussait parmi les nations asiatiques et qu'elle appelait barbare, a conquis une place honorable dans la vie du continent, et cela malgré l'autocratie rétrograde de son gouvernement, sans doute un peu parce qu'elle peut mettre en campagne une armée de plusieurs millions de soldats, mais aussi et surtout parce qu'elle est la patrie de Tourgueneff, de Gogol, de Pouchkine, de Dostoïevski, de Tolstoï, etc. Seuls les barbares ne se sont pas inclinés devant le prestige de la gloire, ne se sont pas agenouillés devant la majesté du génie bienfaisant.

En 1871, lors du siège de Paris, l'Angleterre est intervenue pour empêcher le bombardement, non pas parce que la vie de femmes et d'enfants sans défense était exposée, — c'est une des fatalités de la guerre — mais parce que des obus auraient pu détériorer quelques-uns des chefs-d'œuvre artistiques dont la ville-lumière est remplie, démolir un musée, renverser des monuments. La voix de l'art, plus forte que celle de la pitié, a fait taire les canons et conjuré la mort.

Chaque grand homme, dont le nom peut réunir dans une même pensée de fierté et de reconnaissance les âmes des citoyens de tout un peuple, est un rempart puissant qui protège la vie nationale de ce peuple.

« Si l'on nous demandait, dit Carlisle (1) : Que préféreriez-vous abandonner, vous Anglais, votre empire des Indes ou votre Shakespeare ; aimeriez-vous mieux n'avoir jamais eu de Shakespeare, ou n'avoir jamais eu d'empire des Indes ?

En vérité, ce serait-là une grave question, et les personnages officiels répondraient sans doute en langage officiel ; mais nous, ne serions-nous pas aussi forcés de répondre : Avec ou sans l'empire des Indes, nous ne

---

1. *On heroes.*

pouvons nous passer de Shakespeare. L'empire des Indes se séparera de nous, tôt ou tard, mais Shakespeare ne nous quittera pas; il vivra toujours avec nous. Nous ne pouvons nous passer de Shakespeare. Tous les peuples d'origine anglaise seront un jour séparés au point de vue politique, économique, etc. Un seul roi régnera sur tous et toujours, le roi Shakespeare. »

IV

J'entends le lecteur impatient qui me dit : « Mais vous parlez de grands hommes, d'hommes de génie, de haute culture, à un pauvre petit peuple de moins de deux millions d'habitants, à peine dégagé de luttes séculaires, gêné par les difficultés économiques, un peuple chez lequel n'existe aucune grande fortune, où chacun est obligé de travailler pour vivre. Vous lui citez l'exemple d'autres petits peuples, il est vrai, mais de peuples dont la civilisation et les traditions de culture remontent à cinq ou six siècles. Et puis, le génie ne se crée pas de toutes pièces, on ne l'obtient pas par la culture intensive ; les grands hommes sont capricieux, ils naissent souvent aux endroits où on les attend le moins ». Le même lecteur ajoutera peut-être avec ironie : et pendant que nous nous efforcerons de devenir tous grands peintres, grands poètes, grands sculpteurs, qui nous fournira le pain quotidien, qui s'occupera d'établir nos enfants, qui cultivera nos terres et échangera nos produits ? Soyons un peu pratiques, si c'est possible. »

Dans un pays riche, populeux et ancien, le même lecteur s'écrierait avec autant de logique apparente : Comment pouvez-vous nous parler de cultiver les beaux-arts et les lettres, dans ce pays où la vie est si chère, où toutes les carrières sont encombrées, où la multiplicité des grandes fortunes a créé un idéal de bien-être, toujours de plus en plus difficile à atteindre, où l'égoïsme absolu est à l'ordre du jour, où la concurrence est si intense, qu'il est presque impossible de parvenir sans avoir du génie et surtout le génie de l'intrigue, etc., etc.

Les deux objections ont la même valeur ; elles ont toujours été et elles seront toujours invoquées par de fort braves gens qui n'ont pas l'habitude de changer d'avis. Qu'on me permette cependant de faire observer ceci : on ne voit, en aucun pays, les jeunes gens ayant de la fortune — sauf de rares exceptions — se consacrer exclusivement aux arts ou aux lettres et remporter de grands succès dans ces carrières.

La fortune appartenait autrefois aux nobles, batailleurs et jouisseurs désœuvrés ; elle appartient aujourd'hui (en dehors de la juiverie cosmopolite) aux industriels et aux commerçants, qui veulent également en jouir ou l'augmenter ; les littérateurs, les savants, les artistes sont, pour le plus grand nombre, obligés de gagner leur vie. Or, il est incontestablement plus facile de gagner sa vie dans la province de Québec qu'en aucun pays de l'Europe.

Celui qui s'y adonnerait aux travaux de l'esprit ne pourrait pas aspirer, sans doute, à conquérir la fortune, mais il ne serait pas exposé non plus à la misère, pour peu qu'il fût prudent et énergique.

S'il est quelqu'un au monde, d'ailleurs, qui puisse se contenter d'une part minime des biens matériels, c'est, sans contredit, l'écrivain, l'artiste, le savant, pour lesquels sont ouverts tous les cieux de la pensée.

Les écrivains de France, d'Angleterre, d'Allemagne, etc., me dira-t-on encore, peuvent compter sur des millions de lecteurs ; les peintres, les sculpteurs de ces mêmes pays trouvent facilement des acheteurs pour leurs tableaux et leurs statues parmi les nombreuses familles opulentes du vieux monde, qu'un goût cultivé ou la simple vanité portent à encourager les arts ; les savants y obtiennent des chaires grassement rémunérées dans les universités et autres institutions de haut enseignement.

Notre situation est beaucoup plus avantageuse au point de vue de l'écoulement des productions littéraires que ne saurait l'être celle des Hollandais, des Suédois, des Portugais, des Hongrois, dont la langue n'est parlée que par quelques millions d'hommes. Notre langue est la langue française, la plus répandue dans le monde entier parmi les classes supérieures, où se recrutent surtout les lecteurs capables d'apprécier les œuvres d'une valeur réelle. Quand nous aurons produit de ces œuvres, ce ne sont pas les lecteurs qui nous manqueront. Les écrivains de la Suisse française et de la Belgique ont le même accès auprès du public français que leurs confrères parisiens.

L'art n'a pas de pays; nous avons encore cet avantage, cependant, que les œuvres de valeur de nos artistes trouveraient chez nos voisins des Etats-Unis un débit facile, tandis que celles des débutants se vendraient aisément dans notre province où les amateurs sont peu exigeants et où règnent encore, sans conteste, le chromo et la lithographie. D'ailleurs dans le développement parallèle de la richesse et des beaux-arts au Canada, c'est la richesse, n'en doutons pas, qui fera les progrès les plus rapides.

Quant à la science, comme je l'expliquerai plus loin, nous ne pourrons l'acclimater qu'au moyen de la création de chaires nouvelles dans notre université.

Je dis aussi : soyons pratiques. Ouvrons à toutes les aptitudes, à tous les talents que nous constatons au sein de notre population des carrières dans lesquelles ils pourront être mis à profit, donnons-leur les moyens de se développer. Ne négligeons aucune de nos richesses; surtout les plus rares, les plus précieuses, les plus réellement productrices. Que tout ce qui germe puisse éclore et porter des fruits. Je ne demande pas que l'ouvrier quitte son atelier, l'agriculteur son champ, l'avocat son étude, pour aller se grouper autour d'une université ou d'une école d'art, qu'ils abandonnent leur travail quotidien pour se livrer aux hautes spéculations philosophiques ou à l'étude du dessin et du piano. Mais l'avocat, le médecin, le notaire des générations futures n'en gagneront pas moins bien leur vie parce qu'au lieu d'avoir passé quatre ans de leur jeunesse à flâner à Montréal ou à Québec (avec quelques intervalles d'étude vers le temps des examens), ils auront acquis quelques connaissances solides. Nos classes dirigeantes ne s'en porteront pas plus mal pour occuper leurs loisirs à se tenir un peu au courant de la vie intellectuelle générale, pour avoir ouvert leur âme à des jouissances d'un ordre élevé.

Je demande que nous ayons des écoles où nos jeunes gens de talent puissent acquérir des connaissances qui les mettent au niveau des gens cultivés des autres pays; que l'on fasse des efforts pour renverser la domination déprimante de la médiocrité prétentieuse et ignorante. Nous aurons contribué par là-même à notre développement matériel en ouvrant nombre de carrières nouvelles qui seront productives.

Nous sommes, à l'heure qu'il est, dans l'état d'une province un peu routinière, un peu arriérée qui s'en remet à la métropole du soin de représenter l'esprit national, le génie de la race et qui se désintéresse absolument de toute préoccupation à ce sujet. La partie colonisée de la province de Québec pourrait constituer au milieu de la France deux ou trois vastes départements que l'on considérerait comme excessivement prospères, bien que fort mal cultivés, et dont les conditions sociales de liberté, d'égalité et d'indépendance sembleraient absolument idéales aux esprits non prévenus par les idées anti-religieuses; au point de vue de l'éducation, nous serions quelque peu au-dessous du niveau général surtout en raison de nos anglicismes, mais nous ne trancherions pas autrement sur la vie de province, si ce n'est par notre passion ridicule pour le sport politique. J'excepte dans cette comparaison les grands centres universitaires, comme Lille, Bordeaux, Montpellier, etc.

Notre situation, ne l'oublions pas, n'est pas, en Amérique, celle d'une simple province, nous sommes les seuls représentants de la race française, sur ce continent; nous sommes un peuple à part, tenu comme tous les autres peuples, d'affirmer sa vitalité en contribuant au progrès.

Tel état de l'union américaine, telle province anglaise du Dominion peut, à la rigueur, se contenter d'une prospérité agricole, commerciale et industrielle ; car aucun de ces Etats, aucune de ces provinces n'a, à proprement parler, une histoire à part, des traditions séparées, une mission différente de celle de toutes les autres divisions politiques de l'Amérique du Nord. Nous ne le pouvons pas.

Le temps est venu pour nous, je le répète, de jeter les bases de l'œuvre de civilisation spéciale qui nous incombe sur ce continent, de préparer les voies à l'avenir, de prendre, en Amérique, une position en vue, afin de ne pas être perdus et oubliés au milieu des populations de race étrangère qui nous entourent.

Il nous faut entrer dans le mouvement des hautes études et du progrès, afin de ne laisser se perdre aucune de nos forces vitales. Il nous faut apporter notre contingent à la production intellectuelle des nations, afin de nous assurer des droits incontestables à une vie autonome, afin que personne à l'avenir n'ose rêver notre absorption, afin surtout de resserrer le lien qui nous unit à nos frères émigrés dans la république voisine.

« *Un million économisé sur la haute culture, a dit Renan* (1), *peut arrêter net le mouvement intellectuel d'un pays; donné à l'instruction primaire, ce million sera de peu d'effet... L'instruction primaire n'est solide dans un pays que quand la partie éclairée de la nation la veut, la comprend, en voit l'utilité et la justice.* »

« *Travaillez à produire des classes supérieures qui soient animées d'un esprit libéral, sans cela vous bâtissez sur le sable... Les pays qui, comme les États-Unis, ont créé un enseignement populaire considérable, sans instruction supérieure, expieront longtemps encore cette faute, par leur médiocrité intellectuelle, leur grossièreté de mœurs, leur esprit superficiel, leur manque d'intelligence générale.* »

1. *Questions contemporaines*, préface VI.

Si l'illustre penseur que je viens de citer avait eu l'occasion cependant de visiter, en ces dernières années, les universités, les conservatoires, les écoles d'art de France, d'Allemagne, d'Autriche et de Suisse, dont tous les professeurs comptent des Américains parmi leurs élèves, il aurait dû se dire qu'un grand nombre des fils de la grande république au moins semblent décidés à ne pas prolonger cette expiation pendant le xxe siècle. Il est probable, malheureusement, que pendant longtemps encore ces étudiants américains : artistes, savants, lettrés, manqueront de l'encouragement, de l'appui sympathique, de l'appréciation éclairée qui sont nécessaires à la production.

Quant à nous, qui ne différons guère de nos voisins qu'en ce que notre système d'instruction primaire est inférieur au leur, on pourrait dire que, si nous sommes également menacés, c'est d'une expiation plus rigoureuse encore. Il est vrai, d'un autre côté, que cet esprit terre-à-terre et mercantile dont l'Américain en général est pénétré jusqu'aux moelles et qui éteint chez lui tout instinct artistique, ne nous domine pas encore exclusivement, loin de là. Tous n'avons pas pris une direction définitive ; depuis longtemps, nous ne faisons que piétiner sur place ; choisissons une carrière conforme à l'esprit et aux traditions de notre race !

L'Amérique anglo-saxonne présente le spectacle d'une nation au milieu de laquelle règnent l'égalité et des institutions libérales, et qui marche à la conquête du bonheur par la richesse. Que la nouvelle France soit, sur ce continent, en même temps que la fille aînée de l'Église, la fille aînée de la pensée et du progrès, dans les hautes sphères de la poésie, de la science et des arts ! Ce rêve est peut-être bien ambitieux. Mais, « *tout ce qui a été fait de grand dans le monde, dit encore Renan* (1), *a été fait au nom d'espérances exagérées.* »

1. *Questions contemporaines*, p. 347.

I

DE L'INSTRUCTION SECONDAIRE ET UNIVERSITAIRE; DE LA HAUTE CULTURE ARTISTIQUE.

A ceux qui n'ont pas décidé d'avance et d'une manière définitive que, quoiqu'on puisse dire à l'encontre, notre système d'instruction secondaire est aussi parfait que le permet notre situation économique, géographique et ethnographique, je rappellerai les faits suivants :

a) Depuis le commencement de ce siècle, les études ont pris, dans le monde entier, un développement extraordinaire, notre âge est avant tout l'âge de la science. Or, comme on ne peut être instruit ou ignorant d'une manière absolue, et que ces termes sont comparatifs, il en résulte qu'en restant stationnaires, nous devenons plus arriérés au fur et à mesure que le monde avance, nous devenons plus ignorants à mesure qu'il s'instruit ;

b) Non-seulement nos programmes d'étude ont fort peu changé depuis le siècle dernier, mais de nombreux anglicismes se sont introduits dans notre langue, et un élève de nos collèges est moins en état, probablement, que ne l'eût été un élève du séminaire de Québec, en 1794, de rédiger un rapport quelconque en bon français ;

c) Nous savons l'histoire et la géographie comme les élèves sortant des écoles primaires obligatoires en France, un peu moins bien ;

d) En fait de sciences naturelles et abstraites, nous nous bornons à ce que contiennent les manuels élémentaires.

e) Nos connaissances littéraires sont tout à fait rudimentaires. Nos réminiscences latines seules sont peut-être suffisantes.

f) Enfin nous n'avons, au sortir de nos collèges, — et de notre université — aucune des connaissances qui élèvent l'homme cultivé des autres pays au-dessus du niveau moyen, qui le mettent en état d'apprécier les travaux intellectuels de tous les temps et de toutes les nations, de se faire sur toutes choses une opinion éclairée, qui lui permettent d'ajouter lui-même, si ses dispositions l'y entraînent, à l'ensemble de ces travaux.

J'ai parlé de programmes; ceux de nos collèges ne diffèrent pas autant qu'on pourrait le croire des programmes des collèges, lycées et gymnases européens. C'est la méthode, c'est surtout le personnel enseignant qui sont inférieurs chez nous.

Je reconnais que tout, dans notre système d'instruction secondaire, a pour but d'alléger le fardeau pécuniaire imposé aux parents des élèves, que l'on vise surtout au bon marché. Ce système serait excellent, si les carrières libérales n'étaient pas encombrées dans notre province, si nous n'avions pas trois fois plus qu'il n'est nécessaire d'avocats, de médecins, de notaires et de politiciens, s'il nous fallait de toute nécessité, sous peine d'écrasement national, créer à bref délai, une classe d'hommes en état de remplir à peu près décemment certaines fonctions administratives et professionnelles. Dans les conditions actuelles, il est tout à fait insuffisant.

On sait par quelle filière : baccalauréat, licence, agrégation, doivent passer ceux qui aspirent à être professeurs dans un lycée de France ou un gymnase allemand et quelle somme d'études représente ce mot « agrégation ».

Les professeurs chargés dans ces institutions d'un cours d'histoire, d'un cours de littérature ou de l'enseignement de la grammaire, sont des hommes qui se sont fait une spécialité de ces branches d'étude, qui très souvent même ont publié sur des sujets s'y rapportant des ouvrages, qui sont le résultat de longues et patientes recherches. Ce qui ne les empêche pas de se tenir au courant du mouvement littéraire et scientifique universel, car il existe entre les diverses espèces de connaissances une dépendance qui est très favorable à l'extension de la science en général. On ne peut savoir l'histoire si l'on manque de notions suffisantes en géographie, en linguistique, en philosophie, en sociologie. On ne prendra aucun intérêt aux littératures anciennes, si on ne connaît l'histoire et les mœurs des pays dont on traduit les poètes et les philosophes.

Dans un gymnase allemand, tout nouveau professeur doit faire *en latin* une dissertation sur quelque point de littérature ; cette dissertation est imprimée, de sorte que chacun peut en prendre connaissance, et elle sert comme de justification publique à la nomination du professeur. On conçoit que l'enseignement donné dans ces institutions soit réellement supérieur.

Dans nos collèges de la province de Québec, ce sont des séminaristes qui, improvisés professeurs, enseignent, pendant la durée de leurs études théologiques : l'histoire qu'ils ne savent pas, la littérature française dont ils n'ont que quelques notions, puisées dans des recueils d'œuvres choisies des poètes classiques et de quelques romantiques, la langue française qu'ils écorchent atrocement, le latin et le grec : L'enseignement de la philosophie et des sciences naturelles est généralement confié à des prêtres, d'où il résulte que le programme d'études dans ces matières, bien que beaucoup trop restreint, est assez souvent rempli d'une manière satisfaisante.

L'enseignement de l'histoire, tel qu'on l'entend dans d'autres pays, n'existe pas chez nous. La tâche de nos séminaristes se borne à faire réciter chaque jour à leurs élèves quelques pages d'un abrégé d'histoire universelle par l'abbé Drioux, à corriger quelques erreurs de mémoire, à indiquer à quel paragraphe finira la prochaine leçon. Ce sont des moniteurs, ce ne sont pas des professeurs.

En Allemagne, on apprend l'histoire nationale dans les classes inférieures et l'histoire ancienne dans les classes supérieures. Victor Cousin qui a fait, en 1833, un rapport sur les études dans ce pays, approuve fortement cette méthode.

« *C'est dans les classes supérieures, au milieu des études classiques, dit-il, qu'il faut placer l'enseignement de l'histoire ancienne, hérissé de tant de difficultés* ».

Cette phrase ne vous rend-elle pas rêveur ; quel jeune Canadien élevé dans nos collèges, s'est jamais dit que l'étude de l'histoire pouvait présenter des difficultés (1) ?

Les dignes prêtres qui dirigent nos établissements d'éducation secondaire ne reçoivent qu'un traitement infime ; ils consacrent leur temps, leurs veilles aux élèves qui leur sont confiés ; leur dévouement, leur désintéressement, est indiscutable. Ce sont, dans l'acception la plus complète de ce mot, des *hommes de bonne volonté*. Si notre situation en Amérique était autre, il vaudrait peut-être mieux, comme plusieurs le prétendent, laisser les choses suivre leur cours, ne rien critiquer, ne pas chercher d'amélioration, ne pas tenir compte du progrès qui s'affirme dans le monde entier. Je regrette d'avoir à faire les constatations

---

1. Sans les sciences historiques, il n'y a que des esprits sans solidité, sans vivacité, sans pénétration. L'Oriental est inférieur à l'Européen, bien moins encore parce qu'il ne connait pas la nature que parce qu'il ne connait pas l'histoire ». (E. Renan. *Questions contemporaines.*

qui précèdent et dont plusieurs saints ecclésiastiques, que personne plus que moi n'estime et ne vénère, pourront se trouver froissés. Mais le devoir patriotique doit parler plus haut que toute autre considération. Il n'est pas un Canadien-français qui, réfléchissant à notre état actuel, en mettant de côté tout préjugé, toute idée préconçue, tout optimisme, n'arrive à la conclusion qu'avec trente ans encore de cette vie vouée à la médiocrité, c'est fait de notre existence nationale. Je me hâte d'ajouter, et on le voit facilement, du reste, que je n'attribue pas tout le mal, ni la plus grande partie du mal, à l'insuffisance de l'instruction donnée dans nos collèges. Mais si nous voulons accomplir, en Amérique, nos véritables destinées, c'est surtout au clergé, qui a fait plus jusqu'à présent que toute autre institution pour nous conserver notre nationalité, qu'il faut en demander les moyens.

Il est de l'intérêt de notre peuple comme de celui des membres du clergé, que l'éducation secondaire reste, autant que possible, entre les mains de ces derniers ; à eux donc de prendre une initiative nécessaire. Certains directeurs de collèges ont bien, je crois, la volonté d'élever le niveau des études, d'améliorer les systèmes, mais ils se trouvent en face de difficultés assez graves, et la plupart ne s'aperçoivent pas que l'on ne peut ajourner indéfiniment une réforme radicale (1). Aucun d'eux, d'abord, n'est bien convaincu que nous parlons fort mal notre langue. Je sais combien il est difficile d'arriver à cette conviction, et c'est là sans doute la principale raison qui les a empêchés, jusqu'à présent, de tenter une amélioration.

J'avoue mon incompétence en matière de pédagogie, mais il me semble que, dans le cas qui nous occupe, la même vérité doit s'imposer à tous les esprits, et cette vérité, c'est qu'on ne peut réorganiser notre système d'instruction secondaire qu'en faisant du professorat, dans les collèges, *une carrière* permanente et bien rémunérée comme dans tous les autres pays du monde.

Que les professeurs soient choisis parmi les membres du clergé qui sont le mieux doués et qui montrent le plus de dispositions spéciales

---

1. « Les clercs sont, en général, peu disposés a reconnaitre l'infériorité des populations attachees a leur culte et encore moins a l'expliquer par l'insuffisance intellectuelle ou morale des autorites religieuses. L'orgueil et l'égoisme, domptés chez les individus charges du ministère ecclésiasque, reprennent souvent leur empire dans la sphère des intérêts collectifs de leur corporation », *a dit le grand économiste catholique Le Play.*
(*De la Réforme sociale*, vol. I, p. 77.

pour l'enseignement. Que leur traitement soit proportionnellement, et toutes choses égales, aussi élevé que le revenu d'un curé de paroisse. Que chacun d'eux se consacre spécialement aux matières qui forment le programme de la classe qu'il sera appelé à diriger, histoire, géographie, grammaire, latin, anglais, etc., etc., le champ est assez étendu, et qu'il soit le professeur permanent de cette classe. C'est ainsi qu'en quelques années, il pourra acquérir une compétence indiscutable et faire faire à ses élèves autre chose que des exercices de mémoire. Comme je l'ai dit plus haut, ce système est généralement suivi pour l'enseignement de la philosophie et des sciences naturelles, et dans quelques collèges pour celui des belles lettres.

On s'imagine bien à tort qu'il suffit de mettre les classes élémentaires sous la direction d'un simple moniteur, et que l'instruction à donner à une classe de sixième ou même de huitième, est une tâche ingrate, indigne d'un prêtre âgé et instruit. C'est, au contraire, dans les classes inférieures, que la nécessité d'un professeur éclairé, ayant une grande expérience, beaucoup de connaissances générales, d'habileté et de méthode, se fait peut-être le plus sentir ; car c'est lorsque l'élève est jeune qu'il faut lui imprimer une direction sûre et lui inspirer le goût de l'étude. Il faut qu'un professeur, en dehors de ses leçons de grammaire et d'arithmétique, puisse inculquer aux enfants ces mille notions de lois générales, physiques, naturelles, climatériques, etc., qu'on appelle leçons de choses, éveiller chez eux la curiosité de savoir, et satisfaire cette curiosité par des explications propres à frapper l'esprit et à charmer l'imagination.

C'est dans nos collèges enfin que le monstre de l'anglicisme devrait être occis, et ce n'est pas là, comme on le sait, une tâche facile. Il ne suffit pas de restituer leur sens propre à un grand nombre de mots et d'en éliminer d'autres, il faut encore constituer tout un vocabulaire, apprendre aux élèves à nommer en français la plupart des produits de la science industrielle moderne, des arts mécaniques, des inventions qui datent d'après la conquête, un bon nombre des objets de consommation, des étoffes, des articles de quincaillerie, d'épicerie, etc., mis en circulation par le commerce, enfin un certain nombre d'objets d'un usage domestique quotidien. Aux seuls titres : chemins de fer, navigation, administrations publiques, il y aurait matière pour un travail assidu et appliqué de plusieurs semaines. Certes, il est bon qu'un homme appartenant aux professions libérales sache un peu de latin, mais il vaut encore mieux qu'il sache le français. Nous pouvons, d'ores et déjà, constater que ceux d'entre nous qui savent l'anglais, le parlent plus purement que le français. N'est-ce pas un commencement d'absorption?

Pour que les jeunes Canadiens puissent acquérir, dans nos collèges, cette connaissance primordiale de notre langue, il faut que les professeurs procèdent d'abord à un travail d'épuration dans leur propre vocabulaire, et qu'ils reconnaissent, avant tout, que ce vocabulaire est défectueux. Je me permettrai encore de suggérer les idées suivantes : 1º charger de l'enseignement de la grammaire dans les classes inférieures de nos collèges, un ecclésiastique ou religieux français *de France*; 2º Encourager les élèves, par tous les moyens, à combattre l'anglicisme, à prononcer correctement, à former des associations pour l'épuration de la langue, etc.

Nécessairement cette lutte ne sera pas permanente, et quand deux ou trois générations de collégiens parlant un français pur se seront réparties dans toutes les fonctions de notre vie publique, les carrières libérales, le journalisme, etc., le danger sera conjuré.

Que pour élever le niveau des études il soit

nécessaire d'augmenter dans une certaine mesure la rétribution annuelle payée par les élèves, cela me paraît assez probable, et je n'y vois pas, d'ailleurs, grand inconvénient. Nous avons, dans la province de Québec, dix-sept collèges classiques (1), comptant, chacun, en moyenne, deux cents élèves ; les professions libérales sont encombrées ; ceux qui sortent, chaque année, de ses collèges sont impropres au commerce et s'adonnent rarement à l'agriculture. Pour peu que cela continue, nous verrons bientôt des bacheliers ouvriers de fabriques et débitants de liqueurs.

Nos voisins des États-Unis ont passé par une phase semblable, dans la première partie de ce siècle. Un Anglais, M. Fearon (2), qui visitait ce pays en 1818 constate que les avocats et les médecins y sont aussi nombreux que les indigents en Angleterre, et il attribue cette abondance au bon marché de l'instruc-

---

1. Dans les départements les plus populeux et les plus riches de France, on compte rarement plus de deux ou trois établissements d'instruction secondaire.

2. Lawyers are as common here, as paupers in England... The cheapness of college instruction and the general diffusion of moderate wealth among mechanics and tradesmen, enable them to gratify their vanity by giving their sons a learned education. This also opens the door to them for an appointement; and by the way, the Americans are great place-hunters. « *Sketches of America* ».

tion dans les collèges et à la diffusion générale du bien-être parmi les artisans. L'avantage d'avoir fait des études classiques donne un accès plus facile aux emplois dans les administrations publiques. « Et les Américains, ajoute M. Fearon, sont de grands chasseurs d'emplois. »

Le bon marché des études classiques ne nous procurant aucun profit, ne vaudrait-il pas mieux augmenter le prix des classes et de la pension dans nos collèges, si cela pouvait permettre aux autorités ecclésiastiques de doter notre pays d'un système d'instruction secondaire amélioré? Ceux qui distribuent le savoir et préparent les jeunes gens à remplir des fonctions considérées, jusqu'à un certain point, comme privilégiées, ont le droit absolu de réclamer une rétribution adéquate à leurs travaux. L'État doit veiller à la diffusion de l'instruction parmi les populations, mais aucun corps de l'État n'est tenu de donner ses soins et ses veilles pour moins qu'ils ne valent. Naturellement, dans ces circonstances, il faudrait, comme dans les autres pays, créer un certain nombre de bourses et empêcher ainsi que des jeunes gens supérieurement doués ne soient privés des bienfaits de l'instruction.

Je suis convaincu que notre nationalité, surtout depuis le mouvement d'émigration des trente dernières années, ne pourra se maintenir que si nous restons étroitement unis à notre clergé, mais je suis également convaincu que si, tout en étant fidèles à notre religion, nous ne faisons pas un grand effort pour nous créer, dans la vie intellectuelle universelle, une place honorable, et dans la vie intellectuelle du continent américain, une place à part et supérieure, il nous faudra renoncer à cet espoir patriotique.

II

S'il est d'une grande importance pour nous de débarrasser notre langue des scories qui la déforment et de réorganiser notre enseignement secondaire, il n'est pas moins important et nécessaire de créer un enseignement universitaire supérieur, car ce n'est que par l'enseignement universitaire que nous pourrons former au sein de notre population cette élite intellectuelle sans laquelle un peuple reste nécessairement inférieur.

On se plaît, en certains milieux, à combattre l'université, que l'on accuse de donner un moule trop uniforme à la manifestation des connaissances, de trop subordonner les instincts géniaux aux règles et aux formules, de créer des habitudes poncives, pédantesques, de tout soumettre à un critérium unique, etc., etc. Mais dans les pays où ces critiques reviennent périodiquement devant le public, sous forme d'articles de journaux et de revues, règnent des traditions séculaires de culture et une grande activité intellectuelle.

Dans notre province, l'émulation que créerait la présence d'un certain nombre d'hommes ayant des connaissances profondes et remuant des idées ; l'attrait qu'apporterait à la vie des étudiants la faculté d'assister tous les jours à de nombreuses conférences de professeurs éloquents (étant donnée la passion croissante de notre jeunesse pour la phrase parlée, la parole s'adressant à l'oreille), l'agrandissement de la vie intellectuelle qui en résulterait, seraient pour nous une source de biens précieux.

On peut, à la rigueur, s'instruire par le livre ; un grand nombre de lettrés de tous les pays n'ont jamais été inscrits dans aucune faculté. Au Canada, le livre même nous manque et l'université seule peut donner à notre jeunesse, avec le goût de l'étude, une direction sûre et une méthode. « L'Université nous apprend à lire », dit Carlisle.

Mais nous possédons une université avec

facultés de droit, de médecine, de sciences et de lettres... Je n'en veux pas faire la critique. Ses professeurs se rendent parfaitement compte de leur insuffisance. Combien en est-il, dans les deux dernières facultés que je viens de nommer, qui voulussent se charger de faire un cours dans un simple lycée de France?... Je n'insiste pas. Le nombre des cours surtout est absolument insuffisant. Je citerai, à ce sujet, quelques chiffres empruntés à des annuaires d'universités étrangères :

L'Université de Genève comprend cinq facultés : droit, médecine, théologie, sciences, lettres et sciences sociales.

La faculté des sciences se compose de huit chaires : mathématiques, astronomie, physique, chimie, minéralogie, zoologie et anatomie comparées, géologie et paléontologie, botanique.

La faculté des lettres compte également huit chaires principales : langue et littérature latines ; langue et littérature grecques ; littérature française ; histoire de la langue française, diction et improvisation ; littérature comparée ; littérature allemande, philologie, philosophie et histoire de la philosophie ; sciences historiques ; économie politique et sciences sociales.

J'ai devant moi l'annuaire de l'université

de Bonn pour 1878-79. Les élèves y étaient cette année-là au nombre de 1.098, dont 42 étrangers. Les différentes facultés comptaient 59 professeurs titulaires, 28 professeurs adjoints et un certain nombre de *legentes doctores*.

Les principales matières professées, en dehors des facultés de droit, de médecine et de théologie, étaient les suivantes : philosophie, philologie, histoire et sciences historiques auxiliaires, beaux-arts, mathématiques, astronomie, sciences naturelles, économie politique et science financière.

Le cours de philologie, pour ne parler que d'une de ces matières, se divisait comme suit : 1° Philologie classique ; 2° philologie orientale, avec deux professeurs ; 3° philologie allemande et romaine, avec cinq professeurs.

Veut-on avoir une idée des sujets traités dans ces différents cours, je prends un seul professeur dans la division de philologie.

Cours du professeur Bennays.
Cours privés.

Introduction aux dialogues de Platon et interprétation de la République ; interprétation de la poétique d'Aristote ; Interprétation de la politique d'Aristote et exposition de la théorie des Grecs sur l'État ; Histoire de la philologie ; Explication du poème de Lucrèce, « *De rerum natura* » comprenant l'histoire de la littérature stoïcienne et épicurienne. Histoire de la civilisation de l'Empire romain et explication de la biographie d'Auguste par Suétone ; Interprétation des lettres de Cicéron et histoire de la chute de la République.

Cours publics.

Doctrine d'Aristote et des autres philosophes grecs sur l'État. Histoire du développement des constitutions athéniennes. Histoire du développement de la rhétorique chez les Grecs, et interprétation du discours de Thucydide. Interprétation des lettres de Cicéron à Atticus, à l'époque de l'assassinat de César. Doctrine des philosophes qui ont précédé Platon. Histoire de la critique littéraire en Grèce et en Allemagne.

Je ne cite pas cette page afin de recommander à notre imitation l'état de choses qu'elle indique, mais afin que l'on comprenne bien que ce que l'on appelle « les Hautes

Études » n'existe pas dans la province de Québec, et que tout est à créer. Ce n'est pas en une ou deux décades, à la vérité, que nous pourrons atteindre ce but ; mais il importe que nous jetions, dès à présent, les bases d'un enseignement universitaire sérieux et que nous commencions à inspirer aux jeunes gens le goût d'apprendre et d'étudier. On m'objectera qu'un avocat ou un médecin n'ont pas du tout besoin de s'absorber dans l'étude des sciences et de l'antiquité, et que qu'il leur faut suivre tout d'abord, ce sont des ce cours de droit ou de médecine. « *Pourquoi, disait Mgr Dupanloup* (1), *ne pas unir à la science du droit et des affaires, les études littéraires, historiques, philosophiques? Dans ces études, dans cette haute culture de l'esprit et de toutes les facultés brillantes de l'âme, il y a plus encore qu'un charme, il y a une lumière et un secours pour la science du droit elle-même et pour le talent de la parole. Est-ce que la parole d'un magistrat ou d'un avocat lettré, comme l'étaient d'Aguesseau, Patru, etc., n'emprunterait pas à ces connaissances une élévation, une gravité, un attrait, une dignité, une puissance de plus ? Est-ce qu'il n'y a pas entre les facul-*

---

1. *De la haute éducation intellectuelle.*

tés de l'esprit humain de secrètes harmonies ? Est-ce que toute culture élevée, généreuse, féconde, ne profite pas en définitive à l'esprit lui-même et ne grandit pas l'homme tout entier ?

En Allemagne, et c'est à ce pays qu'il faut demander des exemples et des renseignements utiles, lorsque l'on traite de questions d'éducation ; en Allemagne, et de même en Suisse, tout étudiant inscrit dans les facultés de droit ou de médecine est tenu en même temps de suivre deux autres cours à son choix : soit de philosophie, soit de philologie, soit de littérature ou de sciences historiques. J'ajouterai qu'il est peu d'étudiants qui ne suivent pas quatre ou cinq de ces cours complémentaires, pendant toute la durée de leurs études. Dans une université où il existe ainsi des facultés de sciences et de lettres, l'élève intelligent ne songe pas, son cours fini, à s'éloigner le plus tôt possible. Il entend, en passant dans les longs couloirs, les applaudissements, les murmures approbateurs, les échos de la voix des professeurs qui lui arrivent plus ou moins distinctement ; il voit des camarades entrer dans d'autres salles, il est entraîné par le courant ; il y a une certaine attraction dans ces portes closes derrière lesquelles on distribue le savoir. Bref, il vient de passer une heure à faire de l'anatomie ou à entendre des commentaires sur le Code civil, il ira durant une autre heure s'initier aux lois de l'économie politique, aux mystères de la philosophie ou des langues anciennes. Il n'est pas un étudiant des grandes universités qui n'ait éprouvé cette attraction. L'activité des camarades est un stimulant; il s'établit une louable émulation entre les étudiants; on se rencontre pour causer des choses de la science, on discute les opinions émises, on en émet soi-même. Peu à peu on sent grandir en soi la conscience du monde extérieur; l'histoire du passé se présente à nos yeux sous des couleurs que nous ne lui connaissions pas. La voix des grands penseurs, des grands poètes dont s'honore l'humanité se revêt d'un charme évocateur qui jusqu'alors ne nous avait pas été révélé.

C'est ainsi que se crée — en dehors de la vie bruyante d'un certain nombre de jeunes gens que l'on appelle « Étudiants » et qui pour la plupart n'appartiennent pas à l'université — la vraie vie des écoles, vie si attrayante, que dans toutes les grandes villes universitaires, on rencontre des étudiants de dixième, de vingtième année. Ils sont souvent des savants eux-mêmes, mais ils continuent à suivre les cours des grands professeurs, contribuant dans l'apparente inutilité de leur vie à maintenir le prestige du savoir. Ce sont les vieux fidèles, les courtisans de la science. Trop sceptiques peut-être pour produire, ou manquant d'initiative, ou ne sachant pas donner à leurs idées la forme qui s'impose, ils se contentent de lui rendre un culte tout platonique. Ce vieil étudiant, n'est-ce pas là, précisément, le petit rentier idéal, l'aristocrate intellectuel que l'on serait heureux de rencontrer quelquefois dans notre Amérique pratique et démocratique ?

Et le traitement des professeurs ? Cette question, les Allemands et les Suisses l'ont résolue victorieusement et facilement.

J'emprunte ce qui suit au rapport présenté par Victor Cousin au gouvernement français, en 1833, sur l'état de l'instruction publique en Allemagne : « *Tout professeur ordinaire, recevant de l'Etat un traitement fixe, est tenu de faire, pour ce traitement, quelques leçons gratuites, sur le sujet le plus inhérent au titre de sa chaire. Mais outre ces leçons, il a le droit d'en donner autant qu'il lui plaît sur des sujets qu'il croit convenir davantage aux goûts et aux besoins des étudiants, ou aux intérêts de sa propre réputation, pourvu que ces sujets se rattachent plus ou moins à la chaire dont il est titulaire et ne sortent point du cercle de la faculté à laquelle il appartient. Ces leçons se font dans l'auditoire de l'université ou quelquefois dans la maison même du professeur; elles sont payées, et le professeur fait très peu d'exceptions à cet usage* ». Ces honoraires sont payés entre les mains du trésorier de l'université, de sorte qu'il n'y a entre le professeur et les élèves aucune question d'argent.

« *Le droit de fréquenter un cours est, presque partout, d'un louis par semestre. Un professeur distingué peut avoir au moins une centaine d'auditeurs par cours, ce qui lui fait, pour trois cours, trois cents louis par semestre et six cents par an, outre son traitement fixe* ».

« *Le premier devoir du professeur,* dit ailleurs l'illustre philosophe, *est envers la science, non envers les étudiants; c'est la maxime de tout vrai professeur d'université, maxime qui sépare essentiellement l'université du collège. L'État doit donc assurer aux professeurs de l'université un traitement convenable, indépendant du nombre des élèves; car souvent un cours n'a que sept ou huit élèves; la haute analyse, par exemple, ou la haute philologie peut être d'une utilité infinie pour la science. Un traitement fixe, con-*

venable, qui assure à un professeur, le nécessaire et des cours payés qui améliorent sa fortune en proportion de ses succès, tel est le juste milieu en cette matière. A cet avantage ajoutez celui-ci, qui me paraît décisif; c'est que les étudiants suivent avec bien plus de zèle et d'activité les cours qu'ils paient ».

Les professeurs jouissent des mêmes honneurs que les juges de la cour d'appel; il n'en est pas un seul en Allemagne, et l'on peut dire en aucun pays d'Europe, qui ne soit un homme d'une célébrité plus ou moins étendue, et qui n'ait publié quelques ouvrages appréciés sur la science qu'il professe.

Je rappellerai qu'en 1833, l'Allemagne avait, comme aujourd'hui, vingt-deux universités, y compris Strasbourg, et que sa population ne dépassait guère vingt-deux millions, ce qui faisait pour chacune une population à peu près égale à la population française de la province de Québec.

La moyenne du traitement fixe des professeurs était, à Bonn en 1878, de quatorze à quinze cents dollars; elle a été élevée depuis, paraît-il.

Mais quel avantage l'Allemagne a-t-elle retiré de cette diffusion extrême de l'instruction?

Demandez-le à l'histoire contemporaine.

C'est l'université, c'est le professeur, a-t-on
dit, avec un peu d'exagération peut-être, qui
a vaincu à Sadowa et à Sedan. C'est l'université qui a sauvé, au commencement de ce siècle, la nationalité allemande menacée par
Napoléon ; c'est elle qui a prêché la guerre
sainte et inspiré la croisade contre l'absorption par la France de la patrie allemande.
C'est elle qui a créé, à côté de l'Allemagne
militaire, cette Allemagne intellectuelle et
scientifique qui poursuit à travers les siècles
passés, à travers les champs inexplorés de la
nature et de la pensée, des conquêtes pacifiques profitables à l'humanité tout entière.
C'est le professeur, c'est l'instituteur qui,
dans ce pays relativement pauvre, donnent à
l'indigent forcé d'émigrer en Amérique ou en
Angleterre, cette instruction et ce goût du
travail qui l'empêchent de végéter longtemps
dans les emplois de manœuvre et lui ouvrent
un chemin quelquefois lent, mais sûr, vers une
position sociale supérieure. « *Une université
allemande de dernier ordre, a dit Renan* (1),
*Giessen ou Greifswald, avec ses petites habitudes étroites, ses pauvres professeurs à la
mine gauche et effarée, fait plus pour l'esprit humain que l'aristocratique université*

1. *Questions contemporaines*, p. 84.

d'Oxford, avec ses millions de revenus, ses collèges splendides, ses riches traitements, ses fellows paresseux. »

Cette question d'émoluments, de rétribution qui ne constitue pas une objection sérieuse à l'amélioration de notre système d'éducation secondaire, n'est même plus une objection du tout, lorsqu'il s'agit de la création de chaires de science et de littérature dans notre université.

On sait que ce qui est dispendieux durant la vie universitaire, ce n'est pas le prix des cours, mais les frais de pension, les dépenses nécessitées par le séjour à la ville, etc. Un étudiant en droit ou en médecine qui devra débourser deux ou trois cents dollars, par année, pour sa pension et ses inscriptions, ne paiera-t-il pas avec plaisir, au moins lorsqu'il aura acquis le goût de l'étude, vingt ou vingt-cinq dollars de plus, pour avoir le droit de suivre quatre ou cinq cours supplémentaires : littérature française et étrangère, économie politique, histoire, beaux-arts, etc., etc., professés par des hommes ayant une situation dans le monde des sciences et des lettres ? Le gouvernement de notre province serait-il bien appauvri d'accorder à nos universités une subvention annuelle d'une trentaine de mille dollars, pour constituer des traitements fixes à un certain nombre de docteurs ès-sciences et ès-lettres se consacrant exclusivement à la carrière du professorat ?

Notre *sénat provincial* (conseil législatif) coûte annuellement, à la province de Québec, cinquante mille dollars environ. Quand cette institution, dont tout le monde reconnaît et proclame la ridicule inutilité, aura été abolie, ne pourra-t-on pas, par exemple, affecter cette somme aux subventions universitaires?

Nos magistrats reçoivent un traitement magnifique (1), triple ou quadruple de celui que reçoivent en France les mêmes hauts fonctionnaires, et la différence est encore plus grande si l'on tient compte de la *cherté relative* de la vie dans les deux pays. Il me semble qu'on ne devrait pas hésiter à faire quelque chose en faveur des universités; car il n'est pas moins important pour un pays d'assurer à la jeunesse studieuse les moyens de tirer parti de ses talents et de ses aptitudes que de veiller au bon fonctionnement de la justice.

« *L'Etat, dit M. Alfred Feuillée* (2), *ne devra pas méconnaître cette nécessité et ce*

---

1. Le traitement d'un juge d'une cour de première instance en France est de 2.400 a 10 000 francs, celui d'un juge de la Cour d'appel est de 7.000 a 13.750 francs, celui d'un conseiller a la Cour de cassation de 18.000 francs.

2. « *La science sociale contemporaine* », p, 145.

droit qui s'impose aux nations modernes pour ne pas être distancées et absorbées par les nations voisines, de cultiver la haute spéculation, sans laquelle la pratique est bientôt stérile, la science pure, nécessaire à la science appliquée, l'art pur, nécessaire à la moralisation générale ».

Semblable devoir n'incombe pas encore à notre gouvernement ; car pendant longtemps nous devrons nous contenter de bénéficier des résultats obtenus par d'autres. Nous ne pouvons prétendre posséder bientôt des chaires où d'illustres professeurs exposeront leurs découvertes. Notre rôle devra se borner tout d'abord à répandre les vérités acquises. Mais encore faut-il que nous soyons en état de comprendre et d'apprécier, de connaître et d'appliquer.

« (1) *Un petit peuple, dit-on, peut toujours profiter du développement scientifique et artistique des autres nations... C'est là une grave erreur. Il est peu de sciences qui, dans leur application ou dans la forme sous laquelle se manifestent leurs résultats, ne reçoivent une empreinte plus ou moins marquée de la nationalité de chaque peuple ; et*

---

1. A. E. Cherbuliez. « *De la Démocratie en Suisse* », vol. II, p. 329.

quant à l'art, il n'existe pour une nation qu'autant qu'elle le cultive elle-même. Si le sentiment de la nationalité ne se réfléchit pas dans les produits de la science et de l'art, il arrivera de deux choses l'une : Ou bien ces produits ne deviendront pas populaires, n'agiront point sur le développement moral de la société, ou bien ils affaibliront, ils détruiront peu à peu cette nationalité même et prépareront de loin la mort politique de ce peuple auquel une civilisation étrangère n'aura rien laissé de ce qui en faisait un être distinct ».

J'ai dit plus haut que l'un des résultats du défaut des hautes études dans notre pays serait l'affaiblissement du sentiment national, entraînant dans un avenir plus ou moins éloigné l'absorption de notre race. Un autre de ces résultats sera nécessairement l'envahissement de l'âme canadienne par une littérature étrangère d'un genre inférieur et souvent corruptrice. Il est impossible d'empêcher absolument le développement des besoins intellectuels chez un peuple. Or, ces besoins, que nous ne pourrons pas satisfaire avec des produits autochtones, et que n'apaiseront pas toujours les romans de Paul Féval, de Raoul de Navery et de Zénaïde Fleuriot, s'ils ne s'élèvent pas jusqu'à l'étude des œuvres scientifiques, historiques, sociologiques et de haute politique, resteront nécessairement confinés dans les romans d'aventure et de mœurs, dans lesquels le souci littéraire occupe peu de place.

Ces romans étrangers, dont je ne veux pas médire, en peignant des mœurs qui ne sont pas les nôtres, rendent populaires et imposent peu à peu à l'imitation un idéal que nous ne désirons pas acclimater. Je n'insisterai pas davantage sur cette partie, qui est surtout du domaine des moralistes.

Ce n'est pas la science, ce ne sont pas les hautes études, ce n'est pas la culture de l'art qui corrompent les mœurs, mais bien l'oisiveté, l'ignorance et le désir exclusif du bien-être matériel. La Suisse, qui devrait nous servir de modèle à bien des points de vue, est, en même temps que l'un des pays de l'Europe où l'instruction dans toutes les classes a reçu le plus grand développement, un pays de mœurs pures, religieux, paisible et très heureux.

Mgr Dupanloup, dans son beau livre « *Lettres à un homme du monde* », *après avoir cité ces paroles de M. Cochin, orateur catholique* « *Toutes les sciences sont des arguments de Dieu. Tous les progrès sont les instruments de Dieu* » *et avoir énuméré quelques-uns des bienfaits de la science, ajoute* : « *Eh bien!*

tout cela, moi aussi je l'admire en le constatant : Oui, j'admire ces puissances nouvelles remises aux mains de l'humanité par la science; et, sans m'arrêter aux alarmes des esprits défiants qui s'en effraient, *il me suffit que ces nouvelles forces puissent être employées au bien et consacrées à Dieu et au véritable progrès des âmes. Dans le vrai, comment ne pas voir dans cette étonnante fécondité et cette universelle influence des sciences humaines, une grande loi providentielle! Là donc, là comme partout, l'homme, le chrétien,* au lieu d'abdiquer les forces dont il dispose, *a le grand devoir de les tourner vers le but marqué par Dieu, et j'ai assez de confiance dans l'humanité et dans la vertu du bien pour croire qu'il en sera ainsi de la science moderne.* »

Une université française à Montréal, cherchant à rivaliser avec les grandes universités d'Europe, attirerait certainement de toutes les parties de l'Amérique un certain nombre de ces étudiants américains que l'on rencontre aujourd'hui dans tous les centres universitaires du vieux continent; à Genève, à Zurich, à Heidelberg, à Iéna, à Louvain, à Liège, à Strasbourg, comme à Paris et à Berlin, et cela compenserait le surcroît de dépenses résultant du traitement accordé à de nombreux professeurs. Ces étudiants qui bien qu'américains sont loin en général d'être millionnaires, et que ne séduit pas outre mesure la perspective d'une traversée sur l'Atlantique et de la vie dans une petite ville de Suisse, d'Allemagne ou de Belgique, verraient avec satisfaction, sans doute, s'ouvrir dans une ville d'Amérique, offrant les mêmes avantages que Genève, Zurich, ou Liège, au point de vue de la pratique de la langue française une institution où ils feraient des études aussi complètes que de l'autre côté de l'Océan. J'ajoute, et l'opinion que je vais émettre n'est pas seulement la mienne, qu'il n'y a pas une ville en Europe, en dehors des grandes capitales, où la vie pour un étudiant étranger aurait plus de charmes; car nulle part il ne pourrait compter sur une hospitalité aussi franche, aussi ouverte, aussi libérale, sur une aussi grande facilité de relations, sur une liberté réellement plus absolue.

Je ne m'arrêterai point aux avantages matériels qui résulteraient pour Montréal de cette fondation ; ces avantages sont indéniables. En outre, l'affluence d'étudiants étrangers donnerait à notre métropole une physionomie plus attrayante, plus bruyante peut-être, mais aussi plus intéressante et moins monotone.

En 1884, les cours de l'université de Zurich étaient suivis par 447 étudiants : 149 Zurichois, 153 Suisses des autres cantons et 145 étrangers (Russes, Autrichiens, Américains, Allemands, etc.).

Dans les différentes universités ou académies de Zurich, Bâle, Berne, Genève, Lausanne et Neufchâtel, on comptait, en 1888-1889, 998 étudiants étrangers, dont 372 à l'école polytechnique de Zurich, 171 à l'université de Zurich et 204 à l'université de Genève.

La même année, le personnel enseignant : professeurs ordinaires (titulaires), extraordinaires (adjoints) et *privatdocenten* (*legentes doctores*) dans ces trois dernières institutions se répartissait comme suit :

	Prof. ord.	prof. ex.	l g. d.c.	total	élèves
École polytechnique de Zurich.	50	12	38	100	992
Université de Zurich	37	15	45	97	604
Université de Genève	—	—	—	85	598

La République helvétique a adopté le système universitaire de l'Allemagne. L'État accorde un traitement fixe aux professeurs titulaires et aux professeurs adjoints. Les *privatdocenten* qui doivent être docteurs dans la science qu'ils veulent professer et qui ont obtenu des autorités universitaires le droit de faire des cours, n'ont d'autre rétribution que celle qu'ils reçoivent des élèves qu'ils réussissent à intéresser. L'honneur attaché au titre de docteur fait que nombre de jeunes gens tenant quelque fortune de leur famille poussent leurs études aussi loin que possible et ambitionnent le titre de *privatdocent*.

Il n'est pas, en Suisse, un seul professeur titulaire qui n'ait dans tout le pays une réputation bien établie de savant ou de lettré. La plupart, je dirai la presque totalité des hommes dont se glorifie la Suisse, ont été ou sont professeurs dans ses universités.

Dans la première partie de ce siècle, la population de la confédération helvétique ne dépassait pas deux millions d'âmes, cependant elle possédait plus d'hommes d'une réputation européenne que certains grands royaumes et empires. Pour m'en tenir aux plus connus, je nommerai Mme de Staël; les peintres Léopold Robert et Calame; le créateur de la physionomique, Lavater; l'économiste et historien de Sismondi; le sculpteur Pradier; le mathématicien Bernouilli; les naturalistes Hubert, de Candolle et Bonnet; le chimiste de Saussure; les physiciens de la Rive et Pascalis. Et combien d'autres d'une célébrité moins universelle : Cherbuliez, Plantamour, de la Planche,

Boissier, Diodati, Bitzius, Toppfer, etc., etc.

Je ne veux pas attribuer toutes ces gloires au système d'éducation dont la Suisse bénéficie depuis très longtemps déjà. Il est certain, par exemple, que Mme de Staël doit assez peu aux écoles de son pays ; Gottfried Keller (1), que je n'ai pas nommé plus haut parce qu'il appartient à une génération plus rapprochée de nous, aurait probablement été un grand écrivain tout de même, dans la province de Québec. Mais les autres, ces artistes et ces savants illustres, auraient-ils pu se développer avec autant d'avantage et atteindre à la maturité de leur talent ; auraient-ils songé surtout à consacrer leur vie à la science ou à l'art, de ce côté-ci de l'Atlantique ?

En Autriche, c'est seulement de 1848 que datent les progrès dans l'université, mais, que de chemin parcouru depuis lors ! Avant cette époque, pas un professeur autrichien n'était connu en dehors des limites de sa ville ; aujourd'hui les docteurs de Vienne, de Prague, etc., rivalisent avec les grandes célébrités scientifiques de France et d'Allemagne. Aussi sont-ils excessivement bien rémunérés. En 1877,

---

1. Gottfried Keller, l'auteur de « *Roméo et Juliette au village* » et de tant de délicieux chefs-d'œuvre, est né vers 1820 et mort en 1892.

les universités autrichiennes recevaient du gouvernement 1.600.000 dollars par année et les professeurs titulaires touchaient généralement, en outre du traitement officiel, quatre à cinq mille dollars des étudiants, pour des cours privés.

On le voit, il n'est pas besoin d'une préparation séculaire pour créer de hautes écoles dans un pays. Un centre de culture littéraire, scientifique et artistique est plus long à se former, mais il se constitue nécessairement partout où existe une université possédant des professeurs distingués.

Elevons par le perfectionnement des hautes études le niveau intellectuel, et le but de toutes les ambitions sera relevé. Nulle part plus que dans notre province, il ne serait possible d'obtenir d'excellents résultats en ouvrant un champ étendu à l'émulation des jeunes gens se destinant aux carrières libérales ; car nulle part on ne rencontre plus d'ardeur native, plus de talent, plus de goût instinctif, hélas ! bientôt oblitéré, pour le beau et le vrai, et aussi, le dirai-je, plus de vanité, de cette vanité ambitieuse qui est une force d'action. A l'heure qu'il est, comme je l'ai dit ailleurs, en l'absence d'un but noble, toutes ces facultés se perdent sans profit ou se consomment dans l'activité dite *politique*.

(1) *Les talents qui voudraient pousser dans un autre sens trouvent l'issue fermée et la pression de l'esprit public et des mœurs environnantes les comprime ou les dévie, en leur imposant une floraison déterminée.* »

Le génie qui domine les foules, et dont le regard plane au-dessus des cités, des pays, des empires, a moins besoin de stimulants. Il s'inspire de sa seule force. Il ne cherche point autour de lui de points de comparaison, son orgueil ne connaît point de frontières, il sait qu'il appartient à l'univers entier. Il a pour rivaux des immortels que l'histoire a couronnés ou que le présent glorifie.

L'homme de talent, lui, a besoin de l'émulation que lui crée son entourage. Il est satisfait d'égaler ou de surpasser X ou Z de sa province, de sa ville natale. Aux heures d'enthousiasme, peut-être sa vanité prendra-t-elle de grandes envolées et rêvera une gloire *mondiale*, mais elle reviendra bientôt, fermant son aile, doucement se bercer au murmure des jalousies et des admirations locales.

Si dans la ville, dans la province, il se trouve un homme d'un talent transcendant, d'une érudition hors ligne, c'est lui qui sera le point de mire, c'est lui qu'on voudra atteindre, égaler, surpasser.

1. H. Taine.

Cette disposition de notre nature explique peut-être mieux que toutes les théories formulées par les critiques et les historiens sur la genèse des grands siècles littéraires, comment, à tous les âges d'abondante floraison intellectuelle, il s'est toujours trouvé à côté des hommes de génie, d'autres hommes moins doués, mais qui, animés d'une noble ardeur, ont pu aussi créer des œuvres immortelles.

Inutile de dire que nos hommes de talent canadiens-français ne songent pas le moins du monde à rivaliser avec leurs frères de France. Ceux qui lisent les livres français contemporains, sont frappés de la perfection générale du style, de la richesse du vocabulaire, de la facilité avec laquelle leurs auteurs remuent les idées, jonglent avec les abstractions et surtout manient notre belle langue. Mais le sentiment qu'ils éprouvent est à peu près celui d'un sportsman amateur vis-à-vis d'athlètes de profession. « *Ce sont des professionnels* ». Les productions des savants et littérateurs parisiens nous paraissent quelque chose d'un peu irréel, des fruits mûris dans un monde privilégié et d'une culture inaccessible. La moindre élaboration pénible et simpliste des gens du crû nous touche bien autrement, elle nous expose des idées que nous sommes habitués à voir circuler, vêtues d'un costume qui nous est familier. Aussi nous ne ménageons pas les éloges à son auteur, à moins que nous ne « l'éreintions », s'il n'appartient pas à *notre parti*.

Si tout le monde était d'accord, si chacun se disait convaincu, comme je le suis moi-même, de la nécessité qui s'impose de faire de la *seule université française d'Amérique* une institution capable de rivaliser avec les établissements de haute éducation d'Europe (Paris, Berlin et Vienne exceptés), je n'oserais pas cependant suggérer l'idée de confier les nouvelles chaires qui seraient créées à des titulaires étrangers à notre province, comme l'ont fait, avec tant de succès, les autorités des universités anglo-canadiennes.

La situation de ces professeurs serait toujours très difficile, malgré toute la circonspection dont ils pourraient faire preuve.

Je passe sous silence les objections que l'on ne manquerait pas de faire à cette innovation, au point de vue religieux, patriotique, etc., et je constate le fait suivant : Il existe au sein de notre population, un certain sentiment d'exclusivisme très compréhensible, très naturel même, mais dont peu de gens, je crois, se rendent bien compte, et qui peut se résumer ainsi : La tâche des huit ou dix générations de nos ancêtres qui ont colonisé ce pays, défriché ses terres, abattu ses forêts et combattu ses ennemis, a été une tâche pénible. Ces luttes et ces travaux ont assuré à tous les descendants de ceux qui les ont accomplis les moyens de vivre, au plus grand nombre, le bien-être, à un nombre très restreint, une situation privilégiée. Il est donc juste que les quelques postes bien rémunérés ou honorifiques que peut offrir notre pays soient confiés à des enfants du sol. Ce sentiment témoigne peu en faveur de notre hauteur de vues, mais c'est un sentiment, et il n'y a pas à s'insurger. Dans les pays neufs, en général, on accueille plus volontiers les immigrants appartenant aux classes ouvrières, au commerce ou à l'agriculture, que les médecins, les avocats et les professeurs.

.·.

Que nous reste-t-il à faire ?

Depuis trois ou quatre ans, un certain nombre d'artistes canadiens, dont quelques-uns déjà ont exposé au salon (1), étudient à Paris. Des médecins leur ont tracé la voie, et, à l'heure qu'il est, dix huit ou vingt des nôtres comptent parmi les élèves les plus assidus des grandes célébrités médicales de la capi-

1. En 1894, MM. Hébert et Masson pour la sculpture et MM. Beau, Saint-Charles, et Suzor-Coté pour la peinture.

tale, MM. Guyon, Lancereaux, Péan, etc., etc. Il faudrait que le mouvement fût suivi dans d'autres carrières, que *de jeunes Canadiens-français fussent inscrits également, dans les différentes facultés de droit, de sciences et de lettres*, et qu'ils eussent l'ambition de ne revenir au pays que docteurs ou au moins agrégés de l'université de Paris. *Que nous ayons, au Canada, dans dix ou douze ans, des docteurs en droit, ès-arts, ès-sciences, ès-lettres de la Faculté de Paris, et notre université, quelles que soient les influences déprimantes ou rétrogrades qui pourront prévaloir alors, se verra forcée de créer des chaires en leur faveur. La nouvelle France ne pourra refuser à ceux de ses fils qui lui reviendront chargés des fruits les plus précieux du génie de la vieille France, les moyens de vivre et de faire bénéficier leurs compatriotes des richesses acquises.* C'est le seul moyen pratique et infaillible que nous ayons de vaincre les partisans de notre trop modeste *statu-quo* dans le domaine de l'éducation.

En 1660, dix sept héroïques jeunes gens, Dollard Desormeaux et ses compagnons, pour sauver la patrie en danger et intimider les Iroquois qui menaçaient la colonie, s'enfermèrent dans un petit fort en palissades, sans autre espoir, sans autre désir que celui de mourir après avoir vendu chèrement leur vie. Ils luttèrent avec une énergie désespérée et moururent accablés par le nombre.

N'y a-t-il pas dans la province de Québec dix sept jeunes gens d'énergie, de talents supérieurs (et dont les parents possèdent quelque fortune) *qui seraient prêts à renoncer à tout rêve « politique », pour consacrer à l'étude dix ou douze ans de leur vie et aller puiser aux sources de la science, selon leurs aptitudes et leurs goûts particuliers, les forces dont nous manquons ?* Leur lutte contre l'ignorance n'aurait pas pour issue fatale la mort et la défaite. Elle leur assurerait, au contraire, une carrière brillante et ferait « cesser la grande pitié qui est au cœur du peuple canadien-français ».

Etre l'un des initiateurs de la science et de la haute culture dans son pays ; en être le premier critique littéraire, le premier botaniste, le premier physicien, le premier géologue, le premier philologue ; être l'ancêtre de nombreuses générations d'artistes, de lettrés, de savants auxquels on aura ouvert une voie glorieuse : cette mission qui, aujourd'hui, peut devenir celle de quiconque, étant doué d'aptitudes spéciales, voudra la choisir, n'est-elle pas pleine d'attraits et digne de l'ambition d'une âme fière ?

J'entends encore ici les objections de
« l'*homme pratique* ». « Nous ne sommes pas
assez riches pour avoir des savants et des
artistes ; les jeunes gens qui consacreraient
ainsi leurs belles années à l'étude, seraient
plus tard dans l'impossibilité de gagner leur
vie. Il n'y a place chez nous ni pour des géologues, ni pour des astronomes, ni pour des
botanistes. » J'ai déjà répondu à la première
partie de cette objection. *Quant à ceux qui
auront approfondi des sciences ne contribuant pas d'ordinaire à la production de la
richesse,* notre université, je le répète, sera
forcée de créer en leur faveur des chaires
bien rémunérées ; car elle aura tout intérêt à
s'attacher ces jeunes gens, quand ce ne serait
que pour empêcher la fondation d'une institution rivale.

Qu'on ne l'ignore pas, dans un petit pays
comme le nôtre, un jeune homme qui se sent
des aptitudes supérieures et qu'anime l'ambition certainement légitime de se faire une
grande réputation, n'a pas d'autres moyens à
sa disposition que les arts, les lettres et les
sciences. Dans les sciences, je comprends
l'économie politique, dont l'étude devrait s'imposer à ceux qui entreprennent de développer les ressources agricoles et industrielles
de notre province.

Il y a peut-être en Suisse, en Hollande, en Suède, au Danemark, des hommes politiques d'une haute valeur et d'une grande habileté qui auraient pu briller sur un grand théâtre ; mais qui connaît leur nom ? Combien d'hommes très renseignés même, en France et en Angleterre, pourraient, sans recourir à l'Almanach de Gotha, nommer le président de la République helvétique, le président du conseil des ministres de Suède, de Norvège ou du Danemark ? En revanche, personne n'ignore les noms de Bluntschli, de Bjœrnson, d'Ibsen, de Brandès.

Les arts, les sciences, les belles-lettres sont des fruits des vieilles civilisations, ce ne sont pas des produits indigènes, et il nous faut, de toute nécessité, les importer chez nous. Mais lorsqu'une fois nous nous serons adonnés à leur culture et que nous aurons pu apprécier les richesses dont ils sont la source, nous serons mille fois reconnaissants à ceux à qui nous devrons les précieuses jouissances qu'ils nous procureront.

Les jeunes canadiens sortant de nos collèges se voueront avec la même ardeur au travail et à l'étude, une fois l'habitude prise, qu'ils se vouent aujourd'hui au « sport politique », avec le même enthousiasme que nos ancêtres ont apporté aux expéditions guerrières. Des chaires nouvelles seront créées au fur et à mesure qu'augmentera le besoin d'apprendre et de savoir ; la vie intellectuelle s'élèvera, s'agrandira, s'ennoblira, et rien ne pourra entraver ce mouvement.

III

Je ne crois pas qu'il y ait au monde un seul pays, sans excepter l'Allemagne et l'Italie, où le sentiment musical soit aussi général et aussi profond qu'au Canada français.

Cette virtuosité innée qui a répandu avec une telle profusion les orateurs cherchant à entraîner les foules par la musique des mots, le charme des phrases ronflantes ; cet amour de la forme qui a multiplié les auditoires capables de savourer ces jouissances ; cette ardeur voluptueuse des âmes, ces entraînements faciles, cet enthousiasme si promptement allumé qui nous distinguent, tout cela constitue la base même du tempérament artistique. Or, c'est surtout dans la sphère musicale que ce tempérament s'est le plus clairement manifesté chez nous jusqu'à ce jour.

La musique est le plus populaire des arts, c'est aussi celui dont le charme se révèle le plus facilement, le seul qui, même aux moins cultivés, donne cette sensation douce, cette émotion poétique du « dieu tombé qui se souvient des cieux. » Les chefs-d'œuvre de l'architecture, de la peinture, de la sculpture, ne sauraient produire chez l'ignorant qu'une espèce d'éblouissement, de surprise, une admiration s'adressant au savoir-faire de l'artiste ; la plus simple mélodie sait réveiller au cœur du plus grand comme du plus humble les doux souvenirs et les rêves divins. Le jeune dessinateur, le jeune architecte, à ses premiers essais, n'éprouve pas un sentiment très différent de celui qu'éprouve l'apprenti menuisier, ébéniste ou forgeron. Le petit musicien qui, dans une heure d'enthousiasme, improvise sa première mélodie, s'élève déjà aux pures jouissances de l'artiste et du poète.

Qui n'a constaté, dans nos campagnes et dans nos villes, combien sont nombreuses les personnes qui jouent avec un goût exquis de quelque instrument de musique ?

Qui d'entre nous ne connaît cinq ou six, au moins, de ces jeunes prodiges, dont on dit : Si cet enfant avait l'avantage de suivre les cours d'un bon conservatoire, quel artiste il deviendrait !

On pourra contester les dispositions spéciales du peuple canadien-français à tout autre point de vue ; mais ses aptitudes musicales sont incontestables.

Seulement, si l'on veut tirer de ces dispositions heureuses plus qu'un amusement, plus que des jouissances passagères ; si l'on veut augmenter, affiner ces jouissances, ici encore il faut une culture appropriée, la *haute éducation musicale*. On n'obtient rien sans cela. Toutes les autres conditions nécessaires à l'éclosion artistique, nous les possédons.

Pourquoi les Allemands, si essentiellement musiciens, si épris d'harmonie chez eux, semblent-ils n'avoir rien conservé aux Etats-Unis de cette qualité nationale ? C'est que l'art ne peut éclore que dans un terrain propice. Le bruit des usines, le grincement des machines, l'activité fébrile du commerce et de l'industrie, l'effarouchent sans doute. Il faut pour qu'il fleurisse que rien n'obscurcisse le soleil, que rien ne ternisse la limpidité de l'air. Il faut avant tout à l'artiste un milieu sympathique, le rayonnement de cœurs affectueux et d'esprits enthousiastes; il faut que, devant lui, la vie s'épanouisse avec tout le charme dont elle est susceptible, qu'elle ne soit pas seulement la course hâtive d'hommes affairés qui disparaissent avant que l'œil ait pu les saisir, mais aussi, par moments, la promenade nonchalante de dilettantes qui passent en souriant et prennent le temps d'aimer.

La vie dans notre province a bien ce double caractère d'activité chez plusieurs, et d'aimable nonchalance chez le plus grand nombre. Le souci des affaires et de la richesse à acquérir ne nous préoccupe pas encore outre mesure, nous aimons à nous laisser vivre. Le Canada français est peut-être, oserai-je dire, le seul endroit dans toute l'Amérique du Nord, où une société d'artistes, de musiciens, de peintres, de sculpteurs, pourrait se développer à l'aise et trouver tous les éléments congéniaux propres à favoriser son œuvre. Il manque aux esprits un peu de cet affinement que donne la haute culture, la vision du beau y est un peu obscurcie, mais le voile qui nous la dérobe est léger et disparaîtra facilement.

Il faut donc, pour mettre à profit ces heureuses facultés, pour tirer parti de ces circonstances favorables, créer des écoles d'art. Il faut que l'Etat, la municipalité ou une association de citoyens prenne l'enseignement artistique sous son patronage immédiat.

J'ai dit plus haut que déjà un certain nombre de jeunes peintres canadiens faisaient à Paris des études sérieuses; ceci peut nous donner bon espoir pour l'avenir de la peinture dans notre pays; *mais pourquoi n'avons-nous pas un conservatoire de musique à Montréal,* quand la ville de Toronto, moins importante que Montréal et située en plein pays anglais, en possède un ? La même indifférence coupable qui règne dans notre province pour tout ce qui ne se rattache pas aux luttes des partis, nous a empêché de songer à ce détail, — la culture des arts — de même qu'à la plupart des branches du haut enseignement. « L'art n'existe, cependant, que pour les pays qui le cultivent ». Sans les arts, aussi bien que sans les sciences et les lettres, un peuple reste nécessairement arriéré, aveugle aux plus exquises beautés, sourd aux voix les plus suaves, fermé aux plus pures jouissances.

Nous avons, dans toutes les parties de la province, des professeurs de piano et de violon ; mais jamais tant que nous nous en tiendrons là, notre population si friande de musique ne pourra compter sur une bonne interprétation des grandes œuvres du répertoire classique, excepté lors des rares tournées de quelques grands artistes européens. Jamais nous ne pourrons composer un orchestre capable d'exécuter convenablement une symphonie de Haydn ou de Beethoven, une suite de Bach, ou même une rhapsodie de Liszt, et nous devrons nous contenter de la musique des valses de Strauss et de Waldteufel, d'ouvertures d'opéras, et de pots pourris tirés des œuvres de Lecoq et d'Offenbach. De même qu'un peintre ne peut exceller dans son art, si, en outre de longues études dans une académie de peinture, il n'a l'occasion de visiter souvent des musées, des expositions, et d'étudier à loisir les chefs-d'œuvre des maîtres ; de même un musicien très bien doué pourra difficilement produire une œuvre de quelque valeur, s'il ne lui est donné d'assister fréquemment à une exécution supérieure des grandes compositions vocales et instrumentales, s'il n'existe pas d'institution où le jeune compositeur « trouve à nourrir son imagination et à échauffer son génie au contact permanent des créations immortelles de l'art. » Aujourd'hui, comme on le sait, la musique est devenue presque une science, et le compositeur doit se doubler d'un critique musical. Quant à la foule, jamais elle ne s'élèvera à la compréhension intégrale des chefs-d'œuvre de l'art classique et surtout de l'école moderne ; jamais nous ne possèderons le dilettante musical, au goût pur et délicat, tant que nous n'aurons pas une académie de musique qui fera notre éducation dans cet art divin. Jusque là, nous assisterons religieusement aux concerts donnés par les virtuoses étrangers, d'une réputation consacrée, mais un peu comme chez nos voisins, à cause de la mode. Un conservatoire dans la province de Québec, outre qu'il développerait et épurerait notre goût musical, aurait pour effet d'ouvrir à un bon nombre de jeunes gens une carrière honorable et facilement lucrative. Les artistes qu'il aurait formés trouveraient dans toute l'Amérique anglaise un champ immense à exploiter. Le sens du beau enfin, en se développant au sein de notre population, augmentera la somme du bonheur général. Chaque paroisse voudra avoir son orchestre que dirigera l'organiste de l'église, élève du Conservatoire, et ce sera là un grand attrait ajouté à la vie villageoise.

Les habitants des villes et des campagnes allemandes, disait Mme de Staël (1), *les soldats et les laboureurs savent presque tous la musique. Il m'est arrivé d'entrer dans de pauvres maisons noircies par la fumée du tabac et d'entendre tout à coup, non-seulement la maîtresse, mais le maître du logis improviser sur le clavecin, comme les Italiens improvisent en vers ».* Cette phrase est quelque peu fantaisiste. Ce qui est vrai, c'est que chaque village allemand possède un excellent orchestre, que ses habitants savent apprécier, et que le directeur qui est en même temps

1. *De l'Allemagne.*

l'instituteur de la localité, tient à ne faire exécuter que des morceaux de maîtres, mêlés de quelques valses entraînantes et de romances sentimentales également signées par des maîtres, pour la plupart.

Que de pures jouissances la culture musicale apporte à ce peuple, pauvre et écrasé par les dépenses militaires ! Je n'oublierai jamais l'impression que j'éprouvai, un soir, dans un petit village de la Prusse saxonne, en entendant l'orchestre de l'endroit, exécuter cette divine mélodie de Schubert « *Près de la mer* ». C'était un soir de fête, — la fête de la récolte, au commencement d'octobre —, dans un grand jardin avoisinant la mairie. Deux ou trois cents villageois, hommes, femmes et enfants, étaient assemblés en face des musiciens qui occupaient une espèce d'estrade. On n'entendait pas un murmure, pas un souffle. J'examinais les figures de ces enfants, de ces hommes lourds, aux épaules puissantes, à l'air entêté : on les aurait crus sous l'influence de quelque puissance mystérieuse, tant leur regard se fixait avec intensité dans l'ombre éclairée de quelques lanternes chinoises, tant leurs lèvres entr'ouvertes semblaient s'enivrer voluptueusement de la mélodie qui s'élevait dans l'air. Quant la dernière note se fut effacée lentement comme un soupir, je sentis les poitrines se dilater, respirer plus à l'aise ; le silence régna une seconde encore, puis des applaudissements enthousiastes, des bravos dans lesquels il y avait des larmes se firent entendre, éclatèrent bruyants, délirants. Et les musiciens, le sourire aux lèvres, sentant qu'ils possédaient, suspendue aux cordes de leurs instruments, l'âme de cette foule, qu'ils tenaient dans leurs mains pour quelques instants encore le bonheur de ces deux cents villageois, leurs parents et amis, recommencèrent au milieu du même silence religieux, suivi des mêmes applaudissements fiévreux. A la troisième reprise, toutes les voix, tous les cœurs répétèrent avec l'orchestre les derniers vers de la douce poésie de Heine.

> Et de tes yeux, de tes beaux yeux
> Tombaient des larmes.

Je n'oublierai jamais ce soir d'automne, où seul, à l'étranger, loin de tout cœur ami, j'ai senti mon âme s'unir à celle de ces villageois allemands, dans un même enivrement d'une douceur infinie ; car jamais peut-être je n'ai aussi bien compris et éprouvé ce pur sentiment, la solidarité, la fraternité humaine.

Cette âme allemande, si éprise d'harmonie, si sensible aux charmes de la musique, n'a pas été transmise ainsi à travers les siècles.

Les Germains belliqueux, pas plus que les Gaulois, n'étaient des Tyrtées ; seul alors, sans doute, le son du cor pouvait faire vibrer leur cœur. Plus tard, les chants des Minnesinger ne se firent guère entendre que dans les châteaux des seigneurs, sous les fiers donjons. Ce n'est qu'au siècle dernier que le goût de la musique est devenu général en Allemagne, grâce surtout aux souverains de tous ces Etats minuscules dont notre siècle a vu disparaître le plus grand nombre, dans l'œuvre de l'unification nationale.

Ces petits ducs, princes et margraves, qui voulaient donner le plus d'éclat possible à leur cour, ont fondé des écoles, bâti des théâtres, accordé des subventions aux artistes et développé ainsi dans la population des aptitudes bien conformes, du reste, au caractère à la fois naïf, enthousiaste et rêveur des Allemands.

La France avait produit, avant la révolution, plusieurs musiciens de talent, mais ce n'est que depuis la fondation du Conservatoire de Paris qu'il existe une école française de musique, cette glorieuse école qui, à l'heure actuelle, possède plus de musiciens éminents que l'Allemagne et l'Italie.

L'harmonie, cette langue divine,

Qui nous vint d'Italie et qui lui vint des cieux,

à d'abord été cultivée à Rome, à Gênes, à Venise et à Naples, de même que la peinture, sans doute parce que le peuple italien avait de grandes dispositions artistiques, mais aussi parce que c'est dans ces villes que furent fondés les premiers conservatoires et les premières écoles de musique. Les institutions de *saint Philippe de Néri*, à Gênes ; les conservatoires *dei poveri di Gesu-Cristo*, de *Santa Maria di Loreto* et de *saint Onofrio* à Naples, les quatre conservatoires de musique pour les femmes à Venise, etc., toutes ces écoles remontent au xviie, au xvie et jusqu'au xve siècle.

Les conservatoires de Paris, de Vienne, de Milan, de Prague, n'ont été fondés qu'au commencement de ce siècle. Quant à l'Allemagne, elle avait au siècle dernier plusieurs excellentes écoles de musique.

Pour ceux qui ne se rendent pas bien compte de la supériorité que possède un conservatoire ayant une vingtaine de professeurs sur vingt excellents professeurs de piano, de violons et de chant répartis dans une ville, je rappellerai ceci :

L'enseignement d'un conservatoire doit comprendre les matières suivantes : Le solfège et la théorie élémentaire de la musique ; le chant, la vocalisation et la musique vocale d'ensemble ; la diction et la déclamation; la langue italienne et la prononciation latine ; la déclamation lyrique et les études dramatiques; l'ensemble instrumental (musique de chambre et musique d'orchestre); l'harmonie et l'accompagnement; le contre-point et la fugue ; la composition appliquée aux divers genres de musique; l'étude analytique des formes et procédés techniques et enfin les divers instruments : orgues, piano, violon, harpe, violoncelle, flûte, alto, contrebasse, hautbois, etc. Un conservatoire doit posséder une bibliothèque d'œuvres musicales ; il comprend un orchestre recruté parmi les professeurs et les élèves des classes supérieures, qui donne chaque année, plusieurs grandes auditions publiques ou concerts d'œuvres classiques, généralisant ainsi le goût de la bonne musique. Enfin, la réunion d'un nombre considérable d'artistes distingués fait nécessairement naître une émulation dont l'art bénéficie.

.·.

Les cours aux conservatoires de Paris, de Rome et à quelques autres sont ouverts gratuitement, à tous ceux qui satisfont aux conditions exigées pour l'admission. A Bruxelles, ils sont gratuits pour les Belges seulement, les élèves étrangers ont à payer deux cents francs par an. En Allemagne, on exige de tous une rémunération généralement assez modique. Les élèves d'un conservatoire ont cet avantage qu'ils peuvent recevoir des leçons de professeurs illustres pour un prix inférieur à celui qui leur serait demandé par le plus humble professeur particulier, en outre de tous les autres avantages qui résultent des études d'ensemble, des leçons de théorie, des auditions presque quotidiennes de chefs-d'œuvre musicaux, etc., etc.

Je ne vois pas bien les difficultés que présenterait la fondation d'un conservatoire, à Montréal, sur le plan des conservatoires allemands non subventionnés, en y introduisant le système des bourses et des cours gratuits, en faveur d'un nombre déterminé d'élèves qui ne seraient pas en état de payer et qui justifieraient de la possession d'aptitudes et de talents supérieurs. Il suffirait que quelques citoyens influents et dévoués à leur pays voulussent prendre l'initiative de cette fondation, que la ville aurait tout intérêt à doter et que le gouvernement de la province tiendrait également sans doute à favoriser ; une institution de ce genre, qui s'assurerait les services de professeurs éminents et de quelques artistes d'une grande réputation, pourrait subsister par ses seules forces ; car elle attirerait des élèves de toutes les parties de la province, des autres provinces du Dominion et des Etats-Unis. Les limites de ce livre ne me permettent pas d'entrer dans plus de détails ; j'ajouterai seulement que ce que je disais plus haut relativement aux objections que l'on pourrait opposer à l'investiture de professeurs étrangers pour les chaires d'enseignement universitaire n'est pas applicable ici et que tout le monde serait heureux de voir résider au milieu de nous quelques grands artistes européens.

．
．．

Oui, je voudrais voir s'élever à côté de notre Montréal commercial et industriel, un Montréal littéraire, artistique, savant, qui serait comme la serre-chaude où tout ce qu'il y a de grand, de beau, d'élevé dans l'âme de notre peuple, germerait, pour ensuite aller féconder les autres centres canadiens-français d'Amérique. Je voudrais que Montréal eût son université, son conservatoire, rivalisant avec les hautes écoles d'Europe ; une bibliothèque publique, une école des beaux-arts, une école polytechnique. Et le jour viendra, je l'espère, où nous possèderons tout cela.

Dans un de ses plus patriotiques discours, M. Laurier (1) rappelait l'exemple de Rome, imposant sa civilisation à tous les pays qu'elle avait conquis, un seul excepté, la Grèce, à la civilisation de laquelle elle dut, au contraire, continuer d'emprunter, et il ajoutait : « *Messieurs, la Grèce vaincue pouvait-elle tirer une plus éclatante vengeance que de forcer la maîtresse du monde à devenir sa vassale intellectuelle ?*

. . . .

Le dirais-je, c'est un peu le sort que je rêverais pour la nationalité à laquelle j'appartiens. Je voudrais forcer cette fière et grande race anglaise à laquelle la Providence nous a associés, à parler notre langue, à étudier notre littérature comme nous sommes obligés d'apprendre sa langue et d'étudier sa littérature ».

Que nous réussissions, après de longs efforts, à doter notre métropole d'institutions de haute éducation, peu à peu une tradition s'y créera, elle aura un renom à soutenir. Les maîtres feront des élèves; un milieu intellectuel s'y trouvera par le fait même constitué, et toutes les classes de la population s'intéresseront à son maintien.

1. L'hon. Wilprid Laurier. *Discours* publiés par M. Ulric Barthe.

Les artistes, les lettrés, les ingénieurs, les journalistes, qui se répandront ensuite par toute l'Amérique, comme le rayonnement de ce foyer de haute culture, porteront en même temps à nos frères dispersés dans la grande république la fierté du nom français. Ils ne nous quitteront pas, ils resteront au pays par le cœur ; ils y reviendront, les artistes surtout. Car, semblable à l'oiseau des pays méridionaux, qui, fidèle, revient aux rivages ensoleillés, après ses pérégrinations sous les cieux du nord, l'artiste se sent invinciblement attiré vers les milieux sympathiques où il est non-seulement admiré, mais aussi compris et aimé. Les vrais artistes ne quitteront jamais, par le cœur et la pensée, Montréal, devenu un centre artistique ; ils y enverront étudier leurs fils ; ils y reviendront eux-mêmes finir leurs jours.

Cette attraction des milieux sympathiques où vivent des âmes sœurs de la nôtre, est une loi aussi inéluctable que les lois de la chaleur et de l'électricité. Elle explique l'aimable et pittoresque vie de bohème des grandes métropoles où le jeune littérateur aime mieux végéter pauvre et besogneux que d'aller rédiger un journal ou devenir clerc d'avoué en province. Combien d'artistes à Paris, Berlin, Vienne, Rome, auxquels on a offert des situations brillantes, aux Etats-Unis, et qui préfèrent vivre avec leurs maigres appointements, au milieu de leurs camarades, dans leur vrai élément ! (1)

Et alors, me dit ironiquement « l'homme pratique », car les idées que j'exprime lui paraissent aussi impraticables que saugrenues, alors nous aurons aussi à Montréal, notre bohême, nous aurons un quartier latin, rempli de flâneurs, de meurt-de-faim, qui n'apporteront rien de *solide* à ce pays que nous cherchons, nous, à rendre prospère, par notre travail et notre industrie !

D'abord, c'est un fait remarquable que la bohême n'existe pas dans les petits pays. Jamais on n'a entendu parler de littérateurs ou d'artistes ayant à souffrir de la misère dans des capitales comme Stockholm, Copenhague, Budapesth, Berne, Genève, Zurich, etc. Le talent laborieux, mourant de faim, c'est là un fait excessivement rare, en vérité, presque inconnu dans la vie des jeunes peuples.

La bohême littéraire et artistique est un produit des grandes métropoles où l'individu se trouve isolé, perdu, pour ainsi dire, et où

1. Un membre de l'orchestre de l'opéra de Vienne ou de Berlin gagne en moyenne huit cents dollars par an ; a Paris les musiciens ne sont guère mieux rémunérés.

personne, en dehors de son petit cercle d'intimes, ne s'intéresse à son sort. Je ne parle pas ici, bien entendu, de l'étudiant pauvre, aspirant médecin, avocat, littérateur ou peintre, qui ne reçoit de sa famille que des subsides insuffisants, mais de l'artiste dont le talent déjà mûri reste inconnu.

Et quand même nous aurions aussi notre bohême, quelques jeunes gens bien doués, mais sans fortune, vivant gaiement et courageusement sans trop s'occuper du lendemain, heureux du bonheur de connaître, de comprendre et de créer, quelques meurt-de-faim géniaux qui vous vendront leurs tableaux pour le prix de la toile et des couleurs, et feront les délices de vos soirées pour un cachet dérisoire ; le mal serait-il si épouvantable ? C'est souvent de l'œuvre de ceux-là, qui furent pendant leurs jeunes années des rêveurs et des meurt-de-faim, qu'est faite la gloire d'une nation.

Cette conception d'un état social dans lequel on ne voudrait voir que des gens riches et des gens cherchant à s'enrichir qui jouit d'une si grande faveur en Amérique, me semble une conception mesquine, inférieure et singulièrement étroite.

Avez-vous remarqué dans toutes les grandes villes européennes, quelques-uns de ces vieillards, à la figure douce et souriante, au regard profond, mais toutefois gardant encore un certain rayonnement enfantin, aux joues glabres et diaphanes, ou bien grasses et cléricales, et toujours pâles, de cette pâleur que créent les longues veilles à la lueur des lampes et dans l'air lourd des bibliothèques? Vous les reconnaissez tout de suite : ce sont des artistes, des professeurs, des savants. Leur mise est souvent un peu négligée, un peu démodée, leur démarche inélégante ; pourtant quelle note aimable ils jettent au milieu de ces silhouettes de passants affairés, de gommeux, toujours les mêmes. On sent chez ces hommes, l'âme de celui qui a tout étudié, tout compris, tout vu à la lumière de la science, qui a pesé toutes nos faiblesses, souri de toutes nos misères, et qui est bon parce qu'il *sait*. Ces hommes-là manquent dans l'Amérique du Nord, et il me semble qu'il n'y a pas de civilisation complète sans eux. Ils sont le symbole sympathique de la civilisation même.

On ne manquera pas de trouver que je fais une part trop grande à l'élément littéraire et artistique, dans cette question de l'avenir de notre peuple, que j'attache trop d'importance à la culture intellectuelle.

On me dira qu'un peuple n'est pas une simple machine à savourer des strophes rythmées, à se repaître de mélodies, à méditer sur des théories et des formules abstraites. Je rappellerai que j'adresse ce livre surtout à notre jeunesse appartenant aux classes dirigeantes, dont l'une des principales raisons d'être est la culture de l'esprit. J'insiste sur ce qui nous manque, j'indique une direction que nous avons trop négligée jusqu'à présent.

« *Pour faire de la vie humaine ce que l'homme commence à comprendre qu'elle doit être,* dit Mathew Arnold (1), *il faut non-seulement les forces réunies du travail et d'une bonne direction, mais aussi celles de l'intelligence et du savoir; la puissance de la beauté, celle de la vie sociale et de la bonne éducation* ».

---

1. Civilisation in the United States.

III

AUX FUTURS ARTISTES, ROMANCIERS ET SAVANTS CANADIENS.

« *Admettez que dans la nature la beauté est utile, que la fleur se pare de ses couleurs pour attirer les insectes qui servent à la féconder ; j'étends cela à l'art humain et j'incline à penser qu'il est, lui aussi, plus utile qu'il ne vous semble aujourd'hui. Vous verrez que le beau n'est pas seulement une décoration. Il est le plus souvent une cause de durée pour un peuple.*

Telle nation se couvre des plus belles couleurs de la poésie, de la peinture, de la parole humaine, à quoi bon ? dites-vous ; on pourrait se passer de poètes. Dites aussi qu'on pourrait se passer de fleurs, de rayons et de ces essaims qui propagent la vie.

(Edgard Quinet : *L'esprit nouveau*).

« *Ces climats que les orages et les brouillards disputent tour à tour aux aurores boréales, à la sérénité, ou glaciale, ou brûlante ; ce pays qui possède une triple gloire ; la sienne, celle de son ancienne fondatrice, avec la gloire des tribus aborigènes, n'inspirerait pas des poètes, quand les échos des forêts vierges répètent toutes les sortes de chants, la ballade écossaise et galloise, la complainte huronne, le lai irlandais et la romance française !*

(Lebrun : *Tableau des deux Canadas*. Ouvrage publié en 1832).

Le poète, le romancier, le peintre, le musicien, le sculpteur n'apportent pas seulement au monde un certain contingent de jouissances esthétiques, ils évoquent dans le passé les gloires de la race à laquelle ils appartiennent, ils ressuscitent ses héros et les imposent à l'admiration du monde : le poète par ses chants, le peintre par ses tableaux, le sculpteur par ses statues. Ils donnent une voix harmonieuse aux légendes, fixent sur la toile, ou éternisent dans le bronze et le marbre les grandes actions, les gestes inspirés par une pensée sublime.

L'histoire des petits peuples surtout a besoin de ces hérauts, car elle reste nécessairement une histoire locale, tant que ses fastes ne peuvent briller au dehors, au milieu du rayonnement des chefs-d'œuvre (1).

Tout notre passé, toute l'histoire des deux derniers siècles est une source à laquelle nos poètes et nos artistes peuvent puiser abondamment ; elle est faite d'actes héroïques et de scènes pittoresques qui appellent la lyre et le pinceau. Quand nous n'aurions pas plus de dispositions artistiques que nos voisins des autres races, nous serions tenus plus étroitement qu'eux, il me semble, de cultiver les arts, car c'est à nous qu'incombe le devoir d'écrire en caractères ineffaçables pour l'avenir ce qu'ont fait les premiers pionniers de la Nouvelle France, les premiers explorateurs du continent américain.

1. Pour ne citer qu'un exemple, l'histoire de la libération de la Suisse serait-elle aussi connue sans le « *Guillaume Tell* » de Schiller ?

Il me semble avoir lu, dans un auteur ancien, que certaines villes de la Grèce professaient cette croyance naïve et poétique qu'une muse venait s'asseoir sur la tombe des héros et pleurer sur leurs cendres jusqu'à ce qu'un poète ou un artiste vînt donner à la mémoire du mort un autre gardien pour l'éternité. Les muses qui pleuraient ainsi sur notre sol n'ont pas toutes été relevées de leur pieux devoir, bien que des poètes et des historiens aient sauvé de l'oubli la plupart des mémoires qui doivent nous être chères. Beaucoup encore reste à faire.

Pour l'artiste, toutes les manifestations de la vie ont aujourd'hui, leur intérêt, leur beauté, leur côté pittoresque. L'esthétique moderne n'a plus les limites étroites d'autrefois. Cependant celui qui voudra rester fidèle à l'idéal unique du passé : l'idéal de la beauté, de la vertu et de la force, aura toujours choisi *la meilleure part*. Chaque fois que l'art s'est mis au service de la vie mesquine, intéressée, sans envolée, sans rien de ce que Fichte appelle « l'idée divine » il n'a produit qu'une impression passagère.

Pour répéter une vérité très banale, il n'y a de réellement grand, que l'homme agissant sous l'impulsion d'un noble sentiment, d'une pensée d'héroïsme, de dévouement et de sacrifice ; l'art n'élève les âmes que par la représentation de la grandeur et de la beauté.

Où l'artiste cherchera-t-il l'inspiration dans notre Amérique ? La nature est éternellement belle, mais que lui offrira la vie ? L'activité industrielle, les ruches de travailleurs, les *homes* confortables, les étalages de marchandises avec les patrons corrects et les commis avenants. *Business ! Business !* Voilà, disait un chroniqueur parisien, les mots que l'on gravera sur les frises des Parthénons futurs. Le chemin qui conduit vers l'avenir passe en ce siècle, et surtout sur ce continent, à travers un territoire sans cachet, sans caractère, au point de vue de l'art, et sans beauté.

L'artiste canadien-français n'aura qu'à feuilleter les annales de notre passé pour y trouver l'inspiration qui fait éclore les œuvres grandes et durables.

..

Bien souvent, songeant aux scènes d'autrefois, aux jours héroïques de la Nouvelle France, je me prends à regretter de ne pas être peintre. A mesure que les visions évoquées acquièrent plus de consistance dans mon esprit et se dégagent des brouillards du rêve, elles se groupent sous des couleurs lumineuses, elles se condensent sur des espaces étroits, elles s'immobilisent dans un doux rayonnement et ce sont finalement des tableaux que j'évoque : des tableaux qui pourraient être l'ornement d'un musée national où, comme dans une autre galerie de Versailles, notre jeunesse irait réchauffer son amour de la patrie.

Je n'ai pas la prétention de dicter de sujets de tableaux à nos jeunes peintres, je ne puis m'empêcher de leur signaler, cependant, quelques-uns de ceux qui hantent le plus souvent ma pensée :

Le premier défricheur canadien.

Vers 1620. A quelque distance du rocher de Québec que couronne un petit fort de palissades, une haute colonne de fumée s'élève au-dessus de la cime des arbres. Un beau soleil de juillet dore les flots limpides du fleuve et met des rayons sur les flancs abrupts de la future capitale. Dans une large trouée noire qui a été pratiquée à l'entrée de la forêt, des pins et des chênes à demi calcinés jonchent le sol, tandis qu'un feu ardent consume des amas de branchages. Sur un tronc d'arbre un fusil tout armé. A quelques pas, debout, tête nue, l'air martial et fier, un homme attisant l'incendie : Le défricheur-soldat, notre ancêtre.

M. de Frontenac et l'envoyé anglais (1692).

L'envoyé de Sir William Phipps, qui vient assiéger Québec, est amené, les yeux bandés, dans la salle où se tient M. de Frontenac, le gouverneur, avec ses officiers. Dès que son bandeau lui est enlevé, il remet au gouverneur la lettre de son commandant.

« *Cette lettre, dit le baron de La Hontan, parut plus turque qu'anglaise, et l'on ne reconnut point dans cette sommation, les honnestes formalitez que l'on observe, en pareil cas, dans notre Europe. Aussi, M. de Frontenac n'eut pas plutôt entendu l'interprétation de ce compliment, qu'il en fut indigné, et se tournant vers son capitaine de gardes, il lui commanda froidement de faire planter une potence devant le port pour donner payement au porteur de la lettre* ». L'évêque et l'intendant réussirent cependant à amadouer le terrible gouverneur. « *M. de Frontenac mit de l'eau dans son vin et dit d'un ton ferme, mais assez rassis à l'officier anglais : Allez rapporter de ma part au chef de votre piraterie, que je l'attends de pié ferme et que je me défendrai beaucoup mieux qu'il ne m'attaquera. Au reste, je ne connais point d'autre roi d'Angleterre que Jacques*

second, et puisque vous êtes ses sujets révoltez, je ne vous regarde que comme de misérables corsaires dont je ne crains ni les forces, ni les menaces, mais que je souhaiterais pouvoir châtier comme vous le méritez. Pour comble de mépris, M. de Frontenac, finissant sa réponse, jette la lettre de l'amiral au nez du major et lui tourne le dos. » « L'infortuné messager, dit encore La Hontan, tirant sa montre et la portant à l'œil, eut assez de courage pour demander à notre gouverneur si avant que l'heure fût passée, il ne voulait pas le charger d'une réponse par écrit; mais M. de Frontenac se retournant et lançant sur son homme des œillades assommantes :
« *Votre commandeur, dit-il, ne mérite pas*
« *que je me donne tant de peine, et je répon-*
« *drai à son compliment par la bouche du*
« *mousquet et du canon* ».

Notre sculpteur, M. Hébert, dans une statue qui a été très admirée au salon des Champs-Elysées, à Paris, en 1892, a superbement rendu l'expression énergique, indignée et farouche de M. de Frontenac, lorsqu'il foudroie l'envoyé de cette fière réponse.

Un peintre pourrait, avec plus d'avantage, rendre toute la scène : l'aspect de la salle, le gouverneur entouré de l'évêque, de l'intendant et de tous ses officiers, jeunes gens à la figure énergique, toujours sur le sentier de guerre.

On sait qu'à cette époque, la colonie était réduite à toute extrémité ; le gouverneur n'avait que douze pièces de canons, manquait de munitions et de troupes. « *Jamais le pays, dit Charlevoix, n'avait couru un aussi grand danger* ».

Le premier coup de canon qui porta la réponse de Frontenac, abattit le pavillon de l'Amiral. « *La marée l'ayant fait dériver, raconte le même historien, quelques Canadiens allèrent le prendre à la nage, et malgré le feu qu'on faisait sur eux, l'emportèrent à la vue de toute la flotte. Il fut porté à la cathédrale où il est encore.* » Cet épisode pourrait former le pendant à la scène de la réception de l'envoyé anglais.

Un peintre de bataille n'aurait qu'à choisir, au cours de deux siècles, parmi les centaines de sujets dignes de l'inspirer : depuis le premier combat auquel prend part Champlain contre les Iroquois, en 1608, jusqu'à la bataille de Châteauguay contre les Américains, en 1813, les exploits de d'Iberville, les batailles de la Monongahéla, où parmi les vaincus se trouve Washington, alors colonel sous Braddock, de Carillon, des Plaines d'Abraham, où nous fûmes défaits, de Sainte-Foye, etc., etc.

La découverte du Mississipi.

Ici l'artiste pourrait s'inspirer de la vision si poétique de M. Fréchette. Comme ils nous apparaissent bien dans ces vers admirables, le fleuve géant et son « *découvreur* », Joliet.

> « *Le grand fleuve dormait couché dans la savane,*
> *Dans les lointains brumeux, passaient en caravane*
> *De farouches troupeaux d'élans et de bisons.*
> *Drapé dans les rayons de l'aube matinale,*
> *Le désert déployait sa splendeur virginale*
>   *Sur d'insondables horizons.*
>
> . . . .
>
> *L'inconnu tronait là dans sa splendeur première,*
> *Splendide et tacheté d'ombres et de lumière,*
> *Comme un reptile immense au soleil engourdi,*
> *Le vieux Meschacébé, vierge encor de servage*
> *Déployait ses anneaux de rivage en rivage*
>   *Jasques aux golfes du midi*
>
> . . . .
>
> *Joliet ! Joliet ! Quel spectacle féerique, etc., etc.*
>
> . . . .
>
> *Le voyez-vous là-bas, debout comme un prophète,*
> *Le regard rayonnant d'audace satisfaite,*
> *La main tendue au loin vers l'occident bronzé,*
> *Prendre possession de ce domaine immense,*
> *Au nom du Dieu vivant, au nom du roi de France,*
>   *Et du monde civilisé !*
>
> *A son aspect, du sein des flottantes ramures,*
> *Montait comme un concert de chants et de murmures ;*
> *Des vols d'oiseaux marins s'élevaient des roseaux,*
> *Et, pour montrer la route à la pirogue frêle,*
> *S'enfuyaient en avant, trainant leur ombre grêle,*
>   *Dans le pli lumineux des eaux.*

Du nord au sud de l'Amérique septentrionale, partout l'explorateur, le missionnaire, le guerrier français, ont laissé de leur passage une trace héroïque que l'art peut faire revivre.

Ainsi cette vengeance du chevalier de Gourgues, gentilhomme catholique, qui vend ses biens et emprunte de l'argent à ses amis pour aller châtier les Espagnols qui ont traîtreusement assassiné les Huguenots français établis en Floride, n'est-elle pas admirable dans sa férocité ?

« *Je ne fay ceci comme à Hespanols, ni comme à mariniers, mais comme à traîtres, voleurs et meurtriers.* » Tels sont les écriteaux que de Gourgues attache aux cadavres des prisonniers espagnols qu'il a fait pendre aux mêmes arbres auxquels ont été pendus les Huguenots, après avoir surpris leur fort.

« *Puis cela fait et le port rasé, dit Lescarbot, il renvoie son artillerie par eau, et quant à lui, retourne à pied, accompagné de quatre-vingts arquebuziers, armes sur le dos et mèches allumées, suivis de quarante mariniers portant picques... et trouvant le chemin tout couvert d'Indiens qui le venaient honorer de présents et de louanges, comme un libérateur de tous les pays voisins.* »

« Les Espagnols avaient pendu les Français, dit le même auteur, avec cet écriteau :

« *Je ne fay ceci comme à Français, mais comme à Luthériens* », et il appelle l'expédition de De Gourgues « *l'entreprise haute et généreuse du capitaine Gourgues, pour venger l'honneur français.* »

Le spectacle de ces Espagnols pendus devant le fort rasé dont les débris fument encore ; « les arquebuziers mèches allumées ; les mariniers portant picques », les Indiens acclamant le justicier ; ne serait-ce pas sinistre et grand ?

C'est encore dans cette partie du continent américain que fut assassiné Cavelier de La Salle, dans son expédition pour découvrir le Mississipi. Le père Jésuite Leclerc raconte ainsi cette catastrophe :

« *Nous estions éloignez de deux grandes lieues, le sieur de la Salle inquiété du retardement du sieur de Moranger et de ses gens dont il estait séparé depuis deux ou trois jours, dans la crainte qu'ils n'eussent été surpris par les barbares, me pria de l'accompagner, il prit encore deux sauvages avec lui. Durant toute la route, il ne m'entretenait que de matières de piété, de grâce et de prédestination... Il me paraissait extraordinairement pénétré des bienfaits de Dieu à son endroit, lorsque je le vis tout à coup accablé d'une profonde tristesse dont il ignorait lui-même la cause, il fut troublé, en sorte que je ne le connaissais plus ; cette situation d'esprit ne lui estant pas ordinaire. Je le réveillay néanmoins de son assoupissement, et au bout de deux lieues, nous trouvâmes la cravate sanglante de son laquais, il s'aperçut de deux aigles qui voltigeaient sur sa teste et en même temps il découvrit de ses gens sur le bord de l'eau dont il s'approcha et leur demandant des nouvelles de son neveu, ils répondirent par paroles entrecoupées nous montrant l'endroit où nous trouverions le dit sieur, nous les suivîmes quelques pas le long de la rive jusques au lieu fatal, où deux de ces meurtriers estaient cachez dans les herbes, l'un d'un côté, l'autre de l'autre, avec leurs fusils bandez ; l'un des deux manqua son coup, le second tira en même temps et porta du même coup dans la teste de M. de la Salle qui en mourut une heure après, le 19 mars 1687* ».

Cette scène tragique du désert est également remplie, il me semble, d'une étrange grandeur. L'explorateur et le missionnaire, ces deux héros, arrivant, l'un offrant des consolations à l'autre, au bord d'une rivière inconnue, au fond de lointaines régions également inconnues, sous le couvert de la forêt séculaire ; ces deux aigles qui voltigent au-dessus de la tête de La Salle, les deux assassins guettant leur proie... Combien ce scénario devrait tenter le pinceau d'un artiste !

Les relations des Jésuites abondent en scènes pittoresques, en actes d'héroïsme sublime. Jamais peut-être, dans les annales du monde, on ne vit d'exemples de la domination de la chair par l'âme virile, semblables à ceux que nous offrent les martyrs des Pères Lallemand, de Brébœuf et Gogues, etc., etc.

« *Le Père de Brébœuf que vingt années de travaux, les plus capables de faire mourir tous les sentiments naturels, un caractère d'esprit d'une fermeté à l'épreuve de tout, une vertu nourrie dans la vue toujours prochaine d'une mort cruelle et portés jusqu'à en faire l'objet de ses vœux les plus ardents...*

« *Les Iroquois connurent bien d'abord qu'ils auraient affaire à un homme, à qui ils n'auraient pas le plaisir de voir échapper la moindre faiblesse... Ils le firent monter sur un échafaud, et s'acharnèrent de telle sorte sur lui, qu'ils paraissaient hors d'eux-mêmes de rage et de désespoir.*

« *Cela ne l'empêchait pas de parler à ses bourreaux qu'il exhortait à la crainte de Dieu...* » Le détail des tortures qu'on lui infligea fait frissonner.

Le Père Lallemand, qu'on a tourmenté en

même temps sur un autre bûcher, est amené en présence du Père de Brébœuf, et « *le voyant en cet état, il dit ces paroles de l'apôtre : Nous avons été mis en spectacle au monde, aux anges et aux hommes. Le Père de Brébœuf lui répondit par une douce inclinaison de tête.* »

L'art doit-il reculer devant la peinture de souffrances atroces susceptible de produire une impression à ce point navrante ? Je ne sais. Il y eut un grand nombre de martyrs, dans les premiers temps de l'Église, je me demande pourquoi l'ancienne école italienne qui empruntait volontiers ses sujets à l'histoire religieuse, a si rarement demandé des inspirations au martyrologe. Ce n'est pas qu'on eût horreur de représenter le sang, la mort, les chairs déchirées ; le meurtre d'Holopherne, de Michel-Ange, et tant de tableaux de batailles nous donnent ce spectacle. Il n'est pas de musée qui n'ait un saint Sébastien mourant percé par des flèches. Fra Bartholomeo, Carrache, le Pérugin, Pollaiuolo, Van-Dyck, E. Delacroix entre autres, ont traité ce sujet de main de maître. Nos martyrs n'inspireront-ils pas aussi un jour quelque Delacroix canadien ?

A la vérité, les sujets sanglants sont plus communs, dans notre histoire, que les scènes légères et gracieuses ; mais celles-ci sont de tous les pays.

J'aimerais voir décorant les murs de l'hôtel de ville de notre métropole quelque grande toile représentant « *Le marché aux fourrures* » qui se tenait, chaque année, à Montréal, avant la conquête : Les longues rangées de tentes en écorces de bouleau, remplies d'étoffes voyantes, d'articles de bimbeloterie, de colliers, d'armes destinées à séduire l'Indien ; les monceaux de fourrures, s'étalant avec leur chatoiement soyeux : peaux de dains, de castors, d'élans, de renards, de loups-cerviers, de martres, de visons, etc., etc. ; Et tout ce monde bigarré, disparate, qui circule, pérorant, discutant, gesticulant : Indiens, coureurs des bois, colons, officiers, soldats, commis du gouvernement etc., Indiens ivres d'eau de feu, chefs solennels, missionnaires parcourant les groupes, distribuant les paroles de paix.

Nos paysagistes non plus ne manqueront pas de merveilles dignes de leur pinceau ; ceux que ne tentera pas le genre héroïque pourront esquisser l'ombre aurorale de nos nuits d'hiver, les immenses nappes de neige éblouissante, crépitant aux rayons de la lune, le feuillage argenté des arbres couverts de frimas, les sites enchanteurs des bords du Saint-Laurent, etc., etc.

Enfin nous avons, même en ce siècle, des figures qui méritent d'être immortalisées : les champions de nos libertés constitutionnelles, Papineau, Bédard, Bourdages, Lafontaine, etc.; les derniers de nos martyrs, ceux de 1837, Cardinal, De Lorimier, Duquette, etc. Et de nos jours ce simple, gai et populaire héros, le défricheur patriote, Mgr Labelle.

II

Si notre passé offre un champ si vaste aux artistes, combien plus vaste encore est celui qu'il offre aux romanciers. Notre histoire est tellement belle que ce serait mal peut-être d'en altérer le caractère par la fiction. L'œuvre du romancier devra reconstituer la vie familiale des anciens pionniers, raconter comment nos ancêtres ont quitté leur mère-patrie, quel mystère, quel chagrin parfois cachait ce départ, quelle vision ils entrevoyaient aux champs d'outre-mer.

Les marins des bords de l'Atlantique entreprenaient, sans appréhension probablement, une longue traversée; les soldats obéissaient à leur consigne, tous cherchaient une terre où moins d'entraves gêneraient leur liberté, mais n'en est-il pas qui venaient enfouir une douleur, ensevelir des illusions mortes? De ce passé intime et obscur, rien ne nous reste. Quelquefois, en lisant les registres de l'émigration, on voit les noms de groupes de colons de la Rochelle, Poitiers, Nantes, et par le même navire, un jeune homme venu seul d'une province lointaine, de Bordeaux, de Paris. Pourquoi a-t-il ainsi quitté sa province? seul?...

Les contemporains d'Homère s'enquéraient de l'histoire de chaque étranger qui venait échouer sur leurs rives, car il est une histoire pour chaque homme que les circonstances de la vie ont jeté en dehors de la sphère d'action dans laquelle il semblait destiné à évoluer. Pour chaque homme qui quitte son pays, il est une histoire, ne serait-ce que celle de la lutte qui se livre dans son cœur entre le connu et l'inconnu, celle des affections qu'il abandonne, des rêves qu'il avait chéris et qui s'envolent, des visions qu'il avait caressées et qui s'évaporent.

Nos romanciers futurs qui connaîtront à fond les mœurs de ce temps, qui en auront étudié avec soin les mémoires, les vieilles chroniques, pourront faire revivre l'âme ardente des ancêtres, nous dire les exploits de d'Artagnan superbes, de Porthos invincibles dont les noms ont échappé à l'histoire, ou peut-être aussi de poétiques Attalas, de Renés mélancoliques...

Des centaines de noms de rivières, de villes, de villages, dans l'ouest des États-Unis, rappellent le souvenir de nos pères : les Illinois, Détroit, Prairie du Rocher, Prairie du Chien, la Baie verte, Gallopolis, Dubuque, etc., etc. Dans chacun de ces postes si nombreux établis par les Français de Québec à la Louisiane, et où leur nom est aujourd'hui presque oublié, n'y a-t-il pas le sujet d'un roman attachant, d'une idylle touchante, de quelque récit de vie solitaire, à la Robinson ?

Dès que les peuples anciens ont acquis la conscience de leur vie, des poètes se sont hâtés de donner aux héros nationaux, les vertus surhumaines, la puissance magique, l'entourage mystérieux que leur prêtait la croyance populaire, car le peuple ne saura jamais voir les grands hommes tels qu'ils sont. Aujourd'hui le poème épique n'est plus de mode, on éprouve moins le besoin d'attribuer aux êtres une grandeur surnaturelle ; pour les jeunes peuples de l'ère moderne le roman historique peut remplacer l'épopée et faire aux héros ce type mi-réel, mi-imaginaire, qui plaît à l'âme populaire.

L'œuvre du romancier complète l'œuvre de l'historien : ce dernier raconte les luttes, les batailles, les changements politiques, et d'une manière synthétique la vie de la nation. Le romancier entre dans les familles, dit la vie intime des êtres, les aspirations, les joies, les chagrins des âmes ; les évènements particuliers qui se sont perdus dans les bouleversements généraux. Il recueille dans le tumulte et le fracas de la bataille l'enthousiasme d'un seul cœur qui s'anime de la fièvre générale ; au milieu des chants de victoire, la voix solitaire qui pleure dans un foyer abandonné. Il peint les bonheurs et les tourments de l'amour, qui est la vie, et qui dans tous les évènements humains est le plus puissant inspirateur.

III

L'étude des sciences elle-même devra emprunter un attrait particulier à l'amour du pays, à la pensée patriotique. Les savants, en recueillant les secrets enfouis au fond des cœurs, révèlent l'homme à l'homme, en recueillant ceux que recèle la nature, ils révèlent la terre à ceux qui l'habitent. Etudier les sciences, c'est étudier l'œuvre de Dieu, c'est affirmer sur tous les êtres l'empire qui a été donné à l'homme. La physique, la chimie, la mécanique, ont été les grands instruments du progrès en ce siècle ; il est du devoir de chaque peuple de contribuer à l'œuvre bienfaisante qu'elles accomplissent (1). « *Il y a cela d'admirable dans la science, ce qui hier n'était qu'une découverte scientifique devient aujourd'hui une application utile, si bien que la science, en continuant sa marche vers les vérités spéculatives, sans paraître s'occuper de leur emploi, crée les plus utiles inventions et donne l'utile à la société à chaque pas qu'elle fait vers le vrai et le beau.* »

Tant que nous manquerons de physiciens, de chimistes, de naturalistes, de botanistes, nous ne réussirons pas à tirer parti de nos terres et à instaurer dans notre pays une agriculture perfectionnée. Aussi longtemps que nous manquerons d'hommes de science qui, d'après l'étude des conditions particulières de notre climat, des qualités de notre sol, etc., pourront formuler des règles sur lesquelles se guideront nos agriculteurs, nous resterons fidèles à l'ancienne routine. Nous savons aujourd'hui d'une manière vague que certains terrains ne sont pas propres à certaines cultures, que certains engrais sont favorables à certaines plantes, mais nous l'avons appris par

---

1. Saint Marc Girardin, cité par Mgr Dupanloup.

une expérience non scientifique. Ces connaissances ne reposent sur aucune loi reconnue, et si leur application, en raison de causes étrangères, cessait de donner les résultats attendus, on en conclurait probablement que ces résultats avaient été dans le passé dus à un simple hasard. Ni un agriculteur riche et dévoué à son pays, ni même un professeur d'agriculture quelconque ne saurait faire les expériences nécessaires, il faut un savant connaissant à fonds la généalogie, la physique, la chimie, l'histoire naturelle, et tous les multiples phénomènes de la croissance des plantes, de leur nutrition, etc.

Or, cette science nous ne pouvons pas la demander à des auteurs étrangers ; les conditions climatériques, biologiques et géologiques spéciales de notre pays exigent des expériences faites chez nous.

L'agriculture a fait, au Canada, des progrès assez sensibles, depuis quelques années. Nos compatriotes anglais ont créé dans leurs universités un bon nombre de chaires pour les sciences appliquées ; nous sommes restés en arrière.

La culture des sciences n'est pas cette étude aride qu'imaginent les profanes. Celui qui arrache à la nature ses secrets éprouve toutes les joies de l'explorateur qui, à mesure qu'il s'avance, aperçoit des terres nouvelles, salue des horizons nouveaux.

Le géologue, le naturaliste, le paléontologiste font revivre les siècles envolés : Les couches sédimentaires du sol, les dépôts stratifiés des montagnes, les végétations mortes qui ont servi à leur exhaussement, les coquillages, les couches de sable marin que les eaux y ont laissés leur racontent les révolutions qui ont agité le globe, leur disent l'âge de ces montagnes, les mystères des mondes enfouis et des formes disparues, et les croissances diverses des merveilles que nous admirons. Ils assistent aux grandes migrations de faunes et de flores, aux changements de climats et de configurations géographiques. Ils suivent les traces des alluvions des mers et des fleuves, avant la grande poussée végétale qui a couronné nos cimes et nos vallées de ces bois sombres que l'Indien plus tard devait faire tressaillir de son cri de guerre.

Chaque point du globe a son histoire. Si ce travail mystérieux des âges intéresse le savant, ne doit-il pas aussi intéresser le patriote, lorsqu'il s'agit du sol que nous habitons et que nos pères ont conquis ?

Notre âme, comme notre regard, aime les horizons lointains, les abîmes profonds, les au-delà insondables. Quelquefois je me prends à regretter que la nuit n'ait pas présidé à notre entrée en Amérique, que le passé de notre race sur ce sol qui nous est cher, n'embrasse pas des milliers d'années et qu'il ne flotte pas quelque étrange mystère de beauté ou d'horreur dans les plis obscurs de son voile. L'imagination a bientôt pénétré les trois siècles qui se sont écoulés depuis l'arrivée des premiers navires transportant des colons dans le golfe Saint-Laurent. Elle a embrassé en un instant l'épopée glorieuse dont nos pères furent les héros, mais elle voudrait encore aller plus loin, remonter plus haut vers le passé infini, en évoquant toujours sur son passage des âmes d'ancêtres, d'ancêtres qui auraient vécu, aimé, combattu et souffert dans la patrie. Il me semble que du haut de quelque dolmen primitif, près de quelque tombe inconnue, de quelque ruine enfouie qui me parlerait d'un passé de mille années, mon pays me serait encore plus cher et serait plus à moi.

Celui qui nous racontera l'histoire de notre sol, qui évoquera pour nous la vision des temps préhistoriques, avec leurs végétaux géants, leurs fleurs monstres, leurs mers de glace, qui fera entrer notre esprit plus profondément dans le passé, nous attachera davantage à ce sol canadien qui est nôtre ; car notre prise de possession s'étendra à travers les âges.

Ce qui marque l'agrandissement de l'esprit humain, c'est cette faculté d'accroître ses jouissances dans le passé et dans l'avenir, d'unir par la pensée les trois termes de la durée, de rendre présent par la reconstitution et l'anticipation ce qui a été et ce qui sera. L'animal inférieur ne voit que le présent, ne jouit que du présent. L'homme sans culture n'occupe guère dans le temps que les cinquante ou soixante années que la Providence lui a dévolues; cependant il a de vagues aspirations vers le lointain, l'au-delà, l'infini; et ces aspirations, les religions ont toujours tendu à les satisfaire. Le savant seul s'empare des mondes disparus et prévoit, dans une certaine mesure, les mondes à venir.

Toutes les jouissances de l'esprit ne sont-elles pas faites principalement d'anticipations et de souvenirs? ont-elles une réalité dans le présent? Les émotions de l'art, de la musique, de la peinture, de la poésie, ne consistent-elles pas surtout en ce qu'elles entraînent notre âme au loin, dans un monde imaginaire qui peut être le passé ou l'avenir, mais qui n'est jamais le présent? Les conquêtes de la science, lors même qu'elles ne peuvent, en apparence, amener aucun résultat pratique, sont utiles à l'homme, car elles ouvrent son horizon et élargissent son esprit. Elles le rendent meilleur, plus tolérant, plus généreux, en diminuant en lui cet instinct égoïste qui veut tout rapporter à un gain actuel. En lui révélant des richesses qu'il ignorait, elles rendent moins absolu son attachement aux biens palpables et tangibles.

Oh ! toutes ces végétations, ces splendeurs, cette faune, cette flore dont on nous raconte les merveilles et qui ont existé alors que l'homme n'était pas là ! Ne nous semble-t-il pas, à nous, rois de la création, que la nature nous doit des arrérages de servitude, et que tout ce qui s'est ainsi perdu dans le grand tout est un vol qu'on nous a fait ?

Le géologue, le paléontologiste, le naturaliste revèlent à notre imagination ce que notre œil ne verra jamais. Leur œuvre, si aride qu'elle paraisse, au premier abord, est pleine de poésie ; ils éprouvent toutes les jouissances du touriste, sans être soumis aux ennuis inséparables du voyage.

L'astronomie également étend le domaine de l'homme dans l'infini. Elle augmente sa possession de ces biens dont on ne jouit que par le regard et par la pensée. L'œil du pauvre qui *sait* et *comprend* peut se reposer sur les richesses des cieux étoilés, avec plus de bonheur que n'en éprouvera le riche, en contemplant les merveilles de ses palais et de ses parcs. « *Il me semble, dit l'Initiée, dans une œuvre de Camille Flammarion* (1), *il me semble que ma vie ne date que du jour où j'ai connu l'astronomie. Je n'en sais pas beaucoup, mais je me vois dans l'univers. Jusqu'alors j'étais aveugle, j'habitais un pays dont je ne savais même pas le nom. Maintenant je sais où je suis ; je sens la terre m'emporter dans le ciel.* »

Mais revenons pour une dernière fois à « l'homme pratique », car je sens combien tout ce que j'écris ici doit lui paraître ridicule. « Vous voulez, me dit-il, que des peintres et
« des romanciers s'inspirent de notre histoire,
« que des savants pratiquent des fouilles dans
« notre sol, afin de nous raconter ses trans-
« formations, que des botanistes fassent le
« recensement de nos plantes, que des astro-
« nomes comptent les étoiles. Je ne m'y
« oppose pas, c'est affaire à eux. Mais que
« nous fassions des sacrifices d'argent, que
« nous payions des professeurs d'université,
« afin qu'un jour, un certain nombre de jeu-
« nes gens puissent s'élever à des contempla-
« tions plus ou moins poétiques, selon l'ex-
« pression des gens du métier ; qu'ils puissent
« raconter en prose ou en vers que nous ne

---

1. « *Dans le ciel et sur la terre* ».

« sommes que de misérables atomes perdus
« dans l'infini, comme tous les savants s'éver-
« tuent à nous le prouver depuis des siècles,
« et qu'ils fassent des chansons sur tout cela ;
« que nous travaillions pour ces flâneurs qui
« ne seront pas même capables de gagner
« leur vie ! N'y comptez pas, cher mon-
« sieur ! »

Sans doute nous ne parviendrons jamais à nous entendre. Le seul argument que je puisse faire valoir, ici, c'est que tous les Etats florissants se sont honorés de posséder ces flâneurs, ces chercheurs, ces fabricants de valeurs non cotées à la bourse ; que tous se sont imposés des sacrifices pour les créer. Il est nécessaire que certains hommes, dans chaque pays, s'occupent de ces questions futiles et ridicules aux yeux de l'homme pratique et trouvent eux-mêmes futiles les poursuites ardentes de ce dernier, pour que tout soit bien dans le monde.

La matière a ses prêtres et ses fidèles, il faut que la pensée ait les siens, car nous sommes faits de matière et d'esprit. S'il importe d'augmenter le bien-être matériel, il n'importe pas moins d'agrandir l'horizon des âmes.

« *C'est par la haute culture que notre nature se développe dans ce qu'elle a d'essentiellement humain et de social, c'est par la connaissance et le sentiment du beau dans les œuvres de l'esprit qu'une profonde sympathie intellectuelle s'établit entre les hommes, passe de là dans les relations de la vie et imprime à la civilisation un caractère d'unité et d'urbanité morale qui se maintient à travers la variété, des situations, des intérêts, des opinions et tend incessamment à rapprocher les esprits au milieu de toutes les causes qui divisent les existences* (1).

1. M. Guizot.

I

EMPARONS-NOUS DU SOL.

On peut, je crois, établir en principe que tout jeune homme, d'une énergie et d'une intelligence moyennes, et possédant quelques centaines de dollars, qui se résignerait à vivre en gueux, à travailler ferme, à se priver de toute jouissance, pendant six ou sept ans, disons depuis l'âge de dix-huit jusqu'à vingt-cinq ans, peut se faire dans l'agriculture, au Canada ou aux Etats-Unis, une situation indépendante, prospère, et s'assurer pour l'avenir, une vie honorable, autant que saine et agréable. On peut dire avec autant de vérité que le même jeune homme, travaillant, en qualité d'ouvrier, dans une fabrique ou une usine, également de dix-huit à vingt-cinq ans, serait, après ces sept années de servitude, aussi pauvre et aussi peu avancé qu'auparavant. Pourquoi un si grand nombre de nos compatriotes reculent-ils devant les nobles travaux du défricheur, pour aller compromettre leur santé et abrutir leur intelligence dans l'atmosphère lourde des fabriques de la Nouvelle Angleterre ? J'ai expliqué plus haut, quelles sont les causes de l'émigration canadienne aux États-Unis. Les cultivateurs canadiens désertent leurs terres, parce qu'ils ont été ruinés par l'abus du crédit, l'usure, la dépression agricole ; parce qu'ils ont manqué de prévoyance et de prudence. Ils ne songent pas à refaire leur fortune, en colonisant des terres nouvelles ou, tout au moins, à encourager leurs fils à se faire défricheurs, parce que jugeant mal les causes de leur insuccès, ils en sont venus à la conclusion que l'agriculture, au Canada, est une profession ingrate et qu'il est presque impossible, en s'y adonnant, de gagner sa vie.

On a fait naufrage parce qu'on n'a pas su éviter les écueils de la route, et l'on n'ose entreprendre une nouvelle traversée.

Etant donné nos habitudes de bien-être et de comfort, un jeune cultivateur ne devrait pas songer à se marier avant d'avoir, outre une ferme en bon état de défrichement et susceptible de rapporter, même dans les mauvaises années, une somme suffisante pour couvrir toutes les dépenses d'exploitation et de subsistance, un certain capital en numéraire destiné à parer aux accidents imprévus. Or, c'est généralement le contraire qui arrive (1). De 1870 à 1880, un cultivateur à l'aise, de la province de Québec, a donné à chacun de ses cinq ou six fils une ferme d'une valeur de trois à quatre mille dollars, avec maison, granges, bétail, instruments aratoires, etc., mais il a laissé à chacun d'eux une dette hypothécaire de mille à quinze cents dollars, dont l'intérêt était payable à une banque, à sept ou huit pour cent, soit de 70 à 120 dollars par an. Les fils, pleins de confiance, se sont mariés dès leur entrée en possession et ont continué la vieille routine qui avait réussi à leur père pendant les années d'abondance précédant 1870. Ils ont eu un grand nombre d'enfants, les dépenses des ménages se sont accrues ; ne parvenant pas à économiser les intérêts annuels qu'ils devaient payer, ils ont contracté de nouvelles dettes hypothécaires, escompté des billets à ordre, et dix, douze ou quinze ans plus tard,

1. Le célèbre économiste Mac Culloch prétend qu'un cultivateur devrait toujours posséder un capital plutôt supérieur qu'inférieur à la valeur de sa ferme.

plusieurs d'entre eux, la plupart peut-être, sont partis pour les Etats-Unis, après avoir connu tous les ennuis, toutes les vexations, toutes les humiliations de la lutte contre l'usure et les gens de loi, de cette vie cruelle où les mois se comptent par les échéances de billets à payer ou à renouveler. Cette histoire est celle d'un grand nombre de familles canadiennes.

Toutes les statistiques, toutes les études des économistes ont établi que, dans l'état actuel de l'agriculture, un cultivateur, surtout lorsqu'il est chargé de famille, ne peut payer un intérêt de 6 o/o sur une hypothèque grevant une partie importante de sa propriété. Cette vérité n'a pas encore pénétré jusqu'à nous. Il est trop tard aujourd'hui, pour dire aux pères de famille : Economisez, prévoyez, ne vous endettez pas, mais aux jeunes gens disons ceci : Imitez l'Écossais et l'Allemand, dont les établissements agricoles sont si prospères dans toutes les parties de l'Amérique. La supériorité de ces peuples consiste dans leur sens pratique, qui les porte à prévoir, à apprécier à leur juste valeur les chances d'avenir et qui les empêche de faire des calculs trop optimistes.

Jusqu'à présent, nous avons encouragé autant que possible les mariages précoces et en conséquence, les familles nombreuses dans le but patriotique d'accroître notre force nationale. Le résultat a été bien différent de celui que nous attendions, notre population n'augmente pas dans la province de Québec, et l'hypothèque dévore nos patrimoines.

« *Il y a assez longtemps, dit M. Fréchette, que la fécondité de nos femmes fait le thème de nos dithyrambes patriotiques et se charge de prouver au monde entier la supériorité de notre race.* »

Dans la question de notre développement national, nous avons adopté ce mot d'ordre « *Emparons-nous du sol.* » La conquête du sol, si favorable au maintien de notre nationalité, présente des avantages plus grands encore peut-être au point de vue économique.

Il n'est dans notre pays aucune industrie, si productive qu'elle soit, qui puisse se comparer au défrichement de la terre, ni pour la somme des richesses produites, ni pour l'équité de leur répartition.

Calculons, en effet, ce que peut rapporter le travail de deux cents ouvriers pendant un espace de trois ans, dans une industrie très prospère. Je suppose que le capital placé : capital fixe, capital roulant, capital de consommation, soit seulement de cent mille dollars. L'industriel a réalisé, avec la protection du gouvernement, un bénéfice net de 15 o/o : soit, en trois ans, 45.000 dollars. De cette somme, je suppose encore que 20.000 dollars ont été consommés et que le reste a été employé pour accroître la production future ou pour la rendre plus facile ; il reste donc dans le pays une augmentation de richesse de 25.000 dollars. J'admets, en outre, que neuf ou dix employés supérieurs, commis, contre-maîtres, aient pu économiser sur leurs appointements, chacun deux cents dollars, par année — quant aux ouvriers, *ils ont vécu* — cette augmentation se trouve portée à 31.000 dollars. Elle a probablement eu pour effet, d'un autre côté, en raison des tarifs protecteurs en vigueur, de faire payer à toute la population du pays un prix plus élevé pour un certain nombre d'objets de consommation.

Passons à l'agriculture : Les deux cents ouvriers ont obtenu du gouvernement des terres non défrichées, cent arpents chacun, à trente sous par arpent. Un homme défriche facilement, pendant la belle saison, dix arpents de forêt, y compris le fossoyage, l'abattage des arbres, etc. Le colon possède donc, au bout de trois ans, une terre de cent arpents, dont trente en culture, que personne ne songera à évaluer à moins de mille dollars. Nous nous trouvons en présence d'une augmentation de richesse non consommable, pour la province, de 190.000 dollars [1]. De plus le défricheur est maintenant en état de vivre, il va chaque année augmenter la valeur de sa propriété, acheter des instruments aratoires, du bétail et, s'il est prudent, s'il a soin de ne pas s'endetter, de ne pas se marier trop tôt, dans dix ans il aura une installation commode, sa ferme sera toute défrichée, améliorée et vaudra cinq mille dollars. *De plus cette augmentation de richesse n'aura pas seulement profité à deux ou trois familles, mais à deux cents.* Quelle calamité si, au lieu d'être utilisé dans notre pays, le travail de ces deux cents ouvriers sert à enrichir l'étranger, si, au lieu d'avoir ajouté à notre patrimoine une plus-value de 190.000 dollars, nous avons perdu deux cents chefs de famille !

On pourrait faire à ce calcul un certain nombre d'objections. Ainsi, il faut au défricheur un petit capital pour acheter des outils, quelques instruments aratoires indispensables, du bétail, etc., il lui faut manger et se vêtir pendant qu'il travaille au défrichement, et ce capital, s'il ne le possède pas, il ne peut l'emprunter, car au taux de six, surtout pendant

---

1. Si l'on distrait de cette somme celle de 6000 dollars, représentant la valeur de 20.000 arpents de terre non défrichée, et par conséquent d'aucun rapport, nous restons avec un gain de 184.000 dollars.

les premières années, alors que la terre ne lui donne qu'un très mince revenu, il sera bientôt ruiné. Mais, à vrai dire, un bon nombre de jeunes gens qui pourraient s'adonner avec profit au défrichement, possèdent ou peuvent se procurer la somme nécessaire, d'autres peuvent la gagner en travaillant comme bûcherons, pendant l'hiver. C'est ainsi qu'ont été colonisées avant 1870, alors que les produits agricoles trouvaient un débit facile, la plus grande partie des terres des cantons de l'Est. Une somme de cinq cents dollars pour chaque colon, — correspondant aux cent mille dollars que j'ai supposés placés dans l'industrie, — serait amplement suffisante.

Créer un « crédit agricole et de défrichement », procurer aux cultivateurs et aux défricheurs des capitaux à trois ou quatre pour cent, voilà la question qui devrait s'imposer avant toute autre à nos législateurs.

Sur le terrain économique, tous nos efforts doivent tendre, pour le moment, à un but unique : développer nos ressources naturelles, étendre le champ de notre colonisation. L'avenir est sans contredit à l'agriculture ; la richesse principale c'est la terre. L'industrie donne autant qu'on le veut, il n'y a pas de limites à sa production, et si elle continue à ne pas tenir compte des besoins réels des consommateurs, bientôt tous les marchés seront encombrés.

Les fabriques ne sont pas toujours construites pour répondre à des besoins du marché international, dont l'état est difficile à connaître et à apprécier, mais le plus souvent, au contraire, pour placer et utiliser des capitaux.

Autour des fabriques et des usines dont sont remplis les grands pays industriels, des villes entières ont été construites, des milliers de familles d'ouvriers se sont groupées ; un bien petit nombre sont propriétaires de leurs maisons, mais toutes ont des meubles, toutes se sont fait des relations, se sont habituées à la vie locale. Les capitalistes, de leur côté, ont dépensé des sommes très considérables pour l'achat d'un matériel, la construction de machines, de magasins, de bâtiments de tous genres servant à l'exploitation, etc. Il résulte de ces faits que ces fabriques et ces usines devront, par tous les moyens et quoiqu'il advienne, continuer de produire. D'un autre côté, la plupart des pays européens, qui ont un surcroît de population, et quelques-uns d'immenses populations d'indigents, sont naturellement forcés d'encourager et de développer l'industrie. Leurs gouvernements se préoccupent peu des conditions de l'offre et de la demande à l'étranger ; ils ne songent qu'à créer une industrie nationale.

Des pays nouvellement nés à la civilisation, et qui n'étaient autrefois, au point de vue industriel, que des consommateurs, comme l'Inde, le Japon et même la Chine, commencent, eux aussi, à construire des usines et des fabriques. L'industrialisme, se développant dans ces conditions difficiles, ne peut que continuer à donner les résultats que nous avons déjà constatés : grouper les victimes du paupérisme, augmenter la division des classes, créer des richesses individuelles et préparer des désordres sociaux. L'encombrement des marchés rendra nécessairement avant peu les profits de l'industrie inférieurs, s'ils ne le sont déjà, à ceux de l'agriculture.

La production agricole, au contraire, est nécessairement limitée, et quand toutes les terres seront colonisées, ce qui ne saurait se produire de sitôt, elle ne pourra s'accroître que par la substitution de la culture intensive à la routine actuelle.

Il s'agit pour nous d'empêcher une partie de notre population de passer dans les rangs du prolétariat, et de multiplier, dans des proportions normales, le nombre des familles de propriétaires. Il s'agit enfin d'assurer à nos compatriotes, préférablement aux étrangers, les nombreux avantages qu'offre notre pays, au point de vue de l'acquisition du bien-être et de la constitution, dans des conditions relativement faciles, d'un patrimoine sûr et transmissible.

Parmi les descendants des 3.250.000 colons qui peuplaient les États-Unis, lors de la guerre de l'indépendance, il y a certainement, à l'heure actuelle, fort peu de journaliers, d'ouvriers de fabriques et de valets de fermes. Tous ou presque tous sont propriétaires. Il devrait en être ainsi pour les Canadiens-Français.

La question de la colonisation et du rapatriement est celle sur laquelle tous nos compatriotes s'entendent le mieux; seulement nous ne pourrons jamais la résoudre au moyen de discours patriotiques et d'articles de journaux. Tout le monde s'accorde à constater ceci : L'agriculture n'est plus en faveur ; les jeunes gens, dont la plupart se marient trop tôt, n'ont plus l'énergie nécessaire pour faire de bons défricheurs, ils aiment mieux hériter d'une terre en valeur, mais grevée d'une lourde hypothèque, dans la paroisse où ils sont nés, être commis à la ville, ou émigrer aux États-Unis, que d'aller passer quelques années dans la forêt, au milieu de la fumée, exposés aux piqûres des moustiques, mal nourris et mal vêtus. Quant à l'avenir, ils n'y songent guère.

Ce mal ne peut avoir pour remède qu'une initiative patriotique prise par les classes dirigeantes.

II

Qu'on me permette, avant d'aller plus loin, de citer deux lettres que je viens de lire dans un journal hebdomadaire, publié à Londres, a « *Canadian Gazette* » (numéro du 1ᵉʳ février 1894). Un employé de commerce écrit au directeur de cette feuille :

« *Je vous serai obligé de me donner quelques renseignements, relativement au Canada, c'est-à-dire au Manitoba, aux territoires du Nord-Ouest ou à la Colombie anglaise. Je suis âgé de trente-deux ans, et bien que j'aie été employé pendant quinze ans dans un bureau, je suis suffisamment robuste, ma santé est bonne, et j'aime beaucoup l'exercice en plein air. Je suis absolument dégoûté de la besogne dont je m'occupe et dans laquelle je n'entrevois pas un avenir bien brillant.*

Croyez-vous que je puisse réussir et gagner de l'argent dans l'agriculture au Canada?

Je pourrai toucher environ cent livres (500 dollars), lorsque j'aurai passé un an au Canada, et pendant l'année, j'aurai peut-être pu faire quelques économies.

Je suppose que j'aurais à travailler comme valet de ferme pendant un an. Ce travail est-il dégradant et difficile ?

Cette vie peut-elle convenir à un gentleman ? »

Le reste de la lettre se rapporte au climat. On le voit, le « *City gentleman* », bien que disposé à travailler de ses mains, n'est pas indifférent à la question de dignité, et il entend ne pas déchoir socialement.

Le rédacteur de la *Canadian Gazette* communiqua la lettre au capitaine Andrew Hamilton, bien connu au Canada ; j'extrais de la réponse de ce dernier les lignes suivantes :

… « *Le capital de cent livres n'est pas trop considérable et ne devra pas être entamé, tant que son possesseur ne connaîtra pas dans tous ses plus menus détails la question de l'agriculture dans les prairies. Avec des connaissances et du travail, cette somme sera tout-à-fait suffisante ; votre correspondant pourra la doubler la première année, ou la perdre en son entier, s'il l'emploie imprudemment. Qu'il gagne sa vie et s'instruise tout d'abord. C'est ce que font mes amis. Le quatrième de mes fils a gagné sa nourriture, ses habits et ses passages sur l'Atlantique, en travaillant comme valet de ferme (dans une excellente famille avec laquelle il vit sur un pied d'intimité) depuis l'âge de quinze ans. Il a aujourd'hui dix huit ans et demi... Le travail ne dégrade personne au Canada. Je suis revenu en Angleterre avec un monsieur très bien, qui me parlait avec enthousiasme de la vie des prairies ; il y avait travaillé, comme valet de ferme, pendant trois ou quatre ans et se proposait d'y retourner, si la besogne à Londres ne lui convenait pas. Quant à ce que peut être cette vie pour un gentleman, naturellement cela dépend de l'espèce de gens avec lesquels il se trouve. Il y a beaucoup de gentlemen qui cultivent, il y a beaucoup de gens respectables, mais il y en a aussi qui sont tout le contraire. . . .*

Après une expérience de douze ans de la vie des colons et émigrants canadiens, je suis absolument convaincu qu'un homme ayant les dispositions, la détermination et la position sociale, à Londres, de votre correspondant, est presque mieux préparé pour réussir que l'homme qui s'est déjà occupé de travaux manuels réellement pénibles, ou qui a fait différents métiers, a été cocher ou même valet de ferme. »

Ce sont des hommes de cette trempe (1) qui ont donné à l'Angleterre son vaste empire colonial.

Tous nos ancêtres, à nous, se sont occupés de travaux manuels, tous, sous la domination française, officiers et soldats, ont également travaillé dans les champs et fait la traite des pelleteries avec les Indiens, comme ils ont bataillé et exploré. Ainsi ont fait nos voisins, les pionniers de la république américaine. Mais voilà qu'un préjugé a pris racine au sein de notre population : il semble maintenant que le fait d'avoir quelque instruction a pour conséquence nécessaire l'exercice d'une profession libérale, l'entrée dans une carrière où l'on n'ait pas de fatigue physique à supporter. Le commis qui additionne, huit ou dix heures par jour, des colonnes de chiffres, établit en belle ronde le droit et l'avoir de ses patrons, MM. Jones et Cie, ou, debout derrière un comptoir, mesure, trois cents jours par année,

---

1. Dans son poème « The Princess », Tennyson fait une esquisse délicieuse de ce type d'Anglais :

> No little lily-handed Baronet, he :
> A great, broad-shouldered, genial Englishman,
> A lord of fat prize oxen and of sheep,
> A raiser of huge melons and of pine,
> A patron of some thirty charities,
> A pamphleteer on guano and on grain,
> A quarter-sessions chairman ; abler none.

des milliers d'aunes de drap et de toile, ne doute pas de sa supériorité sociale sur le vaillant défricheur, sur le travailleur des champs. Tant mieux, si cela peut lui faire mieux apprécier son lot dans la vie ! Dans notre Amérique démocratique, l'homme dont l'esprit est élevé et le cœur courageux, quelle que soit la carrière à laquelle il se destine, quel que soit le travail auquel il doive se livrer, peut se considérer comme l'égal de tout autre homme, et personne ne le trouvera ridicule d'avoir cette fierté.

Ce qu'il faudrait aujourd'hui, dans notre province, ce sont des jeunes gens ayant reçu une bonne éducation, comme les fils du capitaine Hamilton, qui ne craindraient pas d'aller affronter les rudes travaux du défrichement, et qui, par leur exemple, enseigneraient à tant de leurs jeunes compatriotes qui n'y songent pas quelle différence il y a entre le labeur pénible du mercenaire, dans une fabrique étrangère, et l'œuvre du colon, du pionnier.

Seulement nos qualités de race, différentes de celles de l'Anglais, exigent que nous procédions autrement que ce dernier.

L'Anglais peut *isolément* s'en aller conquérir un héritage dans les pays nouveaux ouverts à son activité ; la solitude ne lui pèse pas ; le but à atteindre, toujours présent à ses yeux, le soutient et l'encourage. Le Français, lui, n'aime pas la solitude, il ne sait pas se passer d'amis, de compagnons ; il tient à causer en travaillant ; il subit surtout l'entraînement de son entourage. « Les Français ne sont tout-puissants qu'en masse », disait Mme de Staël. Ce que l'Anglais accomplit isolément, *chacun pour soi*, n'obéissant qu'à sa seule initiative, nous pouvons l'accomplir en groupe, chacun pour tous et tous pour chacun, en vertu d'une impulsion donnée par un esprit dirigeant et acceptée par la masse, d'un exemple venu de milieux influents.

Il ne serait pas beaucoup plus difficile de donner un nouvel essor à la colonisation et d'entraîner à cette œuvre des milliers de jeunes gens, qu'il n'est difficile d'entraîner ces mêmes jeunes gens à aller applaudir des *speeches* insignifiants et à se passionner pour des phrases creuses, si l'on montrait la même ardeur à la propagande.

N'oublions pas les leçons de notre passé. Notre histoire n'est pas l'œuvre d'hommes isolés ; elle est l'œuvre de compagnies de soldats, de partis d'explorateurs, de coureurs des bois, de groupes d'aventuriers, et plus tard de sociétés de patriotes.

L'association sera, si nous le voulons, une très grande force dans notre développement éducationnel et économique. Au moyen d'associations basées, non sur des vanités mesquines, mais sur des sentiments élevés, généreux et pratiques, nous pourrons accomplir ces deux grandes choses : doter notre province d'Établissements d'éducation rivalisant avec celles des pays de haute civilisation, tirer parti des ressources de notre sol, retenir nos jeunes gens chez nous, agrandir notre domaine agricole.

Je suis même convaincu que, dans cette question du défrichement, dont les travaux sont si pénibles, le succès est presque impossible sans le concours de beaucoup d'efforts réunis. La forêt est une place forte dont on ne saurait s'emparer si l'on ne dispose d'un nombre d'hommes suffisant, d'engins et d'armes appropriés (1).

Le Canadien français suit volontiers l'exemple du guide qui s'impose, il aime à conformer sa conduite à la conduite d'hommes éclairés, il subit facilement l'ascendant d'une élite. Aussi les efforts sincères que feraient en

1. Les lourds troncs d'arbres à entasser, les souches à extraire du sol, etc., etc., tout cela demande les forces unies de beaucoup de bras. Je n'entrerai dans aucun détail, mais l'expérience a prouvé que vingt hommes travaillant en commun et avec méthode peuvent défricher trois fois plus rapidement vingt lots de terre contigus que s'ils travaillaient isolément chacun pour soi.

faveur de la colonisation des citoyens patriotes et jouissant d'une certaine influence, seraient certainement couronnés de succès.

Je voudrais donc voir se former des sociétés de colons composées de jeunes gens ayant étudié dans nos collèges, de fils de cultivateurs se destinant à l'agriculture, de fils d'émigrés revenant des Etats-Unis : de jeunes gens qui sentiraient revivre en eux le courage et la fierté des ancêtres, pour aller fonder des paroisses dans la partie encore inculte de la province de Québec et continuer l'œuvre du regretté Mgr Labelle.

La conquête du défricheur, voilà la première de toutes les œuvres de civilisation. L'homme qui, à la place de la forêt humide, crée les champs verdoyants, la maison riante, les voies ombreuses, les jardins fleuris, cet homme est le vrai conquérant. Une société de jeunes gens intelligents, instruits autant que possible, qui seraient décidés à ne pas reculer devant les fatigues et les privations de quelques années, afin de se faire un avenir indépendant, qui consacreraient leurs moments de loisirs à augmenter leurs connaissances agricoles et autres, qui auraient le bon esprit de ne se marier que lorsqu'ils seraient à la tête d'une belle et grande ferme, qui prendraient surtout des habitudes de prévoyance et de prudence propres à leur assurer une prospérité continue : une société ainsi constituée réaliserait des merveilles.

Le Nord-Ouest nous est fermé, grâce à la loi injuste et rétrograde votée par la législature du Manitoba et prohibant les écoles françaises, mais nous avons encore les trois quarts de la province de Québec à coloniser. S'il est plus difficile de défricher la forêt que de mettre la prairie en culture, d'un autre côté, notre province nous offre de nombreux avantages sur le Manitoba au point de vue du climat, de la facilité de l'irrigation et de l'arboriculture, et en outre elle constitue un centre presque exclusivement français.

III

« Qu'on l'entende donc bien, dit Mgr Dupanloup, il n'y a personne, ni homme, ni femme, ni grand seigneur, ni grande dame que ce soit, qui doive craindre de se rabaisser, en s'occupant d'un labeur aussi noble, aussi utile que celui de l'agriculture. » L'agriculture ne mène jamais à la grande fortune, mais elle conserve ce trésor inappréciable : la santé ; elle assure à celui qui ne

considère pas le travail manuel comme un châtiment, une vie bien remplie, embellie par de saines jouissances, et s'il a reçu une instruction suffisante et possède un peu de sens artistique, je dirai des jouissances d'un ordre élevé et pures par dessus toutes (1). « *Au degré d'instruction que devra posséder l'agriculteur progressif, tout le monde reconnaîtra que, de métier qu'il est encore trop souvent aujourd'hui, l'art agricole perfectionné devient la plus noble des carrières, peut offrir à l'homme instruit le théâtre le plus élevé des connaissances humaines, la plus noble et la plus indépendante des positions sociales et rend à l'agriculture la première place qu'elle doit occuper dans la production matérielle.* »

A la vérité, le jeune colon qui, sans capitaux, aura défriché une ferme au Canada, ne pourra songer tout d'abord à faire de la culture intensive et naturellement dispendieuse. Il devra se contenter d'améliorer ses procédés, se dégager de la routine, faire la meilleure culture extensive possible et ne se permettre d'expériences scientifiques que sur une petite échelle et dans la limite absolue de ses ressources. En revanche, pour peu qu'il ait le

---

1 Pépin Lehalleur, cité par Mgr Dupanloup.

goût du beau, il pourra se procurer toutes les jouissances du poète et de l'artiste.

Il y a, sur les bords du Saint-Laurent et dans les cantons de l'Est, de fort belles propriétés, certes ; mais jusqu'à présent, on a trop négligé dans nos campagnes le côté pittoresque et artistique. Nulle part en Amérique, les chemins publics ne sont plus mal entretenus que dans la province de Québec, nulle part on ne s'occupe aussi peu d'embellir les environs des fermes et de faire des plantations d'arbres. Voilà pourquoi l'agriculture ne possède aucun attrait pour le plus grand nombre de nos compatriotes et n'est considérée que comme un moyen pénible de gagner sa vie. On ne songe pas à l'augmentation du bien-être et même de la richesse, que le développement du goût artistique, du sens de la beauté, apporterait au Canada français, au charme que donneraient à nos campagnes les routes bien entretenues et ombragées d'arbres, les maisons entourées de parterres, de parcs, de vergers, etc. Et, remarquons-le bien, ce sont là des améliorations qui ne coûtent presque rien, ne demandent que fort peu de travail et n'entraînent le sacrifice d'aucun profit, d'aucun avantage pratique.

En ouvrant de nouvelles paroisses, il faut songer à y acclimater tout d'abord la beauté. En vérité, j'aurais plus confiance dans le succès

jeunes colons inhabitués au maniement de la hache et de la bêche, mais courageux, intelligents, unissant à une instruction suffisante, le goût du beau, des habitudes d'ordre et de prévoyance, qu'en celui de défricheurs simplement robustes et habitués aux plus durs travaux.

Pour bien aimer la campagne, il faut qu'une âme soit éclairée d'un rayon de poésie ; il faut que l'œil de l'agriculteur puisse apprécier une belle végétation, une belle aurore, que son cœur puisse savourer cette douce paix, cette calme harmonie qui se dégagent de tout ce qui l'environne.

Dans les villes, l'homme passe, indifférent à presque tout ce qu'il rencontre ; à la campagne, il s'attache à tout, aux êtres et aux choses ; rien n'existe dans son entourage qui ne lui soit familier et qui n'ait une place dans ses affections.

Les gens des villes habitent, pour la plupart, des maisons qui ne leur appartiennent pas ; selon leur caprice ou ceux d'un propriétaire, ils déménagent à intervalles irréguliers, et chaque terme voit de lourdes voitures chargées de meubles se transporter d'un faubourg à un autre, d'une rue à une autre. Ces migrations ne se font pas toujours sans regret, elles ne s'effectuent pas sans que des meubles soient détériorés, des bibelots sacrifiés. On monte des escaliers, on s'installe et l'on cherche à donner au nouveau logis, autant que possible, l'aspect de celui que l'on vient de quitter, car on s'est habitué à telles dispositions de pièces, à telle distance entre un meuble et un autre, tant il est vrai que l'on aime à localiser son bonheur entre certains espaces déterminés, entre certains objets matériels permanents. Cette vie nomade, en multipliant nos souvenirs, leur enlève de leur intensité et par là même, de leur charme.

Le châtelain, le grand propriétaire rural qui habite le vieux manoir ancestral, la maison qui l'a vu naître, éprouve un bien autre attachement pour son foyer ; mais rien peut-être n'égale l'amour du défricheur pour la terre qu'il a créée et fertilisée. Cette terre, elle lui doit tout ; avant son arrivée, il y avait à cet endroit une forêt sombre, des massifs d'arbres séculaires, des fouillis de broussailles, des pins, des sapins morts jonchant le sol, enchevêtrés dans une végétation sauvage, pourrissant sous des tapis de mousse humide.

Il a conquis cette terre par la hache et le feu, chaque parcelle de ce sol représente des journées d'un labeur pénible ; il a travaillé là pendant les belles années de sa jeunesse, rêvant du bonheur prochain, de l'amie qui viendrait partager son foyer, des enfants qui l'égayeraient. Il a vieilli, créant toujours, agrandissant et embellissant son patrimoine, continuant son œuvre de civilisation et de progrès. Toute sa vie est là; à chaque instant il peut jouir de toute son œuvre, et quand il regarde cette belle ferme qui est sienne, ce n'est pas seulement la vanité du propriétaire qui s'affirme, c'est l'orgueil du créateur. Je voudrais que ce fût encore la jouissance raffinée de l'artiste.

J'aime à me figurer qu'un jour, quand la science, fauchant les préjugés et ouvrant les âmes, aura accompli une partie de sa mission, chaque cultivateur fera à l'art une part dans sa vie, chaque champ, chaque prairie, sera comme une toile où l'homme, avec la collaboration de la pluie et du soleil, cherchera non-seulement à produire les biens de la terre, mais aussi à réaliser la beauté, ce rêve éternel de tout organisme supérieur. Il fera bon alors s'en aller, joyeux pèlerin, par les monts et les vallées, le long des routes ombreuses, comme dans un musée où tout sera réuni pour plaire, où tous les sens seront charmés.

Depuis les temps les plus reculés, je le sais, certaines phrases consacrées ont constamment fait ressortir la noblesse de l'état d'agriculteur, l'agrément de la vie des champs; tout bonheur poétique rêvé s'est toujours localisé au fond d'une vallée ombreuse, dans une chaumière entourée de fleurs. Cependant, jusqu'à présent, la poésie des champs n'a guère été savourée que par des dilettantes et des rêveurs, rarement par des agriculteurs pratiques.

Les poètes qui ont chanté l'Arcadie ont simplement entrevu l'avenir, ils ont représenté dans un monde chimérique du passé ce que la civilisation seule pourra créer.

Si tant de nos jeunes gens qui terminent, à l'heure qu'il est, leurs cours classiques, ou commencent leurs études universitaires, et par conséquent se rendent compte du peu d'avenir que leur offrent les carrières libérales, pouvaient s'élever à une conception noble et grande de la vie et du devoir patriotique, nous verrions, dans quelques années, moins de politiciens besogneux dans la province de Québec, moins de chercheurs d'emplois publics. Mais il y aurait des sociétés de colons à l'œuvre, nous aurions, dans la vallée du lac Saint-Jean, des bacheliers soucieux en même temps du beau et de l'utile, travaillant à créer de nouvelles paroisses, et encourageant par leur exemple, dans les autres classes de la population rurale, les habitudes d'économie, de prudence, de travail et de simple élégance.

Trop longtemps on a considéré comme incompatibles ces deux choses : le travail manuel et le savoir, le maintien d'un rang social et l'accomplissement de ce devoir « gagner son pain à la sueur de son front. » Suivons l'exemple de l'Anglais, que ni son éducation, ni ses habitudes bureaucratiques n'empêchent de se faire colonisateur et même valet de ferme, lorsqu'un jour le désir de l'indépendance et de la vraie liberté s'empare de son cœur.

L'homme idéal, l'homme tel qu'il sera dans l'avenir, n'est-ce pas celui-là dont l'âme est assez grande, assez éclairée pour jouir de tout ce que la nature et l'art offrent de beautés, dont le courage est assez haut, les forces viriles assez développées pour lui permettre de lutter contre les forces adverses du sol, du climat et d'en triompher ?

Que les indigents qui, chaque année, traversent l'Atlantique enrichissent les industriels américains et assurent la prospérité de leurs usines, ce n'est pas un rôle qui nous convienne à nous, fils des premiers pionniers de ce continent. Rappelons-nous ceci : nos professions libérales sont encombrées ; nous avons dans la province de Québec dix-sept collèges, dans chacun desquels deux ou trois cents élèves reçoivent, à l'heure qu'il est, une éducation classique ; des milliers de jeunes gens émigrés aux États-Unis, ou sur le point d'émigrer, dès que les hypothèques grevant leurs propriétés l'exigeront, seraient heureux d'aller coloniser et ouvrir des terres nouvelles, s'ils étaient sagement conseillés, encouragés d'une manière efficace, si surtout l'exemple leur était donné par des compatriotes auxquels une instruction un peu supérieure prêtât un certain prestige. Ne voit-on là rien à organiser, rien à créer, aucune initiative à prendre dans l'intérêt de notre race ?

Emparons-nous du sol !

Tous les physiologistes sont d'accord sur ce point, c'est que rien ne peut mieux ou aussi bien favoriser le développement d'une race vigoureuse, intelligente et d'aptitudes supérieures que la vie à la campagne, dans certaines conditions d'aisance et de culture intellectuelle.

« *Les campagnes, sont en quelque sorte, le laboratoire où se créent les forces du bien* (1). »

1. Montesquieu.

TROISIÈME PARTIE

L'AVENIR

I

L'AVENIR ET LE PROGRÈS.

> « (1) There will be a change in the conception of honour. It will become a wonder that there should ever have existed those who thought it admirable to enjoy without working at the expense of others who worked without enjoying. »
>
> (H. Spencer. *The study of sociology*, p. 261).

Notre avenir comme peuple est subordonné à l'avenir du progrès, aux conquêtes de la

---

1. Notre conception de l'honneur se modifiera. Un jour viendra où l'on sera étonné d'apprendre que des hommes ont

civilisation, aux révélations de la science. Nous subirons le contre-coup de toutes les révolutions du Globe, nous serons irrésistiblement entraînés dans les voies ouvertes par les grandes nations. N'est-ce pas une entreprise bien téméraire dans les circonstances que de chercher à prévoir cet avenir?

Le monde a marché si vite depuis le commencement du XIXe siècle, les transformations produites par les découvertes nouvelles dans les conditions de la vie sociale, ont tellement dépassé toutes les prévisions que l'on hésite maintenant à plonger le regard dans l'inconnu, pour tâcher d'y lire ce qui sera, ce qui adviendra dans quinze, dans vingt, dans trente ans.

Les uns croient vaguement à un bouleversement absolu de notre ordre social qui ne laissera rien debout de tout ce qui existe aujourd'hui; d'autres traitent les aspirations vers une vie nouvelle et les plans de réorganisation des novateurs de rêves de poètes, de projets d'idéologues; et, d'un côté comme de l'autre, on ne voit rien de mieux à faire que de se cuirasser d'indifférence et d'égoïsme.

Dans les hautes sphères intellectuelles,

---

existé qui trouvaient admirable de jouir des biens de la vie sans travailler, aux dépens d'autres hommes qui travaillaient sans jouir.

cependant, s'élaborent mille projets de réformes ; des philosophes et des sociologues publient chaque année des monceaux de volumes définissant le droit, invoquant la justice, indiquant les routes à suivre, expliquant les conditions dans lesquelles le bonheur deviendra accessible à tous. Jamais, en aucun temps, on n'a vu un aussi grand nombre de nobles et puissants esprits s'occuper d'améliorer le sort de l'humanité.

Quelles révolutions, quels cataclysmes se préparent, de quelles révélations la science viendra-t-elle éclairer notre route ? Nul ne saurait le dire ; mais, n'en doutons pas, ce qui sera vaudra mieux que ce qui est. L'empire que l'homme exerce sur le monde matériel augmente sans cesse, et dans la même proportion, bien qu'on ne veuille pas généralement le reconnaître, se développe l'idée du droit et du devoir dans les âmes. Ce parallélisme se continuera-t-il, de nouvelles forces révélées à l'humanité permettront-elles de réaliser l'idéal de justice qu'entrevoient tous les hommes bien pensants, sans exiger de trop grands sacrifices de la part des privilégiés, sans amener de ces conflits sanglants qui ont accompagné, dans le passé, les progrès de la civilisation ?

L'habitude, la routine, les convictions longtemps entretenues et passées à l'état d'instinct sont des forces puissantes et contre lesquelles toute lutte est longue et difficile ; ce n'est que pas à pas que le monde progresse ; les formes surannées sont plus persistantes que les idées et les principes dont la fausseté a été reconnue. Quoiqu'il en soit, la révolution qui se fait depuis longtemps dans les esprits, ne peut manquer de modifier tôt ou tard l'ordre des faits et des choses existant. Les idées que professent aujourd'hui la plupart des savants et de ceux qui marchent à la tête du monde intellectuel, celles au moins sur lesquelles presque tous sont d'accord, se généraliseront peu à peu ; peu à peu, elles se substitueront à nos croyances actuelles, elles effaceront les anciens préjugés, elles détrôneront les anciennes injustices.

Le monde plus éclairé ne s'en trouvera pas plus heureux, sans doute, et il continuera à chercher encore le mieux ; car l'esprit ne peut se complaire dans l'immobilité. Toujours l'imagination verra, au-delà des biens acquis et possédés, d'autres biens supérieurs et désirables, près des ruines des maux conjurés, d'autres maux aussi intolérables, qu'il faudra détruire et effacer. Et il est bon qu'il en soit ainsi. Le plus grand des malheurs, ce serait un état amélioré qui pourrait être considéré comme définitif, qui fermerait aux âmes les portes de l'infini et assignerait des limites aux activités idéales. Le progrès auquel on en serait redevable serait une cloche pneumatique jetée sur l'humanité et dans laquelle celle-ci étoufferait bientôt. Mais cela n'est pas à craindre. La science, soit qu'elle travaille directement à améliorer le sort des sociétés, soit que, par des voies détournées, elle cherche à ouvrir à l'homme de nouvelles sources de jouissance, sent qu'elle a devant elle un champ illimité. De même que les religions, elle prêche la conquête d'un royaume inconnu et enseigne la foi en la vie éternelle. Elle ne peut faire le bonheur absolu, mais on peut prévoir le temps où elle aura assuré à chaque homme un droit égal à la liberté et aux biens de la vie. C'est elle qui sauvera les sociétés modernes. Sans cesse elle étend le champ du travail, elle ouvre l'espace au désir, père de l'espérance ; elle est la force féconde qui entraîne le courant intellectuel, l'empêche de se gonfler au même point ou de bouleverser ses rives. Elle prévient la stagnation et la débâcle.

Nous savons peu de choses des grandes civilisations du passé ; la vie intime des peuples disparus nous échappe, mais de ce que nous savons, nous tirons, le plus souvent, des conclusions erronées, car nous attribuons au progrès des défaillances, des catastrophes, des ruines qui n'ont été que le résultat de la négation du progrès. Des peuples anciens, ayant atteint un certain degré de culture, ont péri, parce qu'ils se sont imaginé qu'ils ne pouvaient pas aller plus loin, parce que leur civilisation était basée sur l'intolérance, la luxure, l'oppression, parce que, manquant de foi, ils n'ont pas eu le sentiment de cette solidarité humaine qui nous ordonne de préparer l'avenir pour ceux qui viendront après nous. D'autres ont péri, parce qu'ils ont été vaincus et subjugués par des peuplades barbares hostiles à la civilisation et au progrès.

Un nom brillant, plein d'attrait et plein d'horreur, suggestif de jouissances inconnues, de misères innommées, nous arrête au crépuscule de toutes les grandes civilisations du passé : Ninive, Babylone, Carthage, Rome. On revoit ces villes enveloppées d'une lueur fauve, dans le rêve lointain qui reconstitue les siècles envolés. Il nous semble entendre encore la plainte de toute une humanité opprimée, au milieu des chants d'ivresse, des hurlements de la débauche et des rires lubriques des oppresseurs — puis, vers les matins brumeux, après les nuits d'orgie, le baillement de dégoût du jouisseur que les désirs ont fui et que ni la volupté du sang, ni la luxure, ne peuvent plus satisfaire. On s'est habitué à diviser l'histoire du monde en phases de gravitation de l'obscurité vers la lumière, avec, comme étape finale, cet anéantissement dans le désordre, l'anarchie, la confusion et le crime. Pourquoi veut-on que ce soit là le terme fatal des ères de progrès ?

Ceux qui se complaisent aujourd'hui dans ce morne pessimisme, s'imaginent que le mal dont ils souffrent est commun à la plupart de leurs contemporains, que c'est le mal d'un siècle trop avancé, saturé de civilisation, le pressentiment d'une décadence future, car nous sommes plus avancés que tous les peuples anciens dont le souvenir est venu jusqu'à nous. Ils se trompent, c'est tout simplement le mal d'âmes trop étroites qui ne voient pas dans l'amélioration et le perfectionnement de leur être le but principal de la vie, d'âmes trop faibles qui ne peuvent se maintenir sur les sommets atteints et continuer l'ascension.

Il est doux d'espérer et de croire qu'à travers des phases successives de révolution et de réaction, d'agitation et de calme, le monde continuera toujours à marcher vers un état plus parfait. « L'avenir, a dit M. Herbert Spencer (1), tient en réserve des formes de

1. « ... the remote future has in store forms of social life

vie sociale supérieures à tout ce que nous pouvons imaginer. » N'y a-t-il donc rien dans ce rêve des poètes de tous les temps : d'une vie immortelle, d'êtres constitués comme l'homme, mais plus beaux, plus parfaits, mais dégagés de toutes nos infirmités, vivant dans un éternel printemps, sous un ciel toujours pur et ensoleillé ? Ces visions que les poètes ont évoquées dans le passé, ne sont-elles pas plutôt les formes entrevues de l'avenir ?

II

« *La croyance au progrès, dit M. Renouvier* (1), *nous distingue fortement des siècles précédents. Elle est pour nous une cause de force, un mobile de changements et d'améliorations, un principe d'affranchissement du passé, de ses erreurs et de ses crimes, presque une religion qui nous tient provisoirement lieu de tant de vérités qui nous manquent ou que nous ne pouvons plus reconnaître au sein de nos doctrines en décomposition.* »

---

higher than any we have imagined » (*The study of sociology*, p. 400).

1. *Essais de critique générale*, p. 699, vol. IV.

Cette croyance, si ardente qu'elle soit, ne va pas cependant chez les peuples initiateurs sans une certaine somme de crainte et de défiance; car si, d'un côté, elle fait entrevoir un champ sans limites aux conquêtes de la science, d'un autre côté, elle repose sur la théorie du développement continu des facultés humaines. Or, rien ne nous assure que ces facultés régleront leur croissance sur le plan d'évolution qu'on leur a tracé, qu'elles ne décroîtront pas plutôt, qu'elles ne seront pas, un jour, impuissantes à accomplir tout ce qu'on exigera d'elles.

Chez un peuple jeune et où tout encore est à créer, cette foi, au contraire, se double d'un sentiment de sécurité absolue.

(1) *On va d'un pas plus ferme à suivre qu'à conduire.*

Le chemin que nous avons à parcourir, d'autres l'ont parcouru avant nous, qui étaient nos frères; pour avancer ils ont dû et ils doivent encore détruire de lourds obstacles : la voie est libre devant nous, nous n'avons qu'à marcher, et nous possédons la calme sérénité de ceux qui ne voient rien à redouter par delà l'horizon.

Les problèmes à résoudre chez nous sont

1. Corneille.

infiniment moins compliqués que chez les peuples européens. La question sociale n'existe pas au Canada et ne saurait exister dans les conditions actuelles de notre vie économique.
 Certes nous ne pouvons nous désintéresser des importantes questions qui, à la fin de ce siècle, agitent tous les esprits, mais nous sommes destinés pendant longtemps encore à assister en simples spectateurs aux expériences que feront les vieilles sociétés. D'autres accompliront pour nous cette tâche si difficile de décider jusqu'à quel point l'homme de notre époque se rapproche de l'homme idéal pour lequel, de tout temps, on a élaboré des constitutions et rêvé des terres promises.

L'œuvre du xxe siècle sera sans doute pour le vieux monde une grande œuvre de démolition ; nous n'avons, nous, qu'à construire et à édifier. Construisons sur un terrain solide, sur des bases saines, afin que plus tard nous n'ayons pas à démolir à notre tour. Dans l'organisation des vieilles sociétés européennes, le bien et le mal, la vérité et l'erreur sont tellement unis et fondus ensemble, qu'on dirait que l'un est le produit de l'autre, que les institutions saintes et les abus criminels sont inséparables dans leur essence, que les privilèges iniques sont la conséquence de principes civilisateurs et qu'il faut tout détruire pour pouvoir ensuite tout réédifier.

Pour obtenir une juste distribution des biens matériels, on croit nécessaire de détruire la famille et la propriété ; on ne conçoit l'humanité et la fraternité que sur les ruines des frontières et avec la disparition des liens de race, on ne croit au règne de la tolérance qu'après l'agonie des religions.

Dans notre jeune pays, le bien n'a pas encore engendré le mal, les institutions et les croyances chères à nos pères n'ont pas été des instruments d'oppression, et nous entendons leur rester fidèles.

Nous n'aspirons pas pour le moment à un état plus parfait que celui qui nous permettra de conserver la religion et les traditions de notre passé, de développer toutes les qualités de notre esprit, toutes les ressources de notre sol, d'entretenir ce foyer sympathique que constituent pour nous la nationalité basée sur la race, la langue et les souvenirs communs. En songeant à notre avenir, nous laisserons donc de côté tout ce qui est soumis à des lois arbitraires, tout ce qui dépend plus ou moins d'accidents, de transformations, que nous ne pouvons prévoir, et nous baserons nos calculs sur les seuls faits qui sont d'une vérité durable et invariable.

Quelques changements que puisse imprime
à la société l'œuvre des siècles, il est cer
taines lois immuables comme notre nature
certaines conventions basées sur ces lois q
subsisteront toujours.

Ainsi, les nations pourront évoluer sur de
bases économiques nouvelles, mais une lan
gue commune, des souvenirs communs, l'unit
de race constitueront toujours un lien inalté
rable entre les hommes. Le mot « peuple »
restera comme le synonyme de sympathie
mutuelles ayant leur source dans le pass
lointain, transmises à travers les âges, aug
mentées et étendues par mille affinités mys
térieuses et fondées sur ce qu'il y a de meil
leur dans l'homme.

Si j'insiste sur ce point, c'est que l'idé
cosmopolite est à la mode, dans certains m
lieux, qu'on en fait bien à tort, à mon sens
l'une des formules d'un état social plus avancé
plus parfait, et que l'on peut trop facileme
s'en servir pour voiler son égoïsme, son apa
thie, son manque de convictions sincères. J'a
souvent entendu cette phrase : Pourquoi vou
loir, par un particularisme étroit, entraver l
grande évolution qui entraîne les homme
vers l'unité et l'union absolues ? Laissons le
choses suivre leur cours. Cherchons plutôt
nous assimiler la pensée de l'avenir qu

accomplira cette union. Si l'Amérique du Nord, un jour, doit être exclusivement anglaise, nous n'y pouvons rien.

Non, l'Amérique du Nord ne sera jamais exclusivement anglaise. Notre fidélité à notre langue et à nos traditions n'empêchera en aucune façon l'union politique des peuples américains de s'accomplir. Notre absorption n'aurait pas pour effet de créer une homogénéité à laquelle la nature elle-même s'oppose.

« *Etablissez le libre échange universel, disait un célèbre économiste* (1), *supprimez les douanes et les armées permanentes, faites des lois identiques partout, et bientôt tous les peuples civilisés ne feront plus qu'une même famille* ». Sans doute le jour viendra, il n'est peut-être pas très éloigné, où tous les peuples seront frères, comme tous les hommes dont l'esprit n'est pas faussé par les préjugés sont frères. Les haines de peuples, les inimitiés collectives entre gens séparés par des frontières sont des haines et des inimitiés factices, voulues, qui ne se justifient pas par les mêmes lois naturelles que les haines entre les individus. *Les peuples seront frères, mais les peuples subsisteront*. On pourra, sous pré

---

1. E. de Laveleye. « *Le socialisme contemporain* ».

texte de fraternité humaine, décréter l'abolition des patries et des nationalités. Les groupes artificiellement réunis se reformeront bientôt, car on ne pourra abolir ni les langues, ni les souvenirs nationaux, ni les affinités des races.

Du reste, l'idée de patrie, battue en brèche par le savant, mise en oubli par l'homme pratique, méconnue et quelquefois reniée par le malheureux et l'indigent, n'a jamais eu autant de force qu'en ce siècle.

Un philosophe se sera appliqué, au cours de longs volumes, à dégager l'activité des forces humaines, des formes et des cadres que lui a assignés la foi ancienne, il aura dépouillé la théorie des races de toutes ses bases scientifiques, subordonné rationnellement le développement des peuples aux lois de l'évolution naturelle des individus. Il se retrouvera tout entier pour proclamer les gloires de sa race et les vertus spéciales de ses compatriotes, dès qu'un écrivain hostile aura osé nier les unes ou les autres.

« La patrie, c'est l'endroit où l'on gagne honorablement sa vie, c'est l'endroit où l'on gagne de l'argent » dit volontiers l'ouvrier obligé d'aller demander à un pays étranger, le pain que son propre pays lui refuse. Mais, celui-là même qui se fait de ce mot lancé à tout propos une arme contre les regrets, contre la nostalgie, sait bien que ce n'est qu'un mot. La pensée du pays le poursuit partout, à l'usine, à l'atelier, dans les champs. La plus douce récompense de ses succès, c'est de pouvoir en informer les amis restés là-bas, au village natal, et quand il revient de l'exil, c'est en pleurant qu'il salue le toit paternel qui a abrité son enfance.

Nul progrès permanent ne saurait s'affirmer en niant la sainteté, l'indestructibilité de ces groupements séculaires, si chers aux cœurs des hommes.

Notre avenir est subordonné à l'avenir du progrès, aux révélations de la science, et nous ignorons ce qui est réservé à l'humanité. Beaucoup de préjugés seront détruits, beaucoup de coutumes barbares disparaîtront, beaucoup de choses merveilleuses verront le jour, mais la nature est immuable, « sous des altérations secondaires, le fond humain reste intact et persistant », les sources où depuis un temps immémorial les âmes puisent leurs affections et leurs sympathies ne seront point taries.

Quoi qu'il en soit, c'est en fortifiant dans nos cœurs l'amour de la nationalité et de la patrie que nous devons, nous, Canadiens-Français, préparer l'avenir.

LA NATION CANADIENNE

ANGLAIS ET FRANÇAIS.

CANADIENS-FRANÇAIS ET CANADIENS-ANGLAIS

Y a-t-il une nation canadienne ?

Selon le sens plus ou moins étendu que l'on attache à ce mot, on peut répondre affirmativement ou négativement. « *Une nation, dit Ernest Renan* (1), *est une âme, un principe spirituel. Deux choses qui, à vrai dire, n'en font qu'une, constituent cette âme, ce principe spirituel. L'une est dans le passé, l'autre dans le présent. L'une est la possession en commun d'un riche legs de souvenirs, l'autre est le consentement actuel de vivre*

---

1. *Questions contemporaines.*

ensemble, *la volonté de continuer à faire valoir l'héritage qu'on a reçu indivis. L'homme ne s'improvise pas. La nation, comme l'individu, est l'aboutissant d'un long passé d'efforts, de sacrifices et de dévouements.* »

En nous arrêtant aux termes de cette définition, il nous faut conclure que la nation canadienne n'est encore qu'à l'état embryonnaire ; elle existe du seul fait de notre consentement actuel de vivre ensemble, et nulle volonté, nulle force, nulle puissance ne saurait faire qu'il en soit autrement. Un passé d'union et d'efforts communs manque aux divers groupes ethnographiques du Dominion. En revanche, nous possédons les éléments constitutifs de deux ou trois peuples. Le mot « peuple » est ainsi défini par M. Bluntschli (1). « *La communauté de l'esprit, du sentiment, de la race devenue héréditaire dans une masse d'hommes, de professions et de classes différentes; communauté qui, abstraction faite d'un lien politique, se sent unie par la culture et l'origine, spécialement par la langue et les mœurs et étrangère aux autres communautés de ce genre.* »

Le peuple canadien-français diffère de ses

---

1. *Théorie de l'État*, p. 74.

voisins par la race, la langue, les qualités de l'esprit, les aptitudes morales et les souvenirs historiques. Nos compatriotes venus d'Angleterre, d'Écosse et même d'Irlande, abstraction faite des liens politiques, se fondent dans la grande masse pan-saxonisée qui forme l'immense majorité de la population de l'Amérique du Nord.

Etant donné cet état de choses, sommes-nous, comme on l'a souvent prétendu, un obstacle à la constitution d'une nation canadienne ? A ceci, nous n'avons qu'une réponse à faire : notre position est bien claire, bien logique, bien définie et nous ne pouvons rien y changer. Le pays que nous occupons, nos pères l'ont conquis, colonisé et arrosé de leur sang. Nous l'aimons parce qu'il est pour nous, la seule et unique patrie et pour toutes les raisons qui font aimer la patrie. Nous le désirons prospère et nous voulons contribuer à sa prospérité, parce que nous ne pourrions, à moins d'être idiots, entretenir d'autres désirs. Nous sommes prêts à le défendre, à défendre nos foyers, si jamais on les attaque, ce qui ne nous paraît pas probable, comme nous les avons défendus dans le passé. Notre titre de Canadiens-français n'implique ni rancune, ni hostilité contre aucune race, contre aucun Etat ; nous professons les sentiments les plus micaux pour nos compatriotes parlant une langue différente de la nôtre. Enfin, nous sommes fidèles aux souvenirs de notre passé; nous entendons ne rien abdiquer de ce que nous ont légué nos ancêtres et de ce que la constitution sous laquelle nous vivons nous a permis de conserver.

Que les Canadiens anglais, écossais et irlandais, s'inspirent de sentiments identiques, et si nous ne réussissons pas à former, comme la Suisse, par exemple, qui compte des peuples de trois races différentes, une nation unie, progressive et prospère, c'est que des lois historiques et sociologiques auxquelles nous ne pourrons nous soustraire s'opposeront à la réalisation de cette ambition.

En attendant, nous sommes de loyaux sujets de la couronne d'Angleterre.

Il arrive parfois que certains d'entre nous, emportés par la chaleur des discussions politiques ou autres, déclarent qu'ils sont fiers de leur allégeance à la Grande Bretagne. Cela n'est pas exact. La fierté, avec le sens qu'on lui prête ici, c'est ce sentiment de satisfaction légitime qu'on éprouve en constatant que l'on possède quelque qualité, quelque avantage que d'autres ne possèdent pas au même degré ou ne peuvent pas acquérir. Or, je n'ai pas le moindre doute que la qualité de sujet britannique ne puisse être facilement étendue à tous les peuples qui en manifesteront le désir.

Le fait est que nous avons été mécontents pendant un siècle, de 1760 à 1848, ou même 1867, et qu'aujourd'hui nous sommes satisfaits. Du reste, la plupart des exclamations de ce genre que nous arrache le lyrisme obligatoire des grandes manifestations ne sont guère plus justes.

Nous sommes fiers, au contraire, de ce que nos pères ont fait pour nous empêcher de devenir sujets britanniques et de ce qu'ils ont fait, après la conquête, pour nous obtenir les libertés dont nous jouissons.

Loyaux sujets, nous le sommes. Nous ne faisons pas de notre loyalisme une question de sentiment : nos intérêts immédiats et surtout ceux de notre avenir nous lient et devront nous lier, pendant de longues années encore, à la couronne d'Angleterre. Nous ne sommes mûrs ni pour l'indépendance, ni pour l'annexion aux Etats-Unis. L'indépendance du Canada, nous ne pouvons la désirer, tant qu'un esprit assez libéral et assez large pour respecter tous les droits et ménager toutes les susceptibilités ne se sera pas implanté dans les sept provinces du Dominion. Nous ne pouvons désirer l'annexion aux États-Unis, tant que les Canadiens-Français n'auront pas conquis, par leur développement intellectuel, matériel et moral, un droit inéluctable à une vie nationale distincte ; tant que le sentiment patriotique ne sera pas chez eux assez puissant pour résister à toutes les épreuves et triompher de tous les obstacles.

Quant à l'indépendance de la province de Québec, il serait ridicule d'y songer : ce serait l'établissement d'une république sur le modèle de celles de l'Amérique du Sud, ce serait lâcher la bride à toutes les convoitises, à toutes les ambitions, à toutes les vanités, établir d'une manière permanente le règne de la corruption, de la médiocrité et de l'intolérance..

Pendant que les hommes de race anglaise s'occupent de leur avenir commun et se demandent comment ils pourront imprimer aux hommes, aux évènements et aux choses, une direction qui leur assure dans le monde la prééminence qu'ils convoitent, nous n'avons qu'une chose à faire et notre rôle est tout tracé : englobés dans les possessions anglaises, ayant avec nos voisins des autres provinces des intérêts communs, nous devons nous associer à tous les efforts de ceux-ci, en tant qu'ils tendent à utiliser nos ressources matérielles et à élever le niveau intellectuel général. Tous les projets ayant uniquement pour but de favoriser l'expansion de la race anglo-saxonne et d'exalter l'orgueil britannique, reçoivent de notre part une attention sympathique, mais nous n'aurions que faire de nous y associer et, surtout, de les entretenir avec enthousiasme. Si nous disions le contraire, on ne nous croirait pas : ce ne serait pas naturel.

Les Canadiens-Anglais sont Anglais d'abord, Canadiens ensuite. Les Canadiens-Français, bien qu'invinciblement attachés à tout ce qu'ils tiennent de leurs ancêtres de France, sont *Canadiens* avant tout, car ce nom leur appartient depuis trois cents ans, car ils ont une histoire dont les fastes se sont déroulés sous le ciel du Canada : de fait, leur vie nationale dans ce pays serait aussi intense que celle de n'importe quel peuple européen, si elle n'était affaiblie par l'émigration continuelle aux Etats-Unis.

Dans ces circonstances, la formation d'une patrie canadienne, sur le modèle de la République helvétique, d'une nation basée sur l'union, et le respect mutuel des droits de tous et de chacun, est-elle possible ? Je le répète, aucun obstacle de notre part, de la part, du moins, de l'immense majorité des nôtres ne s'y oppose. Nous n'aspirons pas à une vie politique autonome ; *nous nous savons destinés, quoiqu'il arrive, à être une partie intégrante d'une nation composée d'éléments ethnographiques divers, et nous en prenons bien volontiers notre parti.*

Une union politique et d'intérêts, telle qu'est la confédération canadienne, telle qu'est devenue l'Union américaine, ne saurait aspirer à devenir à bref délai un tout homogène, un ensemble dont toutes les parties seraient animées par une même pensée, un même sentiment. Les sympathies ne se commandent pas, une nation ne s'improvise pas ».

Pourquoi, d'ailleurs, voudrait-on que cette union prît un autre caractère ? Elle suffit, à notre époque, aux besoins des peuples américains, elle assure le bon fonctionnement des gouvernements, elle garantit la sécurité de tous. Il faut laisser le temps accomplir son œuvre (1).

Mais, je l'ai dit, les Canadiens-Anglais, sont Anglais avant tout : ils n'ont pas oublié qu'ils sont les vainqueurs, et nous les vaincus. La

1. M. Goldwin Smith déclare que « la Province de Québec est un corps non conducteur qui empêche la pensée nationale de circuler dans les veines du Dominion ». Si cela vous gêne, pourquoi nous avez-vous conquis ? pourrions-nous lui répondre.

plupart d'entre eux ne comprennent pas que nous puissions *nous refuser à l'honneur de l'assimilation anglaise* et ne sont pas convaincus que nous n'abdiquerons jamais notre nationalité. Enfin, dans leurs âmes tenaces et exclusives, certaines antipathies anciennes se sont perpétuées, qui n'ont laissé presque aucune trace dans les nôtres.

Les Suisses ont été Suisses avant d'avoir un sentiment quelconque de nationalité française, allemande ou italienne. La République Helvétique est une vieille nation dont l'union repose sur bien des gloires, bien des combats, bien des sacrifices communs. J'ai lu, en ces derniers temps, un grand nombre d'ouvrages sur la constitution, les lois et les institutions de ces doyens des républicains, j'y ai cherché en vain une seule phrase, un seul mot rappelant l'existence d'une différence de race, de langue, d'aspirations. Un Suisse ne songerait pas plus à reprocher à un de ses compatriotes de parler français, italien ou allemand, qu'un protectionniste canadien ne songerait à faire un crime à un de ses voisins libre-échangiste de ses opinions économiques. En outre, il y a entre eux communauté de religion.

II

Entre Français, Italiens et Allemands, une querelle basée sur des questions d'intérêt peut être facilement allumée et aussi facilement apaisée, quand les questions d'intérêt sont résolues, comme mille circonstances du passé l'ont prouvé et comme le prouvera, je l'espère, un avenir prochain. Entre Français et Anglais, les relations même amicales ne vont jamais sans une certaine contrainte. Cela tient aux traditions, à l'histoire, au caractère particulier de chacune des deux races.

L'antipathie des Anglais pour nous est bien ancienne. « *Il est certain, dit Sully, dans ses mémoires, que les Anglais nous haïssent et d'une haine si forte et si générale qu'on serait tenté de la mettre au nombre des dispositions naturelles de ce peuple* ». Cette haine a été entretenue par des luttes presque continuelles, des guerres séculaires, une rivalité constante. Un écrivain anglais (1), parlant des sentiments des Américains pour les Anglais en 1824, disait : « *Leur haine n'est pas basée sur des causes dictées par la rai-*

---

1. M. Fearon. « *Sketches of America.*

son, *ses principes constitutifs ne peuvent être appelés ni rationnels, ni fondés sur le raisonnement. Cette haine est, dans sa nature et dans la manière dont elle se manifeste, exactement semblable à celle que professent les classes les plus ignorantes, en Angleterre, vis-à-vis du peuple français. Elles ont toujours détesté les Français, et la seule raison qu'elles peuvent donner de ce sentiment, c'est que ce sont des Français et que les journaux disent qu'il faut haïr les Français* ».

Les journaux anglais se sont bien modifiés depuis lors, nous devons le reconnaître ; aujourd'hui ils ne prêchent plus que la paix et la concorde, et ils sont devenus des modèles de courtoisie internationale.

En 1603, Sully parlait de la haine des Anglais en général ; en 1824, Fearon ne parle que de *celle des classes les plus ignorantes*. Ainsi il y a eu progrès.

Dans la lutte pour la priorité, qui a divisé si longtemps nos deux mères-patries, d'autres peuples puissants sont venus prendre position, d'autres peuples puissants qui réclament aussi leur part d'influence dans la marche de la civilisation ; la première place n'en est pas moins encore disputée par les deux anciennes rivales. Le Français, parlant de sa patrie, dit volontiers « La grande nation ». L'Anglais sous-entend l'adjectif. Mais il a une manière à lui de prononcer ces mots : « *The English. The British Empire* », qui ne laisse aucun doute sur la haute opinion qu'il a de lui-même. Le Français se croit supérieur à tous les peuples de la terre, l'Anglais est d'avis que tous les peuples de la terre lui sont inférieurs. Le Français appelle modestement sa capitale. « La ville-lumière. Le cerveau du monde civilisé » ; l'Anglais compare sa mission dans le monde à celle du peuple romain.

Cette rivalité dans l'œuvre féconde de la civilisation, a ajouté à la haine professée pour nous par l'ennemi héréditaire certaines nuances d'un sentiment qui ne nous est pas, cependant, absolument défavorable. « *La haine que les Anglais nourrissent pour les Français, écrivait Heine, vers 1842* (1), *est plus honorable pour ce peuple que l'affection impertinente qu'ils nous portent à nous, Allemands, et dont nous sommes toujours redevables à quelque lacune dans notre organisation politique ou dans notre intelligence. Ils nous aiment à cause de notre faiblesse maritime, qui ne les menace d'aucune concurrence commerciale ; ils nous aiment pour notre naïveté politique, etc.* ».

1. Briefen aus Paris.

Le Français, convaincu de sa supériorité de race, ne s'en croit pas moins tenu d'être gracieux et aimable vis-à-vis des peuples étrangers, il se fait gloire de sa courtoisie, et nul ne sait mieux que lui distribuer les éloges et les marques de sympathie. L'Anglais, au contraire, ne dira du bien d'une nation étrangère que s'il a intérêt à le faire.

« *Notre nation avec tous ses défauts, écrivait Voltaire à Frédéric II, est peut-être dans l'univers la seule dispensatrice de la gloire... les Anglais ne louent que des Anglais.* » Rivarol constatait le même fait quelques années plus tard : « *Nous sommes les seuls qui imitions les Anglais, disait-il, et quand nous sommes las de notre goût, nous y mêlons leurs caprices, nous faisons entrer une mode anglaise dans l'immense tourbillon des nôtres, et le monde l'adopte au sortir de nos mains. Il n'en est pas de même de l'Angleterre : quand les peuples du Nord ont aimé la nation française, imité ses manières, exalté ses œuvres, les Anglais se sont tus, et ce concert de toutes les voix n'a été troublé que par leur silence.* »

L'Anglais a peu changé. La plupart des livres qu'il écrit, pour la consommation nationale, sur les pays étrangers, sont très rarement flatteurs. De même, il n'attend de compliments de personne et ses journaux ne reproduisent pas toujours ceux que la presse étrangère lui adresse ; sa propre opinion lui suffit. On ne saurait l'en blâmer, du reste. Lorsqu'un grand peuple qui s'est fait dans le monde une situation prépondérante, veut bien être satisfait de lui-même, que lui importent les critiques de ses voisins ? qu'a-t-il besoin de chercher au dehors des applaudissements, des sourires, des appréciations flatteuses ? Ses journaux sont rédigés par lui et pour lui, ce sont eux qui lui apportent l'éloge et le blâme. En jouant son rôle de conquérant, d'économiste, de révolutionnaire, de politique ou de belligérant, il est à la fois acteur et spectateur, et en cette dernière qualité il peut se considérer comme le public connaisseur des premières.

« *Les Anglais, dit un écrivain anglais très distingué et très impartial, M. Homerton* (1), *ont l'habitude de la déférence pour certaines distinctions, mais ils sont, en même temps, un peuple éminemment dédaigneux, même dans les limites de leur île. Leur habitude de mépris est calme, sans forfanterie et sans vanité, mais elle est presque constante ; ils vivent difficilement dans cet état mitoyen ou neutre qui n'est ni le profond respect ni*

1. French and English.

le dédain. Ainsi lorsqu'il n'existe pas de raisons spéciales qui lui inspirent de la déférence pour un étranger, l'Anglais se sent porté à le mépriser. Cet état d'esprit est cause que les Anglais, comme nation, estiment habituellement au-dessous de leur valeur la force et l'intelligence des autres nations, sans se faire une idée exagérée de ces mêmes qualités chez eux. »

Un autre anglais, M. H. W. Ross, dans une petite brochure sur les colonies anglaises, écrivait, non sans un certain sentiment de fierté (1) : » *Voyez l'Anglais à l'étranger. Cherche-t-il à gagner les bonnes grâces des « indigènes » du pays dans lequel il se trouve ? Apprend-il leur langue ? Suit-il, à Rome, les usages des Romains ? Fait-il des compliments ? Non pas ; il emporte partout son pays avec lui.* »

L'Anglais des classes moyennes est mal à l'aise dans le doute ; il lui faut sur toutes les questions une opinion faite. Il est tout ce qu'on voudra, mais il n'est pas sceptique. Il a érigé en dogme sa conception de la vie, du

---

1. Take the Englishman abroad. Does he attempt to ingratiate himself with « natives » of the country he may be in? Does he learn their language? Does he « do in Rome as Rome does? Does he compliment? I think not. He takes his country with him wheresoever he goes.

bonheur, de l'excellence en toutes choses et il méprise toute idée, toute manière de voir ou d'agir qui n'est pas conforme à la sienne. En matière de religion et d'histoire, comme en matière de bienséance et d'étiquette, il ne conçoit pas que l'on puisse penser autrement que lui, que des règles aient été formulées qui diffèrent des siennes.

Je choisis un exemple entre mille. En Angleterre, il n'est pas admis que l'on revête l'habit noir avant sept ou huit heures du soir ; de l'autre côté de la Manche, on a des habitudes différentes. Aussi, il faut voir la figure d'un touriste de l'Agence Cooke, lorsqu'à Paris, ou ailleurs, en France, il lui arrive de rencontrer, vers dix ou onze heures du matin, des couples parés et fleuris, les messieurs en habit, gantés et cravatés de blanc, se rendant à la mairie ou à l'église ; il faut voir le sourire supérieur et méprisant de l'insulaire. « Ces Français, semble-t-il se dire, n'ont aucune notion d'étiquette ; on me l'avait bien dit, nous seuls sommes bien éduqués et savons ce que c'est que les bonnes manières. »

On l'a souvent remarqué, de tous les peuples, c'est l'Anglo-saxon qui voyage le plus et qui voit, de par le monde, le plus de villes et de monuments, mais c'est également lui qui connaît le moins les nations étrangères.

L'amour éclairé du pays est plus ancien, en Angleterre, qu'en aucun autre pays du monde. Chez tous les peuples d'Europe, on a vu, au cours des siècles passés, des grands seigneurs, des soldats prendre du service à l'étranger, lutter même parfois contre leur patrie, comme l'ont fait le duc de Bourbon, Condé et tant d'autres. Jamais on n'a vu un fils d'Albion servir en mercenaire ; il n'a jamais lutté qu'au profit de l'Angleterre, et surtout il ne s'est jamais battu contre elle.

La France, si instinctivement généreuse, s'est parfois laissé dominer par le fanatisme, et c'est ainsi qu'elle a chassé de son sein et distribué dans d'autres pays (Angleterre, Allemagne et Suisse) un grand nombre d'hommes distingués qui se sont fondus parmi les populations de ces pays ; l'Angleterre a toujours gardé tous ses fils.

L'Anglais, qui a été le premier peuple à jouir de grandes libertés constitutionnelles, a été le premier également à comprendre le patriotisme exclusif.

Dès l'enfance, le jeune Anglais est habitué à adopter comme dogme indiscutable la supériorité de sa nation.

Je causais un jour dans une petite ville canadienne avec un élève d'un *High school*, il me prit la fantaisie de l'interroger sur ses études. Pouvez-vous me dire, lui demandai-je, quel est le plus grand écrivain qui ait jamais existé ? Parfaitement, me répondit-il, c'est Shakespeare. Et le plus grand général ? C'est le duc de Wellington. Le plus grand peintre ? Sir Joshua Reynolds. Et le plus grand musicien ? ajoutai-je en souriant. Lui, n'hésita pas un instant, et sérieux : « C'est sir Arthur Sullivan (1).

Je ne pus m'empêcher de lui crier : Bravo ! Et je me dis : Voilà un petit bonhomme qui sera, un jour, employé de chemin de fer, commis chez un marchand de nouveautés, ou contre-maître chez quelque industriel, et qui passera dans la vie, fier de sa nationalité, des hauts faits de sa race, des génies qu'elle a produits, fidèle au culte sacré qu'il doit aux gloires du passé. Après tout, ne pouvant recevoir une éducation perfectionnée, pourquoi ne croirait-il pas que, dans tous les champs de l'art, de la science, des lettres, sur toutes les grandes scènes du monde, un fils d'Albion a été le premier ? Il n'aura jamais à discuter ces questions avec un étranger, et d'ailleurs, lorsqu'il s'agit de peser la flamme du génie, il

---

1. Sir Arthur Sullivan, qui a composé quelques jolies opérettes, est juif. Ce nom irlandais de *Sullivan* est une corruption de « Salomon. »

ne peut être question de poids et de balances ; toute opinion est soutenable.

Je ne désire qu'une chose, c'est que l'on puisse inspirer au jeune Canadien-Français destiné à ne pas dépasser en fait d'études la limite imposée par le programme des écoles primaires, cette même admiration exclusive, ce même culte pour nos gloires nationales, pour les gloires nationales de la France, et qu'aux mêmes questions il soit prêt à répondre : Bossuet, Molière, Victor Hugo, Napoléon ; Delacroix, Puvis de Chavannes, Meissonnier ; Gounod, Ambroise Thomas ou Auber, ou Saint-Saëns.

En thèse générale, s'il est désirable qu'un cosmopolitisme de *bon aloi* s'introduise dans les mœurs des classes dirigeantes, et qu'une grande courtoisie préside aux rapports de peuple à peuple, on ne peut nier, au moins d'après les idées qui prévalent encore de notre temps, que l'exclusivisme des masses, leur injustice même, leur fanatisme souvent, ne soient une force pour une nation composée *d'éléments homogènes*, et dont l'union est l'œuvre de plusieurs siècles.

Lorsqu'il s'agit de la consolidation d'un Etat formé par *deux ou trois peuples que divisent des antipathies séculaires*, de l'établissement d'une nation dont les bases doivent être une grande tolérance, une grande largeur de vues, cette disposition d'esprit est, au contraire, un grave obstacle. L'exclusivisme et le fanatisme deviennent des éléments de faiblesse.

Notre avenir politique dépend, dans une grande mesure, des sentiments que nos compatriotes anglais entretiendront à notre égard, de l'esprit de tolérance ou d'intolérance dont ils feront preuve, jusqu'à ce que le temps nous paraisse venu de séparer nos destinées de celles de la Grande-Bretagne. L'étude de l'esprit anglais, de ses préjugés, des sympathies dont il est susceptible, des antipathies dont il se guérit difficilement, peut donc nous aider puissamment dans nos recherches.

Les traits de caractère que j'ai énumérés plus haut se rencontrent surtout chez les Anglais de la classe moyenne et des basses classes; ils ne contribuent guère à les rendre sympathiques. En revanche je ne connais rien de charmant comme un Anglais instruit, courtois, libéral et professant sur tout des idées larges et généreuses. Ce sont des hommes de cette catégorie qui ont conquis la liberté pour leur pays et qui ont créé ce mot « *fair-play* », qui n'est pas toujours lettre morte, comme le régime qu'on a adopté à notre égard, depuis 1867, nous le prouve amplement. Avons-nous

plus, au Canada, de ceux-ci que de ceux-là ?
Thatis the question (1).

III

Dans une petite brochure intitulée : « *Canadian nationality* » et publiée il y a quelques années, un Anglais, M. Charles J. Binmore, écrivait ce qui suit (1) : *La population de la*

---

1. « Ne sommes-nous pas, après tout, un peuple d'opprimés », me disait, il n'y a pas longtemps, un aimable compatriote anglo-saxon, « dans ce Dominion anglais qui est nôtre (in that English Dominion of ours). Le chef du gouvernement Sir John Thompson est un Irlandais catholique ; le *leader* de l'opposition, M. Laurier, est Canadien-Français ; nous sommes absolument relégués au second plan ». Il me disait cela avec un sourire plein d'esprit et de fierté et paraissait heureux de constater qu'il pût en être ainsi sous le sceptre d'Albion.

Je me dis quelquefois que, si nous redevenions, pour une seule année, colonie française, nous serions bientôt à couteaux tirés avec nos cousins de France, que nous aimons fort cependant et dont nous sommes excessivement fiers. Combien il y aurait de vanités froissées, de susceptibilités blessées !

2. The people of the province of Ontario, the backbone of the whole Dominion, are nothing if not anti-french. The dislike and suspicion with which the French-Canadians regard their english compatriots are heartily returned by the people of Ontario, with the galling addition of a loudly expressed contempt.

The resistance offered by the English of Quebec to the

province d'Ontario, la province la plus importante du Dominion, est absolument anti-française. Les sentiments d'antipathie et de défiance qu'entretiennent les Canadiens-Français vis-à-vis de leurs compatriotes anglais, leur sont cordialement rendus par ceux-ci, avec, en plus, cette addition irritante d'un mépris hautement exprimé ».

« La résistance opposée par les Anglais de la province de Québec à l'extension de l'influence canadienne-française dans les affaires municipales et provinciales est souvent justifiable et l'attitude d'opposition habituelle qui en est la conséquence est, au moins, intelligible, mais les gens d'Ontario, sans avoir cette excuse prennent une attitude de mépris hautain et attribuent sans hésitation à la différence de nationalité la prospérité plus grande dont ils jouissent et qu'ils doivent principalement à la supériorité de leur sol et de leur climat et à la plus grande somme

---

extension of French-Canadian influence in municipal and provincial affairs is often justifiable and the consequent attitude of customary opposition is, at least, intelligible ; but the people of Ontario without this excuse assume a position of lofty disdain and unhesitatingly attribute to the difference of nationality the higher prosperity which they owe chiefly to the superiority of their soil and climate and to their greater command of capital and labour.

de capital et de main d'œuvre dont ils disposent.»

Je ne saurais dire si les sentiments prêtés par M. Binmore aux habitants d'Ontario peuvent être ainsi généralisés, mais ce sont certainement ceux de la masse du peuple. Certains de leurs journaux croiraient manquer à leur mission d'organes populaires accrédités, s'ils négligeaient de publier, au moins une fois par mois, quelque article injurieux à l'adresse des Canadiens-Français. Le plus souvent ils ne se mettent pas en frais d'imagination et se contentent de rééditer sur notre compte ce qu'un écrivain de Londres, M. Howieson, qui visitait les établissements agricoles des colons d'Ontario, en 1821, écrivait sur le compte de ces derniers.

Qu'on me permette de citer quelques phrases (1) :

« *Je m'étais promis beaucoup de plaisir, en songeant que je pourrais admirer de mes*

---

1. « J had anticipated much pleasure from the idea of being an eye-witness of that neatness, taste and inviting simplicity, which, J was told, characterized the peasantry of Upper Canada..., but J indeed felt disappointed, when, even in the oldest settlement, J saw everything in a state of primitive rudeness and barbarism.

« The settlers follow the habits and customs of the peasantry of the United States and of Scotland, and consequently

propres yeux cette simple élégance, ce bon goût, cette charmante simplicité qui, me disait-on, caractérisaient les paysans du Haut-Canada... Mais j'ai été bien désappointé en constatant, même dans les établissements les plus anciens, que tout était dans un état de grossièreté primitive et de barbarie.

« *Les colons suivent les habitudes et les coutumes des paysans des Etats-Unis et sont, en conséquence, excessivement sales, grossiers et négligents dans leur installation domestique...*

« *Les paysans écossais avaient été dégra-*

are offensively ;dirty, gross and indolent in their domestic arrangements.

« The scotch peasants had been degraded by a life of poverty, servitude and ignorance...

« The Scotch and English emigrants are frequently at first a good deal puzzled with the considration with which they are treated and when they hear themselves adressed by the titles, *sir, master, gentleman,* a variety of new ideas begin to illuminate their minds. I have often observed some old Highland peasant apparently revolving these things within himself, twilching his bonnet from one side of his weather-beaten brow to the other, amd looking curiously around, as if suspicious that thé people were quizzing him. However those who are at first most sceptical about the reality of their newly-acquired importance, generally become most obstrusive and assuming.

The Canadians, in addition to their indolence, ignorance and want of ambition are very bad farmers ».

« *Sketches of Upper Canada*, by John Howieson » (Whittaker. *Ave Maria lane*, London).

dés par une vie de servitude, de pauvreté et d'ignorance...

« Les émigrants Écossais et Anglais sont souvent fort intrigués, tout d'abord, par la considération avec laquelle ils se voient traités, et lorsqu'ils s'entendent appeler sir, master, gentleman, une foule de nouvelles idées commencent à illuminer leur cerveau. Souvent il m'est arrivé d'observer quelque vieux paysan des Highlands, qui retournait évidemment ces choses dans son esprit. Portant son bonnet d'un côté à l'autre de son front battu par l'orage, et regardant curieusement autour de lui il semblait se demander si les gens s'amusaient à ses dépens.

Du reste, ceux qui sont tout d'abord le plus sceptiques sur la réalité de leur importance nouvellement acquise finissent généralement par devenir très prétentieux et très arrogants.

« Les Canadiens (d'Ontario), en outre de leur indolence, de leur ignorance et de leur manque d'ambition, sont très mauvais cultivateurs. »

Les habitants d'Ontario qui étaient certainement en 1821 aussi actifs, aussi industrieux, aussi soigneux dans leur installation et leur mise qu'ils le sont aujourd'hui, en tenant compte de la différence des conditions économiques, peuvent très bien se moquer des appréciations de Howieson, comme nous nous moquons des compliments du même genre que nous adressent les habitants d'Ontario qui n'ont jamais mis les pieds dans la province de Québec. Il y a parmi nous, il est vrai, des personnes qui s'en indignent et qui en souffrent. Ils ont tort.

M. Goldwin Smith, un écrivain remarquable, chez qui on pourrait s'attendre à trouver beaucoup moins de préjugés, écrivait en 1889, dans la *Fortnightly Review*, que les Canadiens-Français sont indolents, ignorants, mauvais cultivateurs, qu'ils manquent d'ambition et ne seraient bons qu'à faire des ouvriers de fabrique, s'il y avait des fabriques au Canada. On le voit, c'est à peu près exactement une des phrases de Howieson (1).

Quant aux sentiments des Canadiens-Français pour leurs compatriotes d'origine anglaise, je crois pouvoir affirmer que, là où ils existent, ils sont généralement sympathiques. Dans le plus grand nombre des paroisses de la province de Québec, il n'y a pas une seule famille anglaise; on ne voit jamais d'Anglais,

---

1. Lorsque ce numéro de la *Fortnightly Review* m'est tombé sous la main, je me trouvais à Londres avec quelques compatriotes Anglais et Français. Aucun de nous ne s'est indigné et tous nous avons ri de bien bon cœur.

et par conséquent on ne se croit pas tenu de rien éprouver pour eux. Dans les cantons où la population est mixte, ou compte une minorité d'habitants de langue anglaise, on est cordialement anglophile. Cela tient aux dispositions de notre nature plutôt portée à aimer qu'à haïr, aux qualités de notre esprit, curieux, enjoué, primesautier et se complaisant à voir les aspects différents des êtres et des choses. Cette disposition de l'esprit français apparaît dès les premières pages des annales de la Nouvelle-France. L'Anglo-saxon passe indifférent devant les étranges révélations d'un monde nouvellement né à la vie de l'histoire et apportant du fond de ses forêts le secret, presque perdu pour l'Europe, de la vie réellement primitive, de la civilisation barbare du premier âge. Le Français, au contraire, ne cesse de s'intéresser à l'homme sauvage, il apprend sa langue, il se fait son compagnon, il le suit à la guerre et à la chasse et quelquefois même, au fond du Nord-Ouest, il adopte une partie de ses usages et veut partager son existence indépendante et libre.

Ainsi, pour un bon nombre de Canadiens-français, l'Anglais, de même que l'Américain, est intéressant et sympathique, abstraction faite de toute autre raison, parce qu'il n'est pas semblable à nous, qu'il parle une autre langue et que ses manières sont différentes des nôtres. Et cela parfois est préjudiciable à notre expansion nationale, car, il arrive que quelques-uns de nos frères — les plus ignorants et les plus fermés à l'idée patriotique — émigrés aux États-Unis, s'américanisent peu à peu, insensiblement, entraînés tout d'abord par ce dilettantisme naïf qui leur fait trouver un certain charme à parler une autre langue, à proférer des sons étrangers, à se donner un air exotique, à se révéler à eux-mêmes sous un aspect nouveau.

Ce sentiment qui nous porte à voir l'étranger d'un œil sympathique, me semble, après tout, bien naturel. L'homme auquel l'éducation n'a pas inculqué de préjugés, doit nécessairement regarder avec curiosité d'abord, avec plaisir ensuite, cet autre homme qui ne peut presque en aucun cas être son rival et qui représente jusqu'à un certain point une autre civilisation, une éducation différente, des coutumes nouvelles.

Dans une langue étrangère, chacun a pu en faire l'observation, le parler populaire prend toujours un cachet que nous ne lui reconnaissons pas dans notre propre langue, sa banalité disparaît, ce qu'il renferme de trivial, de trop intime, de choquant se voile sous des sons qui nous sont moins familiers; la grossièreté de l'homme vulgaire s'y pare d'un je ne sais quoi de pittoresque qui ne manque pas de charme.

Cette observation pourrait même se généraliser : l'homme qui nous parle dans une langue que nous ne savons qu'imparfaitement parle presque toujours bien.

Dans un petit pays, où se forment naturellement tant de rivalités, de jalousies, de haines mesquines, il n'est pas de préservatif aussi efficace contre ces maux que la différence de langue et de nationalité. Ainsi dans un village de la province de Québec où se trouvent, par exemple, deux médecins, deux notaires, deux négociants français, une hostilité sourde ou déclarée règne bientôt entre les deux rivaux. Et c'est là l'un des côtés les plus amusants de notre vie villageoise. Deux médecins, deux avocats, dont l'un est Anglais et l'autre Français, sont, au contraire, généralement les meilleurs amis du monde.

Dans nos villes, surtout à Québec et à Montréal, il existe sans doute un certain nombre d'anglophobes, mais aucun d'eux ne déteste l'Anglais pour la seule raison qu'il est Anglais. La haine, prenant naissance dans les principes, l'hérédité, les préjugés religieux, ne se rencontre guère chez les Canadiens-français. Chez quelques-uns, l'antipathie est née souvent d'un motif personnel, une rancune particulière généralisée à tort; chez un plus grand nombre, elle est le ressentiment de quelque insulte à notre adresse, publiée dans des livres ou des journaux anglais. Elle s'est développée parce que le Canadien-Français n'a pas fait la part de cette propension naturelle de l'Anglais à mépriser tout ce qui n'est pas lui.

« *When there is not some very special reason for feeling deference towards a foreigner, the Englishman is likely to despise him* ».

Une troisième forme d'anglophobie assez répandue n'est que la réaction produite par un sentiment tout contraire « *l'Anglomanie* » observée chez quelques compatriotes français. Est-ce un hasard? mais la plupart de ceux des nôtres que j'ai rencontrés faisant profession de ne pas aimer les Anglais, confessaient que leur principal grief était la constatation d'un ou de quelques cas d'anglomanie. Un Canadien-Français ardent, généreux, fier de sa race, sera outré de constater chez un compatriote l'absence de cette fierté, de ce patriotisme dont il est lui-même rempli; il se sentira humilié de ce tribut exagéré, payé, sans qu'on le demande, aux vainqueurs d'il y a cent trente ans, et sa rancune se portera instinctivement vers la cause innocente de cette humilia-

L'AVENIR DU PEUPLE CANADIEN-FRANÇAIS

tion. Un anglomane crée vingt anglophobes.

En Europe, on est, dans beaucoup de pays, anglomane ou gallomane ; c'est une innocente manie qui ne peut avoir aucune conséquence fâcheuse et ne flatte même pas ceux qui l'ont fait naître. Au Canada, le mot équivaut à lâcheté et trahison ; car l'anglomane devient bientôt renégat.

Ceux qui donnent dans ce travers sont loin d'appartenir à l'élite intellectuelle : ce sont quelques ouvriers de fabrique, quelques commerçants enrichis qui ne connaissent qu'un idéal dans la vie, la fortune, et qui se disent qu'il est *plus chic d'être Anglais,* puisque les Anglais sont les plus riches. Cependant rien n'irrite autant le patriote que cette désertion même du plus humble, du plus insignifiant. Le sentiment qu'il éprouve devant le renégat est un peu l'horreur qu'on éprouve en présence d'un cadavre ; car la vie suppose l'instinct de la conservation, et celui qui n'a pas cet instinct est mort au point de vue national.

I

L'ESPRIT DOMINANT

Quoi que l'on puisse faire, l'influence du peuple vainqueur et disposant de la première dignité dans l'Etat, se fait toujours sentir, surtout lorsque ce peuple est jaloux de cette influence et possède une supériorité numérique sur le peuple vaincu.

Dans un pays comme le nôtre, où la race victorieuse constituant la majorité s'appuie sur la population de tout un continent, ayant les mêmes prédilections et vouée au culte des mêmes dieux, il est difficile qu'elle ne fasse pas, au moins, prévaloir son esprit, qu'elle n'impose pas peu à peu son idéal de ce qui est bien, de ce qu'il faut admirer. Or cet idéal, c'est la richesse : du nord au sud, de l'est à l'ouest du continent américain, l'esprit mercantile et adorateur du veau d'or plane, rayonne, séduit, remplit tout ; comme je l'ai dit plus haut, il commence à pénétrer certaines couches de notre population.

(1) « *L'or est naturellement et incontestablement l'idole de l'Anglo-saxon. Il est sans cesse sur la brèche pour en gagner ; il évalue tout en numéraire ; il s'incline devant un gros sac d'écus et sourit de mépris en passant devant un petit sac. Il a une admiration instinctive et naturelle pour la richesse en soi.* »

« *Dans notre pays, dit M. Hamerton* (2), *les gens des classes moyennes sont fiers de la richesse des riches. Ils parlent des revenus considérables de la noblesse avec un intérêt qui est peut-être un reste de sentiment féodal, la satisfaction d'orgueil que tire un vassal de la grandeur de son suzerain. C'est un plaisir pour eux de penser que le duc de Westminster peut sortir d'Eaton Hall avec ses invités en une procession formée de ses propres voitures.*

« *La nature britannique est si bien faite pour être heureuse dans la richesse que lors-*

---

1. Bagehot. Essays.
2. French and English.

qu'un Anglais possède lui-même peu de biens, il se délecte dans la pensée de ceux du lord voisin ». L'auteur cite cette spirituelle charge de Du Maurier dans « *Punch* », qu'il m'est impossible de traduire dans sa naïve énergie.

« *Un Anglais se promène avec un Français au Hyde-Park et exhale dans les termes suivants sa passion pour l'inégalité.*

Il vous est bien permis à vous, Mossoo, de vous moquer de vos gueux de comtes et de barons! Mais vous ne trouverez rien à redire sur le compte de notre noblesse. Montrez-moi par exemple un homme comme notre duc de Bayswater! Comment! Mais il pourrait acheter vos princes et vos ducs étrangers à la douzaine! Et quant à vous et à moi, nous ne comptons que comme autant d'ordures sous ses pieds! Hé bien, voilà ce que j'appelle un gentilhomme, voilà une sorte de noble dont il me semble qu'en ma qualité d'Anglais, j'ai quelque droit d'être fier! »

Il y a un certain nombre d'années, à une époque où les journaux anglais se permettaient assez souvent contre nous des insinuations méchantes, des traits perfides que nous ressentions évidemment plus qu'il ne fallait, un brave citoyen de Montréal avait pris sur lui de rappeler à nos détracteurs ce que nous étions et ce que nous valions. J'aime ces explosions de patriotisme un peu naïves dont nous sommes coutumiers ; l'article vengeur en question était, probablement, le millième de son espèce, mais il ne faut pas que nous nous lassions de le rééditer ; il en reste toujours quelque chose. Un journaliste anglais pratique et sans le moindre fanatisme lui fournit la réplique. Avec un calme léonin tout d'abord, celui-ci concédait, admettait et abondait même dans le sens de son confrère français. Oui, cela était incontestable, nos ancêtres avaient été des héros et avaient laissé partout sur cette terre d'Amérique une trace glorieuse. Certes, la race française était une race qui avait fait de grandes choses et à laquelle était échu un beau rôle dans la destinée du monde. Peut-être, en effet, avions-nous produit plus d'hommes marquants que les autres provinces du Dominion. Personne ne contestait notre loyalisme envers la couronne d'Angleterre, notre part utile dans le mouvement économique du Dominion, nos qualités nationales, nos vertus pacifiques, notre courtoisie, etc., etc. Tout cela était admis de la meilleure grâce du monde, comme choses, du reste, d'une importance très relative. Mais le patriote canadien-français avait été plus loin ; s'appuyant sur le fait réel ou présumé que nous payions une somme d'impôts plus considérable que nos concitoyens anglais à la municipalité de Montréal, il avait osé dire que nous étions les plus riches dans la métropole. Oh! pour lors, c'en était trop le journaliste anglais, arrivé à cet endroit, avait dû retailler sa bonne plume. Il n'était plus ni calme, ni conciliant ; il ne concédait plus, il revendiquait à son tour : « Vous les plus riches ? Allons donc ! et, à la fois indigné et ironique, il rappelait les opulentes maisons de commerce, les institutions financières prospères, les fabriques, les usines, les compagnies de bateaux à vapeur, les chemins de fer dont les siens étaient propriétaires, directeurs et actionnaires. Vous les plus riches ? Et il alignait en colonnes serrées les milliers, les centaines de milliers, les millions de dollars affirmant la puissance de l'industrie britannique au Canada. Qu'étions-nous vis-à-vis de ces chiffres avec nos souvenirs héroïques et notre modeste aisance ? Cela n'était pas dit ainsi, mais on comprenait. Bref, l'article était irréfutable, bien écrit, spirituel même. Presque tout le monde y trouva son compte ; peu de personnes du moins s'en sentirent humiliées.

Mais en sera-t-il toujours ainsi ? Nous résignerons-nous toujours à cette infériorité si facilement constatée, sans cesse évidente et présente aux yeux : être les plus pauvres. Un jour ne viendra-t-il pas où, comme nos voisins, nous mettrons toute notre ambition, toute notre gloire à acquérir de l'or ?

Il faut bien le reconnaître, nous n'avons déjà plus la noble fierté de nos ancêtres ; nous avons perdu ce sentiment d'une supériorité incontestée qui inspire nos cousins de France et constitue une si grande force chez un peuple.

Nous sommes des vaincus sur deux champs de bataille. Par notre première défaite que nous ne regrettons pas, que nous avons le courage d'admettre, nous ne nous sentons aucunement diminués : nous n'avons été vaincus qu'après une longue série de victoires glorieuses, et nous sommes fiers de notre passé militaire, comme doivent l'être des fils de soldats. Dans l'autre lutte qui se continue encore, lutte pacifique, bataille où aucun rang n'est assigné, où chacun peut choisir ses adversaires, où tous, vainqueurs et vaincus, sont mêlés et confondus : la concurrence pour la fortune, la lutte pour la richesse, nous avons le dessous.

De fait, nous ne luttons pas race contre race, Anglais contre Français, mais lorsqu'il s'agit de constater la part de butin de chacun et de grouper les combattants, pour une statistique ou dans un autre but, c'est sur la base de l'unité d'origine et de langue que la division se fait.

Et alors nous nous en rendons compte, les plus grands succès n'ont pas été pour nous. D'ailleurs une simple promenade dans les rues commerçantes de nos villes et la lecture des enseignes suffit pour nous édifier à ce sujet.

Jusqu'à présent, comme je l'ai expliqué ailleurs, les circonstances nous ont beaucoup moins favorisés que nos compatriotes anglais. Il est, en outre, certaines raisons tenant à nos préjugés, à nos qualités et à nos défauts de race qui s'opposeront, pendant longtemps encore peut-être, à notre prééminence industrielle et commerciale.

Les Anglais, comme ils le déclarent eux-mêmes, sont avant tout un peuple de boutiquiers. — *A nation of shop keepers* — leur puissance est surtout une puissance industrielle et commerciale. L'Angleterre a des comptoirs dans tous les pays du monde, c'est par son commerce qu'elle s'est enrichie, et c'est en vue de favoriser ses intérêts commerciaux qu'elle a étendu sa domination sur une grande partie du globe. Aussi la carrière du négociant, de l'homme d'affaires, y est-elle très considérée ; la pairie est accordée chaque année à quelque riche marchand de la cité, à quelque opulent armateur de Liverpool ou de Glasgow, à quelque brasseur, quelque constructeur de chemin de fer. Lors d'un scandale qui a fait grand bruit l'année dernière et que les journaux ont commenté sous la rubrique « scandale du baccarat », on a vu l'héritier de la couronne d'Angleterre, le premier *gentleman* de l'Empire, être l'hôte d'un marchand millionnaire du nom de Wilson. « *Partant de l'idée qu'il n'est pas convenable pour un pair d'Angleterre d'être pauvre, dit M. Hamerton* (1), *on en est arrivé à considérer qu'un homme très riche a une sorte de droit à un titre; et lorsque la pairie est conférée à des hommes obscurs, comme pour les récompenser de s'être enrichis, la chose paraît si naturelle qu'elle n'excite aucun commentaire, excepté peut-être de la part de M. Labouchère* ».

Dans un de ses plus célèbres romans « *The Newcomes* », Thackeray nous montre le grand négociant anglais, arrogant, hautain, exclusif, aussi fier de sa maison qui date de plus d'un siècle que le pair du royaume descendant des Normands peut l'être de ses parchemins et de son blason.

En France, il en est tout autrement : un négociant parvient difficilement à s'y faire une haute situation sociale, et l'on n'y trouve pas de dynasties commerciales. Le grand indus-

1. French and Englisch.

triel qui a remplacé, dans le mouvement de la fortune publique, les féodaux d'autrefois, jouit d'un certain prestige, mais il faut qu'il soit cent fois millionnaire. Un roman que tout le monde connaît, et qui nous paraît en Amérique, superlativement idiot, « *Le maître de forges* » de Georges Ohnet, a eu un grand succès populaire, parce qu'en France, les préjugés de caste sur lesquels il est basé sont compris par tout le monde. Dès qu'un négociant français a fait fortune dans les soies, dans les huiles ou dans les bois de construction, et qu'il croit avoir assez de millions, il se hâte d'enlever son enseigne, d'effacer le nom de sa maison, il achète un château en province, et ses héritiers dépensent en grands seigneurs les profits de la boutique paternelle (1).

Dans un pays de démocratie absolue, comme le Canada, on comprend que ce quasi-dédain du commerce ne peut exister et serait souverainement ridicule. Cependant, il existe un certain instinct qui produit les mêmes résultats. Est-ce un sens aristocratique dévoyé, est-ce seulement l'instinct du jouisseur ? Je ne saurais le dire. Il n'en est pas moins vrai que, jusqu'à présent, les maisons de commerce

1. A Londres, un commis en nouveautés de la cité est un « *city gentleman* »; à Paris, on l'appelle, non sans quelque dédain, « *calicot* ».

canadiennes-françaises les plus importantes n'ont pas été transmises et — notre développement économique étant tout récent — ne paraissent pas devoir être transmises, comme chez nos compatriotes anglais, à une deuxième ou à une troisième génération. La femme, par exemple, dont les préférences en ces matières ont une influence souvent décisive, la femme canadienne-française sera plus fière de s'appeler Mme Durand, femme du docteur Durand ou de M. Durand ingénieur civil, bien que tous deux soient pauvres, que Mme Durand femme de M. Durand, de la maison Durand, et Cie, bien que cette maison soit puissamment riche. Une Américaine ou la fille d'un de nos compatriotes anglais serait d'un avis tout différent. Peut-être faut-il voir dans ces préférences une prédisposition de notre race à estimer, avant tout, les productions de l'esprit ; et si peu qu'il soit fait usage de cette denrée, dans la besogne routinière de la plupart de nos compatriotes appartenant aux professions libérales, l'enseigne est là : Le Dr X... est, en principe, un homme de science, M. Z... avocat, vit du produit de son travail intellectuel, et l'on reconnaît la noblesse de ce travail, bien qu'il procure rarement la richesse.

Dans son « *Histoire de la science et des*

savants depuis deux siècles », A. de Candolle observe que la même manière de voir se rencontre dans les cantons de la Suisse française. « *Sous ce point de vue, dit-il, il existe une assez grande différence entre les cantons allemands et français de la Suisse. Chez les premiers, on voit communément les fils de riches négociants ou industriels continuer la carrière de leurs pères, au lieu que, dans les cantons français, un homme enrichi par le commerce ou l'industrie voit souvent avec plaisir ses enfants sortir des affaires et exercer une profession libérale. Le premier système est favorable aux développements économiques, le second aux travaux de l'intelligence.* »

Ces états d'esprit divers étant constatés, sommes-nous moins bien doués que les Anglais pour le commerce et l'industrie ? Cela est généralement admis sans conteste. Or, voici ce que nous apprend l'histoire.

Les Anglais n'ont conquis la suprématie commerciale et industrielle dans le monde que depuis deux ou trois siècles. Et ce, grâce surtout à l'immigration des Huguenots chassés de France par la révocation de l'Édit de Nantes, qui ont porté de l'autre côté de la Manche, leur activité commerciale et leur science industrielle.

(1) « *Les Anglais étaient à l'origine un peuple d'agriculteurs et de pasteurs... La laine et ses producteurs étaient d'un côté du détroit, les ouvriers habiles qui la teignaient et la tissaient de l'autre côté...* « *Aussitôt que les artisans français se furent fixés à Londres, ils s'occupèrent d'y établir les mêmes industries auxquelles ils s'étaient livrés sur le continent, et une grande partie du fleuve d'or qui avait coulé jusqu'alors en France se détourna vers l'Angleterre, et, dit un auteur du temps, les Anglais ont maintenant une telle estime pour l'habileté des réfugiés français que presque rien ne peut se vendre qui ne porte une étiquette française.* »

« (2) *L'Angleterre doit aux Huguenots français presque tous ses arts industriels et une bonne partie des éléments vitaux les plus précieux de sa population actuelle... Les protestants émigrés étaient des hommes de valeur et ils ont exercé une influence bienfaisante et profonde sur notre race et sur notre histoire.* »

« (3) *Ce n'est que sous le règne d'Elisa-*

---

1. Smiles « *The Huguenots* ».
2. Fr. Galton « Hereditary Genius », p. 360.
3. Seely « Expansion of England. »

beth que l'Angleterre a commencé à découvrir sa vocation pour le commerce et pour la domination de la mer. »

La plupart des Français, huguenots (1) et autres, qui se sont établis aux Etats-Unis dans le cours du xviie et du xviiie siècle et se sont fondus dans la masse de la nation américaine ont conquis une situation prospère et souvent brillante dans la grande industrie et le commerce américains. Des Canadiens-Français émigrés depuis trente ans, et ce dans des circonstances peu favorables, un bon nombre déjà sont à la tête de maisons de commerce florissantes. Ceux peu nombreux qui ont émigré dans la grande République, il y a cinquante ou soixante ans, ont presque tous laissé une fortune considérable à leurs descendants. Malgré tout, cependant, le fait me paraît acquis qu'à l'heure qu'il est, les Anglais comme peuple, ont, à un degré supérieur à nous, tout ce qu'il faut pour réussir dans ce qu'on appelle généralement « les affaires. » Le commerce et

---

1. « Lorsque les églises protestantes furent rasées à La Rochelle (vers 1656) les Huguenots furent accueillis avec faveur à New-York... Les protestants français devinrent si nombreux dans cette ville que souvent les documents publics étaient rédigés en français, en même temps qu'en anglais et en hollandais (Bancrot : *Hist. of the United states*, vol. 1, p. 512).

l'industrie sont les seuls chemins qui mènent à la fortune, et le désir de s'enrichir a développé en eux ce sens pratique absolu, cet esprit d'initiative, de prudence, de calcul qui sont des gages certains de succès. L'esprit anglais se forme à l'étude des affaires et de l'administration; c'est dans des méditations portant sur ces sujets qu'il s'absorbe le plus volontiers. Le nôtre, au contraire, ne se plie que par un effort de volonté à des préoccupations de ce genre; il apporte à l'étude des affaires des qualités et des défauts qui le font trop facilement dévier vers d'autres pensées qui n'ont rien de commun avec les chiffres; il réussit même assez souvent à trouver dans des questions de finance des sujets d'enthousiasme, de passion, de haine, ou de colère. On n'a qu'à comparer les législatures des provinces anglaises du Dominion avec celle de la province de Québec. Là les affaires se traitent, les questions se décident au milieu d'un calme parfait, les sessions se succèdent sans donner lieu à aucune scène qui serait déplacée à une réunion de directeurs d'une société assemblés pour causer actions et dividendes. La législature de Québec au contraire fournit à chaque session ample matière aux commentaires passionnés de la presse et à la chronique, hélas! trop souvent scandaleuse.

On trouvera toujours assez facilement chez nous des hommes d'affaires très habiles, des administrateurs excellents, mais nous ne réussirons jamais, probablement, à nous éprendre en bloc, comme les Anglais, d'une passion réelle et durable pour les choses du commerce.

Combien y a-t-il de Canadiens-français qui se complaisent dans cette littérature terre-à-terre des rapports de bureaux de directeurs, des procès-verbaux de réunions d'actionnaires, etc.? Combien y en a-t-il qui puissent lire sans bailler à se détacher la mâchoire, de longs articles sur les récoltes en Russie, sur les finances australiennes, sur la question monétaire dans l'Inde ? Or, l'homme qui ne saura pas prendre un intérêt intense à des questions de ce genre, dans toute leur aridité, sans se laisser distraire de leur étude par des considérations ethnographiques, biologiques ou archéologiques, des détails de mœurs pittoresques ou des souvenirs historiques; celui-là sera difficilement un grand constructeur de chemins de fer, *un roi* du blé, des céréales, des légumes ou du fer.

Les Canadiens-Anglais ont, en outre, à leur disposition, incomparablement plus de capitaux que nous. Sans cesse vous pouvez rencontrer à Londres, à Liverpool, à Edimbourg, quelques-uns d'entre eux s'occupant de la fondation de sociétés, du placement d'actions commerciales et industrielles, de l'établissement de succursales, etc., etc. Nous ne pouvons compter que sur nos seules forces. Quand nous allons en France, c'est en notre double qualité de touristes et de cousins d'outre-mer, heureux de voir et d'admirer la vieille mère-patrie ; nous nous y occupons rarement d'affaires.

Il est donc fort probable que pendant longtemps encore nous continuerons à compter moins de millionnaires que nos compatriotes anglais. L'esprit dominant dans l'Amérique du Nord, qui estime les hommes en raison de la somme de richesse qu'ils possèdent (1), nous assignera un rang inférieur, peut-être, dans l'échelle des peuples de ce continent.

Combien il nous serait facile de nous en consoler, si, par la création de richesses d'un ordre élevé, nous parvenions à prendre un rang honorable parmi les peuples du monde entier, si, pour chaque millionnaire que nous offriraient nos voisins, nous pouvions leur offrir, proportionnellement à notre population,

---

1. On dit au Canada et aux Etats-Unis, pour évaluer la fortune d'un homme : « *Il vaut* 5.000, 10.000, 100.000 dollars. *Ite is worth*, etc.

un homme distingué dans les sciences, les arts ou les lettres !

Comme je l'ai dit dans un chapitre précédent, par suite de l'absence de sources voisines où nous puissions retremper notre esprit national, de l'envahissement de l'idéal anglo-saxon et américain, de la constatation continuelle de notre infériorité dans les sphères industrielles et commerciales notre fierté, qui, si longtemps a été notre force, tend, dans certains milieux, à s'atténuer et à se perdre.

L'émigration de millions d'indigents du continent européen qui sont venus demander du pain au Nouveau-Monde et se sont mis au service des Américains, a développé, pour l'habileté et le génie de ces derniers, un sentiment d'admiration qui nous a envahis nous-mêmes et dont, au point de vue de la fierté et par conséquent de la vitalité de notre race, nous sommes les dupes et les victimes.

Quel honneur d'être le descendant d'un pèlerin de Plymouth ! Comme c'est peu de chose d'être l'arrière-petit-fils d'un explorateur, d'un soldat, d'un colonisateur de la Nouvelle France !

Il ne manque pas parmi nous, je le répète, de gens qui croient qu'il est mieux porté d'être Anglais ou Américain que Français, parce que ceux-là sont les plus riches. Les quelques défections qui se sont produites dans nos rangs au Canada et aux Etats-Unis, très souvent, n'ont pas eu d'autre cause.

Un commis ou un boutiquier passant tous les jours devant quelques grands magasins de nouveautés ou d'épiceries appartenant à des gens de langue anglaise, ne peut s'empêcher de songer que les négociants les plus prospères de notre race n'ont pas une installation aussi considérable... Il constate encore que les résidences les plus luxueuses de nos villes et les voitures les plus élégantes appartiennent aux mêmes propriétaires. Et cela fait naître dans son cœur une profonde admiration pour ces favoris de la fortune. Evidemment, se dit-il, ces Anglais, ces Américains sont des hommes supérieurs, et il commence à tenir ses livres en anglais, convaincu que ça le pose davantage dans le monde des affaires. Il connaît quelques-uns de ceux qu'il admire, ils ont des manières toutes rondes avec un rien de brusquerie, cela lui impose : il voit avec plaisir ses enfants parler habituellement la langue des propriétaires de ces riches magasins et de ces luxueuses résidences ; il les envoie à une école anglaise. L'école fait le reste.

Ailleurs, un pauvre journalier obligé d'aller chercher du travail dans les fabriques américaines apprend peu à peu l'anglais des ouvriers ses compagnons. Ces sons nouveaux, ces vocables étrangers, cet accent nasal, tout cela l'amuse comme un jouet que l'on vient de confier à un enfant : il lui semble qu'il y a quelque chose de viril à rouler sa langue d'une manière différente de celle qu'il a apprise dans son jeune âge, et sans arrière-pensée, sans remords, il en vient à parler exclusivement la langue de ses patrons.

Je ne ferai pas mention ici d'un petit nombre de femmes anglomanes, américanophiles... Ce qui brille les éblouit naturellement, leur âme, facilement enthousiaste, s'éprend d'un joli phaëton, d'un carosse bien attelé...

C'est à ces quelques symptômes de faiblesse et à ceux que j'ai mentionnés plus haut que songeait Seely, sans doute, lorsqu'il disait, en parlant de nous : « (1) Au Canada, l'élément étranger périclite et finira probablement par être noyé dans l'immigration anglaise. »

Chaque défection de l'un des nôtres, chaque manifestation d'un esprit qui n'est plus le vieil esprit français, fier, intransigeant, superbe, encourage cette pensée chimérique si chèrement caressée par les pan-saxonnistes de notre assimilation future. Et ce mal-

---

1. *Expansion of England,* phrase citée comme épigraphe, à la préface.

entendu retarde d'autant notre établissement comme nation sur des bases solides et durables. S'il doit y avoir, un jour, une nation canadienne, ce n'est que lorsque tous les éléments qui devront la constituer pourront se rencontrer, sans arrière-pensée d'assimilation ou d'absorption, sur le terrain de la légalité et des intérêts communs.

Sans doute, beaucoup de causes inconnues, beaucoup d'agents encore invisibles influeront, comme dans tous les évènements humains, sur notre avenir politique, mais c'est dans les éléments que je viens d'étudier qu'il faut chercher les causes les plus prochaines, à savoir : les sentiments qu'entretiennent l'un pour l'autre les deux principaux peuples du Dominion et l'influence de l'esprit dominant.

En résumé, il résulte de ce qu'on vient de lire qu'il existe à notre égard chez une partie de nos compatriotes anglais, un sentiment d'antipathie qui a deux effets principaux : empêcher l'idée d'un Canada indépendant et uni de prendre beaucoup de consistance dans les âmes ; augmenter la force de cohésion des Canadiens-français. D'autre part, il existe sur tout notre continent un esprit envahissant de mercantilisme, de ploutocratie et d'égoïsme qui menace cette cohésion, par ce qu'il possède un attrait puissant pour quelques-uns des nôtres et qu'il est la négation du patriotisme, au moins du patriotisme canadien-français.

L'étude d'un troisième élément, le pan-saxonnisme, nous donnera une vision plus précise de l'avenir.

I

LE PAN-SAXONNISME. FÉDÉRATION IMPÉRIALE. INDÉPENDANCE STATU QUO.

Le pan-saxonnisme, dont personne n'a encore songé à constater les progrès, est de nos ennemis extérieurs le plus acharné, sinon le plus redoutable.

Le sentiment auquel je donne ce nom existe si bien, on le sent tellement que nous n'osons plus nous permettre de pronostiquer ouvertement notre avenir dans l'Est de l'Amérique, et que lorsque l'un de nous a cette audace, nous serions portés à lui crier : « Imprudent, que faites-vous! » Comme si notre développement plus accentué sur un même point du continent américain, en vertu du droit de notre expansion légitime et de la loi naturelle qui rapproche et maintient ensemble des hommes unis par des sympathies communes, comme si notre croissance en tant que peuple était une injure faite à l'âme de l'Anglo-saxon. On ne l'ignore pas pourtant, ceux qui naîtront de nous, si nombreux fussent-ils, n'empièteront jamais sur les droits de leurs concitoyens ; ils travailleront, ils occuperont leur place au soleil, ils seront soumis aux lois.

Combien de nos compatriotes anglais qui rêvent d'une fédération impériale, d'une union de toutes les colonies britanniques avec la métropole, d'une fédération de tous les peuples de langue anglaise dans laquelle entreraient même les États-Unis.

Ce rêve n'est pas sans grandeur, cet espoir prend sa source dans un sentiment que nous pouvons admirer.

L'expansion anglaise, si rapide en ce siècle, devait nécessairement inspirer cette ambition de créer une puissance impériale dominant le monde.

Les statisticiens se sont plu à faire le bilan des conquêtes du drapeau et de la langue d'Albion, et à en prédire la continuation. A l'heure qu'il est, disent-ils, l'anglais est parlé par plus de cent vingt millions d'hommes ; dans cinquante ans, il le sera par plus de deux cents millions, par deux-cent-cinquante, trois cents millions, que sais-je ? Faire une Amérique exclusivement anglaise, une Océanie anglaise, une Afrique anglaise, une Asie soumise à la suprématie britannique... Voilà le rêve de bien des fiers Saxons. Et après cela ? Après cela, doit se dire tout bas le Pyrrhus impérialiste, l'Europe n'aura plus qu'à nous tendre les bras.

Voilà pourquoi nous sommes une épine cruelle aux flancs du pan-saxonnisme.

L'histoire est pleine de ces rêves de grandeur et de domination jamais réalisés.

Il n'y a guère plus d'un siècle, en 1783, l'académie de Berlin mettait au concours la question suivante :

Qu'est-ce qui a rendu la langue française universelle ? Pourquoi mérite-t-elle cette prérogative ? Est-il à présumer qu'elle la conserve ?

Rivarol dont le « Discours » fut couronné par cette académie ne craignit pas de s'exprimer ainsi : « *Le temps semble venu de dire le monde français, comme autrefois, le monde romain, et la philosophie lasse de voir les hommes toujours divisés par les intérêts divers de la politique, se réjouit maintenant de les voir, d'un bout de la terre à l'autre, se former en république sous la domination d'une même langue* ».

A la dernière partie de la question, le spirituel écrivain répondait affirmativement : « *On ne peut prévoir la fin de l'Europe, et cependant la langue française doit lui survivre, les États se renverseront et notre langue sera toujours retenue dans la tempête par deux ancres : sa littérature et sa clarté* ».

La grande majorité des Anglais pratiques, renseignés et habitués à ne pas prendre leurs désirs pour des réalités, sont loin de partager cette illusion.

« *Les grands empires comme ceux de l'ancien monde n'existent plus, dit M. Seely* (1) *et le domaine colonial de la Grande-Bretagne reste le seul monument d'un état de choses qui a presque disparu* ».

« *Et quand nous pourrions retenir sous notre drapeau, dans une union fédérale, plusieurs pays très éloignés les uns des autres, ajoute le même auteur, gardons-nous bien de croire que cela soit de tous points désirable. Des populations nombreuses et un vaste territoire ne constituent pas nécessairement la grandeur ; si en restant au second rang des nations, au point de vue de l'étendue et de la population, nous pouvons garder le premier rang moralement et intellectuel-*

---

1. Expansion of England.

lement, sacrifions la grandeur purement matérielle ».

M. Seely, du reste, ne croit pas que l'unité de langue soit nécessaire à l'unité de l'empire. « *Si dans ces îles, déclare-t-il, nous nous sentons unis pour toutes les fins nationales, bien que dans le pays de Galles, en Ecosse et en Irlande, il y ait du sang celte et qu'on y parle encore des langues celtiques absolument inintelligibles pour nous ; de même, dans l'Empire, on peut admettre beaucoup de Français et de Hollandais, beaucoup de Caffres et de Maoris, sans compromettre l'unité ethnographique de l'ensemble* ».

M. Goldwin Smith n'est pas de cet avis, et l'une des raisons qui, selon lui, doit encourager les Canadiens-anglais à s'annexer le plus tôt possible aux États-Unis, c'est que « *les forces du Canada seul ne sont pas suffisantes pour amener l'assimilation de l'élément français, ou même empêcher la consolidation permanente et la croissance d'une nation française.*

« *Ou la conquête de Québec a été absolument inutile, ajoute-t-il, ou il faut désirer que le continent américain appartienne à la langue anglaise et à la civilisation anglo-saxonne* (1) ».

1. The Canadien question.

Sans doute, les Anglais du Canada qui caressent ces projets d'annexion aux États-Unis, de fédération impériale, ou d'union de tous les peuples de langue anglaise, ne sont pas, en général, inspirés, tout d'abord, par un sentiment d'hostilité à notre égard. Seulement lorsqu'au fond de leur pensée ils voient se dérouler, comme une immense surface unie et brillante, tout le continent américain : les villes, les fleuves, les forêts, les productions, les climats divers partout dominés et assujettis par des hommes de mœurs, de coutumes britanniques et parlant la langue d'Albion, la province de Québec, le peuple canadien-français leur fait l'effet d'une excroissance désagréable qui gêne leur conception idéale d'unité et d'homogénéité.

L'Anglo-saxon chauvin, exclusif, si fier de tout ce qui constitue sa personnalité distincte, son essence intime, serait peut-être surpris, s'il y songeait, de constater que dans tous ses efforts pour s'assimiler des éléments étrangers, il travaille à détruire son unité de race, ses idiosyncrasies nationales. Plus il anglicise, moins il reste anglais.

Le principe de la diffusion de la langue et le principe de la race sont tout-à-fait opposés, ceci n'a même pas besoin d'être prouvé. Si l'Anglo-saxon était réellement pénétré du dogme de sa supériorité, il devrait rester pur de tout mélange, surtout avec des peuples qui, pour s'allier à lui, s'amoindrissent et abdiquent tout ce qui jusqu'alors a fait leur gloire et leur force : leurs souvenirs nationaux, leur passé, leur langue, souvent même leur foi.

Que devient le pur type anglo-saxon aux Etats-Unis ? Mais il est sur ces choses plusieurs manières de voir, et les physiologistes, en attribuant au mélange des sangs, la vertu d'améliorer les races, justifient l'apparente inconséquence du pan-saxonniste.

Et quelle gloire l'Anglais peut-il attendre de la diffusion de sa langue ? Les Français ont pu être fiers de voir toutes les classes dirigeantes de l'Europe adopter la leur ; c'était, en quelque sorte, un hommage qu'on leur rendait, qu'on rendait à leur culture intellectuelle, à la supériorité de leur littérature, à l'élégance de leur civilisation. Il n'en a pas été ainsi des conquêtes qu'a faites, jusqu'à présent, la langue anglaise ; elle s'est imposée par une sorte de force fatale, non pas aux classes supérieures de la société, mais aux déclassés, aux indigents, aux déshérités, à des peuplades sauvages ou demi civilisées, vaincues.

Ce fait témoigne au moins de la force d'expansion de la race anglaise et de l'excellence des systèmes de gouvernement qu'elle sait se donner. Mais si l'on cherche à angliciser par la violence et contre toute justice, comme on le fait actuellement dans le Nord-Ouest canadien, le témoignage se trouve singulièrement atténué. Cela rappelle un peu le mot de Chamfort qualifiant l'œuvre des révolutionnaires de la Terreur « *Sois mon frère ou je te tue.* »

Cette manie des vainqueurs qui veulent imposer leur langue aux vaincus n'est pas nouvelle, on la rencontre beaucoup chez les peuples anciens. On vit les Goths eux-mêmes chercher à substituer leur langue au latin, en Italie.

« *Le roi Attila, après avoir remporté la victoire, se montra si zélé pour la propagation de la langue gothique, qu'il défendit, par un édit, à qui que ce fût, de parler latin; et qu'il fit, de plus, venir des professeurs de son pays pour enseigner la langue des Goths aux Italiens* » (1).

L'édit lancé contre les Maures par Philippe II commence ainsi : Les Maures renonceront à leur idiome ; ils ne parleront plus qu'espagnol.

Guillaume-le-Conquérant voulut imposer la angue française en Angleterre, il n'y réussit pas.

1. Alcyonius cité par Bayle.

On peut trouver, il est vrai, beaucoup d'exemples tout différents. Ainsi Charles-Quint et Marie-Thérèse laissèrent sur ce point toute liberté à leurs peuples. C'est une des gloires de notre mère-patrie, la France, de n'avoir jamais cherché à établir par la force l'usage de sa langue dans les pays qu'elle a conquis. L'abolition des écoles françaises dans le Manitoba est une manifestation regrettable de cet esprit primitif, étroit et mesquin, dont tous les Anglais ne savent pas se défendre et en outre un acte de profonde injustice.

L'État, dit M. Bluntschli (1), *n'a pas le droit d'arracher à un peuple son idiome, ni d'en interdire le progrès et la littérature... L'État peut prescrire que la langue la plus cultivée sera, seule, enseignée dans les écoles publiques et donner ainsi aux enfants d'un peuple encore grossier une part dans les conquêtes et l'héritage d'une littérature plus noble. Mais proscrire de l'église et de l'école la langue d'une nation civilisée serait une amère injustice.*

C'est un officier du Manitoba, le colonel H.-P. Atwood, qui écrivait, en 1887, dans une brochure dirigée contre les sentiments de race des Canadiens-Français, sentiments

---

1. *La théorie de l'État*, p. 77.

qu'il déclarait incompatibles avec le bon fonctionnement de nos institutions : « *Il n'y a qu'un remède et il n'est pas difficile à trouver. Il faut que nous soyons un peuple n'ayant qu'un sentiment et qu'une langue. Toute autre langue que la nôtre doit être abolie dans notre législature, dans nos tribunaux, dans nos statuts, et dans nos écoles publiques. Il nous faut la représentation basée sur la population tout simplement. Si nous voulons être un peuple prospère, satisfait, gouverné à bon marché, toutes les lignes de démarcation nationales doivent être effacées pour toujours.* »

Ce serait un triste état de liberté que celui où les caprices et le fanatisme d'une majorité seraient substitués au droit et à la justice.

M. Goldwin Smith reproche aux négociants anglais de Montréal l'esprit conciliant dont ils font preuve et qu'il attribue simplement à des motifs intéressés : « *Pendant ce temps là, dit-il* (1), *les négociants anglais de Montréal ne songent guère qu'à leur commerce et à leurs plaisirs et et ne s'opposent pas au progrès de l'ennemi. En vérité, il leur faudrait pour s'y opposer quelque chose comme le courage d'un martyr; car l'É-*

1. The Canadian question.

glise peut punir, dans son commerce ou dans sa profession, l'homme qui oserait se déclarer son ennemi. Des voix libres et hardies se font entendre, mais elles sont peu nombreuses et les oreilles auxquelles elles s'adressent sont, en général, sourdes à tout ce qui en troublant la tranquillité pourrait gêner les intérêts du commerce ».

Toutes ces tendances pan-saxonnistes, ces velléités de vexations et d'intolérance ne prévaudront jamais, sans doute, contre le fort sentiment du droit et de la justice, contre l'amour de la paix et surtout contre le bon sens pratique qui forment le fond de l'âme du Canadien anglais, en général. Elles nous prouvent au moins combien peu nous sommes préparés pour l'indépendance du Canada.

II

Un des lieux communs favoris de nos orateurs électoraux consiste dans l'évocation prophétique de l'avenir brillant qui nous attend « lorsque notre pays, riche, fertile, plein de ressources, comprenant près de la moitié de l'Amérique du Nord, sera devenu un pays indépendant et que notre nation aura pris place parmi les nations de la terre. »

Descendants des deux plus grandes races du monde ; favorisés d'une longue et bienfaisante tutelle qui nous a permis de développer pleinement nos forces ; héritiers d'institutions libres, de lois sanctionnées par la sagesse et l'expérience, etc., etc., à quels sommets ne pourrons-nous pas aspirer ?

A la vérité, cet avenir pourrait être beau, bien beau.

Oui ; si, un jour, nous pouvions rappeler que nous avons souffert en commun, que nous avons uni nos efforts pour quelque cause également sacrée à tous et supérieurs aux intérêts purement matériels ; si l'on comprenait bien dans tous les rangs des populations d'Ontario, des Provinces maritimes et du Nord-Ouest, que, nous, Canadiens-Français, nous conserverons notre langue, quoi qu'on fasse, que jamais nous n'abdiquerons rien de ce qui constitue notre être intime, et *qu'il vaut mieux qu'il en soit ainsi.*

Si dans vingt, dans trente ans, les produits intellectuels du Dominion pouvaient, comme nos produits forestiers, agricoles et industriels, prendre un rang honorable sur les marchés internationaux, sans doute la *vie nationale canadienne* gagnerait en force, en intensité, en cohésion.

Le progrès d'une civilisation généreuse éteignant l'esprit sectaire et intolérant, les forces mystérieuses qui unissent les hommes vivant sous le même ciel, feraient le reste.

Cet avenir, je n'espère pas qu'il soit jamais le nôtre.

Toux ceux qui sont venus de la Grande Bretagne depuis 1760 jusqu'en 1867 sont venus dans un pays conquis. Les immigrés des dernières décades sont venus dans une possession anglaise, dans une colonie où Albion a su établir le plus libéral des gouvernements, où elle a instauré des principes de tolérance, accordé des droits égaux à tous ses sujets, mais enfin dans une *possession anglaise*.

Le Canada devenu indépendant ne sera pas plus un pays anglais que la Suisse n'est un pays allemand ou français. Nous serons « les Canadiens » tout simplement : une nation composée de nationalités différentes (Anglais, Français, Irlandais, Écossais), chacune exerçant sa part d'influence, aucune n'ayant de prééminence reconnue : une nation enfin, qui ainsi formée, adoptera une constitution définitive et qui jamais ne sera une puissance anglaise.

Nos compatriotes anglais, les plus libéraux, envisagent, sans doute, cette perspective avec une âme sereine et reconnaissent tout le bonheur qu'une fédération basée sur la tolérance et la concorde pourrait donner. Mais, en sera-t-il ainsi de l'immense majorité des habitants de l'Ontario, du Manitoba et des autres provinces anglaises? Je ne le crois pas.

Cessant de faire partie du grand empire britannique, ils voudront faire partie d'une grande république où l'immense majorité de la population parle la langue anglaise (1).

III

L'idée de la *fédération impériale* qui ne compte guère que des partisans brûlant pour elle d'un amour tout platonique, ne peut nous intéresser, nous, Canadiens-Français, qu'au point de vue des intérêts matériels de notre pays. Or, elle pèche contre la plupart des principes de l'économie politique, en même temps que contre toutes les lois historiques; elle implique, de la part des colonies, des sacrifices qu'on ne leur demande pas et qui leur seraient très pénibles, de la part de la métropole, des concessions qu'elle n'est certes pas disposée à faire. Et pour amener quels résul-

1. Oh! combien je voudrais me tromper!!

tats ? La création de quelques pairies canadiennes. L'accession de quelques-uns de nos hommes politiques et politiciens à la vie parlementaire anglaise, que rendent si attrayante le prestige de son ancienneté, ses traditions de dignité aimable, et le souvenir des gloires pures qu'elle a produites : L'initiation de nos députés, à Westminster, aux joutes de la grande politique extérieure et aux roueries de la diplomatie européenne. Voilà à peu près tout. Les divers autres avantages que les fédéralistes impériaux nous énumèrent sont plus que problématiques.

(1) « *On veut unir vingt ou trente pays dispersés sur toute la surface du globe, n'ayant, pour les relier les uns aux autres, aucune attache d'intérêt commun, ignorants de leurs ressources et de leurs besoins mutuels. La première session d'un tel conclave développerait, nous pouvons en être certains, des forces de désunion bien plus puissantes que le vague sentiment d'union résultant d'une très partielle communauté d'origine et d'une très imparfaite communauté de langue qui serait la seule base de la fédération...*

Les institutions politiques doivent, après tout, se régler dans une certaine mesure sur

---

1. *The Canadian question*, by Goldwin Smith.

la nature et les convenances pratiques. Rarement elles ont pu lutter contre la géographie et lutter avec avantage. »

Je renvoie ceux qui voudraient lire une discussion magistrale de cette question au livre de M. Goldwin Smith « *The Canadian question.* »

Si peu qu'elle ait de chances d'être jamais réalisée, l'idée de la fédération impériale est intéressante, en ce qu'elle indique chez ceux qui la chérissent un état d'âme dont il nous importe de bien tenir compte.

Elle a germé d'abord dans le cerveau d'hommes politiques coloniaux ambitieux, qui, ne trouvant pas dans l'étude des questions économiques intéressant leur pays, un aliment suffisant à leur activité, ont voulu attacher leur nom à un évènement historique, à une révolution dans la vie constitutionnelle de l'Empire. Elle a été adoptée par un certain nombre d'esprits idéalistes et chauvins, parce qu'elle flatte les tendances dont j'ai parlé plus haut et qu'il semble à plusieurs que c'est être grand soi-même que de faire partie d'un grand tout.

Quand l'inanité de ce projet grandiose aura été reconnue et que l'heure sera venue pour notre pays de se détacher de la Grande-Bretagne, ce qui, je l'espère, n'aura lieu que dans un avenir encore éloigné, nous serons fatalement entraînés à l'*Annexion aux Etats-Unis*; tant pour les causes que j'ai indiquées plus haut, qu'en vertu de puissantes raisons économiques, dont je n'ai pas à m'occuper ici (1).

IV

En attendant, pendant que dans les autres provinces, se dégagent et entrent en lutte les préférences, les aspirations, les volontés dont l'action va, peu à peu, entraîner notre pays vers une forme politique nouvelle et peut-être définitive, nous devons, nous, Canadiens-français, être les plus fermes soutiens du *statu quo*. Car nous ne sommes pas encore prêts à affronter l'inconnu.

Quand nous entrerons dans l'union américaine, il faut que ce soit, comme les fils d'une famille glorieuse qui n'a pas déchu et avec laquelle on est fier de s'allier.

1. Ne nous faisons pas d'illusions. Nos compatriotes anglais, je le répète, ne laisseront pas se briser le lien colonial pour partager avec les vaincus de 1760 et dans des conditions égales la direction de notre jeune pays. Il n'y a place dans leur âme que pour deux solutions : la *fédération impériale* ou *l'annexion*.

La continuation du régime actuel nous permettra peut-être, en outre, de triompher d'un certain nombre des préjugés qu'entretient contre nous la masse de la population anglaise du Dominion. Et cela est d'une extrême importance, comme on le verra plus loin.

Un progrès assez sensible a été accompli, dans ce sens depuis 1867. On peut se laisser aller très facilement, dans ces matières, à tirer de tels faits constatés des conclusions erronées ; mais il semble que les nombreuses décades passées sous le même drapeau, et les rapports fréquents que nous avons, avec nos plus proches voisins dans le Dominion, aient dével ppé plus chez ceux-ci que chez nos compatriotes anglais de date récente l'esprit de tolérance et de concorde.

Ainsi le Nord-Ouest n'est ouvert que depuis quelque trente ans à la colonisation ; la plupart de ses habitants sont venus directement des Iles Britanniques, tandis que, dans les autres provinces, de nombreuses générations de Canadiens-anglais se sont déjà succédé. Or, c'est seulement dans le Manitoba qu'une loi contre les écoles françaises a été votée. Ni dans l'Ontario, ni dans le Nouveau-Brunswick, ni dans la Nouvelle Ecosse, la minorité française n'a été menacée de semblables mesures. On a vu comment M. Goldwin Smith reprochait aux négociants anglais de Montréal leur négligence à s'opposer *aux progrès de l'ennemi.*

L'Anglais des classes ignorantes déteste et méprise l'*étranger*, mais au fur et à mesure que nous cessons d'être pour lui l'étranger, sa haine et son mépris doivent décroître.

Quand nous entrerons dans l'Union américaine, ne l'oublions pas, nous ne pourrons quitter à la porte, comme une vieille défroque, tous les sentiments du passé. L'Ontario et le Manitoba y entreront aussi avec leurs rancunes et leurs antipathies, et si jamais il est question de l'abolition des écoles françaises, c'est de ces deux provinces que sera lancé le cri de guerre.

Nous formerons un certain nombre d'États nouveaux dans l'Union, mais le Canada, pendant longtemps encore, sera *le Canada*; le Saint-Laurent restera la grande artère de la France d'Amérique; la province de Québec aura toujours celle d'Ontario pour voisine et sera toujours plus ou moins indifférente aux Etats lointains de la Californie, de l'Arizona, de la Floride, du Texas. Sans doute de nouvelles relations de voisinage se noueront du côté de l'ouest et du sud; étant donné surtout que les Anglais du Canada ne diffèrent aucunement, si ce n'est par l'accent, de la population américaine; l'ancienne confédération continuera cependant à occuper une place à part. Du siècle et demi que les Canadiens des diverses races auront passé sous le même drapeau, divisés par les mêmes passions de partis, il restera des souvenirs, des sympathies, des rancunes qui ne s'éteindront pas avec la première génération d'annexés.

Pendant les années qui nous restent encore à passer sous la puissante tutelle d'Albion, faisons tout ce qui sera en notre pouvoir pour atténuer ces rancunes, pour accroître ces sympathies. Si nous ne pouvons compter sur une affection ardente de la part de nos compatriotes anglais, tâchons, au moins, de mériter leur estime et autant que possible de conquérir leur admiration. Accomplissons des œuvres grandes et utiles, ils en seront fiers pour le drapeau commun. Ce qui nous importe, avant tout, je ne saurais me lasser de le répéter, c'est d'affirmer notre vitalité avec tant de force, de nous rattacher avec tant d'ardeur à tout ce que nous tenons de nos ancêtres de France, de manifester si hautement les qualités particulières de notre race, que tout espoir d'assimilation disparaisse de l'âme du pan-saxonniste le plus chauvin. Ce malentendu une fois dissipé, les sympathies pourront croître sur un terrain solide.

Destinés à vivre et à grandir ensemble, nous

pouvons difficilement, Canadiens-anglais et Canadiens-français, être indifférents les uns aux autres. Aimons-nous ! Il faudrait à la vérité que messieurs les Anglais y consentissent. De notre part, de la part au moins de la grande majorité des nôtres, c'est déjà fait, comme je l'ai dit dans un chapitre précédent. Cette fois, *nous avons tiré les premiers.*

Ne demandons pas aux Anglais de nous voir avec nos propres yeux, ils nous verront toujours avec les leurs, et ce ne sera jamais la même chose. Ne leur gardons pas rancune de leurs fréquentes injustices. Sachons faire la part de l'esprit libéral constant de l'élite et du fanatisme intermittent des masses.

Il y avait au VIIIe siècle, à l'abbaye de Saint-Gall, racontent les vieux grimoires (1), un moine très savant, très pieux, mais aussi très méchant qui, souvent, avait maille à partir avec ses confrères. Lorsqu'on lui reprochait le peu d'aménité de son caractère. « *Ce que je dis je le dis, sans haine, répondait-il, ma haine ne vise que la méchanceté inhérente à cet homme, par conséquent donc, simplement un accident et non pas la substance même, dans laquelle nous devons voir, d'après la parole de l'Ecriture, l'image de la divinité.*

1. Martine et Durand. « Collection de vieux documents ».

Eh bien, faisons de même : Haïssons les préjugés étroits que nous rencontrons chez un certain nombre de nos compatriotes anglais, aimons les nombreuses qualités que nous trouvons chez tous.

Puissent-ils, eux surtout, adopter la même manière d'agir à notre égard ! Tout le monde, il est vrai, n'est pas capable de cette abstraction.

Il est des gens qui prétendent, entre autres l'illustre écrivain russe Tolstoï, que les peuples sont naturellement portés à s'aimer et qu'il faut tous les efforts des gouvernements pour étouffer ce sentiment naturel. Cette opinion est sans doute quelque peu optimiste, mais on peut admettre au moins que la haine et l'antipathie fondées sur des raisons purement artificielles ne sont pas indestructibles.

Si nos compatriotes anglais ne vont jamais jusqu'à partager absolument avec nous le pouvoir et la prépondérance, dans un pays où ils furent les vainqueurs et nous les vaincus, espérons cependant que, lorsque nous aurons uni conjointement nos destinées à celles de la nation voisine, ils sauront adopter sans arrière-pensée la belle devise de cette nation « *Live and let live!* » (Vivez et laissez vivre.)

Le *statu quo*, en nous assurant encore de longues années d'une tranquillité absolue, nous permet donc de préparer notre avenir dans l'Union : 1° En nous élevant à un niveau de culture intellectuelle supérieure qui sera notre apport dans la communauté formée par tous les peuples de l'Amérique du Nord; 2° en travaillant à faire disparaître ou à atténuer l'antipathie et les préjugés de nos compatriotes anglais à notre égard.

∴

La continuation du régime actuel même pendant un grand nombre d'années encore ne nous empêchera en aucune façon de maintenir et de resserrer les liens qui nous unissent à nos frères émigrés aux Etats-Unis.

Nous sommes séparés par des frontières près desquelles aucune sentinelle ne veille et que les témoignages d'affection peuvent franchir sans cesse aussi facilement que les wagons et les ballots de marchandises.

Cette manière de comprendre l'expansion d'un peuple, sous ce dualisme gouvernemental, et en faisant abstraction des liens politiques, peut sembler illusoire. A ceux qui ne voient encore dans l'État qu'une entité créée pour des fins offensives et défensives, ce développement de sympathies nationales qui ne tient compte ni des frontières, ni du drapeau, doit paraître une anomalie. Au fond, il n'en est rien; le progrès des idées en Amérique et surtout les conditions d'existence spéciales de ce continent nous mènent rapidement à une conception plus large de la vie des peuples et des nations.

Entre nos frères devenus citoyens américains et nous, une union plus intime qu'entre les Français de France, les Suisses et les Belges de langue française, devra régner, car, en outre de la communauté de la langue, de la religion et des souvenirs, qui nous lie, nous avons toute raison de croire qu'un même avenir politique nous attend. Nous ne sommes que momentanément séparés.

I

DANS L'UNION AMÉRICAINE.

> « (1) *If these provinces felt themselves strong enough to stand upon their own ground and if they should desire no longer to maintain their connection with us, we should say : God speed you and give you the means to maintain yourselves as a nation !* »
>
> (Discours de Lord Palmerston à la Chambre des Communes le 23 mars 1865).

L'annexion du Canada aux États-Unis aura-t-elle lieu après des essais infructueux d'in-

---

1. Si les provinces canadiennes se sentaient assez fortes pour vivre d'une vie autonome et si elles ne désiraient plus conserver le lien qui les attache a nous, nous leur dirions : Que Dieu vous conduise et vous donne les moyens de vous maintenir comme nation !

dépendance ou même de fédération impériale ? Sera-t-elle, comme tout le fait pressentir, la conséquence d'une union commerciale et douanière entre les deux pays ? L'Angleterre se résignera-t-elle à voir s'accroître dans d'aussi formidables proportions la puissance maritime de la grande république ?

A ces questions l'avenir seul répondra.

Une chose cependant me paraît certaine, c'est que les modifications qui seront apportées à notre état politique le seront sans effusion de sang, en vertu d'un contrat librement consenti. Quand l'heure aura sonné de la séparation définitive entre l'ancien monde et le nouveau, la destinée s'accomplira pacifique et solennelle, et rien ne troublera la tranquillité de l'univers.

A ce moment peut-être l'élément français aura-t-il une voix décisive dans les destinées de la nation canadienne, alors nous devrons bien comprendre que nous sommes devenus assez forts, que nous sommes prêts à affronter l'inconnu, et que nous ne faisons pas un saut périlleux dans les ténèbres.

Peut-être aussi n'aurons-nous qu'à suivre l'opinion unanime et clairement exprimée de la majorité.

Quoi qu'il arrive, nous ne serons jamais détachés contre notre gré de l'Angleterre; si, entraînés par la force des choses, nous disons un jour adieu à son drapeau, c'est qu'un autre drapeau nous offrira, en même temps que des avantages matériels plus grands, la même somme de liberté e t d'autonomie.

L'état agrandi résultant de l'annexion sera un état contractuel et nous serons l'une des parties contractantes.

« (1) *Un état contractuel n'est ni une agrégation, ni une famille, il est une coopération volontaire entre les citoyens qui n'exclut nullement les liens antérieurs et la nationalité* ».

.
. .

Mais la République Américaine elle-même n'est-elle pas destinée à se désorganiser?

Mille prédictions, les unes pessimistes, les autres optimistes ont déjà été faites sur l'avenir des Etats-Unis. Dans une lettre (2) écrite en 1852, Macaulay s'exprime ainsi : « *Votre destinée est écrite, quoique conjurée pour le moment par des causes toutes physiques. Tant que vous aurez une immense étendue de terre fertile et inoccupée, vos travailleurs seront*

---

1. Alfred Fouillée. « *La science sociale contemporaine.* »
2. Citée par Dupont-White.

infiniment plus à l'aise que ceux du vieux monde — et, sous l'empire de cette circonstance, la politique de Jefferson ne produira peut-être pas de désastres. Mais le temps viendra où la nouvelle Angleterre sera aussi peuplée que la vieille Angleterre. Chez vous le salaire baissera et subira les mêmes fluctuations que chez nous. Vous aurez vos Manchester et vos Birmingham, ou les ouvriers, par centaines de mille, auront assurément leurs jours de chômage. Alors se lèvera pour vos institutions le grand jour de l'épreuve. La détresse rend partout le travailleur mécontent et mutin, la proie naturelle de l'agitateur, qui lui représente combien est injuste cette répartition où l'un possède des millions, tandis que l'autre est en peine de son repas. Chez nous dans les mauvaises années, il y a beaucoup de murmures et même quelques émeutes : mais peu importe, car la classe souffrante n'est pas la classe gouvernante. Le suprême pouvoir est entre les mains d'une classe nombreuse, il est vrai, mais choisie, cultivée d'esprit, qui est et s'estime profondément intéressée au maintien de l'ordre, à la garde des propriétés. Il s'ensuit que les mécontents sont réprimés avec mesure, mais avec fermeté, et l'on franchit les temps désastreux sans voler le riche pour assister le

L'AVENIR DU PEUPLE CANADIEN-FRANÇAIS

pauvre ; les sources de la prospérité nationale ne tardent pas à se rouvrir : l'ouvrage est abondant, les salaires s'élèvent, tout redevient tranquillité et allégresse. J'ai vu trois ou quatre fois l'Angleterre traverser de ces épreuves, et les Etats-Unis auront à en affronter de toutes pareilles, dans le courant du siècle prochain, peut-être même dans le siècle où nous vivons. Comment vous en tirerez-vous ? Je vous souhaite de tout cœur une heureuse issue. Mais ma raison et mes vœux ont peine à se mettre d'accord, et je ne puis m'empêcher de prévoir ce qu'il y a de pire. Il est clair comme le jour que votre gouvernement ne sera pas capable de contenir une majorité souffrante et irritée. Car chez vous le gouvernement est dans les mains des masses et les riches qui sont en minorité sont absolument à leur merci.

Un jour viendra dans l'Etat de New-York, où la multitude, entre une moitié de déjeuner et la perspective d'une moitié de dîner, nommera les législateurs. Est-il possible de concevoir un doute sur le genre de législateurs qui sera nommé ? D'un côté vous aurez un homme d'Etat prêchant la patience, le respect des droits acquis, l'observation de la foi publique ; d'un autre côté, un démagogue déclamant contre la tyrannie des capitalistes *et des usuriers et demandant pourquoi les uns boivent du vin de Champagne et se promènent en voiture, tandis que tant d'honnêtes gens manquent du nécessaire. Lequel de ces candidats, pensez-vous, aura la préférence de l'ouvrier qui vient d'entendre ses enfants lui demander du pain ? J'en ai bien peur: vous ferez alors de ces choses après lesquelles la prospérité ne peut plus renaître. Alors ou quelque César, ou quelque Napoléon prendra d'une main puissante les rênes du gouvernement — ou votre République sera aussi affreusement pillée et ravagée au XXe siècle que l'a été l'Empire romain par les barbares au Ve siècle, avec cette différence que les dévastateurs de l'Empire romain, les Huns et les Vandales, venaient du dehors, tandis que les barbares seront les enfants de votre pays et l'œuvre de vos institutions ».*

D'autres voient dans l'Union Américaine l'État idéal vers lequel le monde doit jeter les yeux avec espoir et dont l'évolution normale amènera, sans grands efforts, la solution des problèmes sociaux. Car ici, leur semble-t-il, moins de préjugés anciens luttent contre les tendances nouvelles, moins d'obstacles s'opposent à l'éclosion des forces latentes qui aspirent au jour. Enfouies sous une couche d'égoïsme qui, pour le moment, domine tout, gisent peut-être des sources de philantropie, d'altruisme, de justice humanitaire dont l'âme nationale sera régénérée. Des idéaux confondus de vingt peuples divers, naîtra l'esprit nouveau qui dominera le monde en l'éclairant.

Au milieu des foules de travailleurs se lèveront des penseurs, des apôtres, et le peuple habitué à ne pas séparer l'action de l'idée, les écoutera et accomplira l'œuvre qu'ils auront prêchée.

Je me contenterai d'une seule observation en passant : Chez les nations européennes, la fortune acquise ou transmise par héritage permet à ceux qui la possèdent la réalisation de beaucoup de désirs, l'accession à beaucoup de jouissances, la satisfaction de goûts généralement raffinés et délicats; elle peut être considérée avec une apparence de raison, comme l'équivalent du bonheur. La perte de la richesse y entraîne la privation de presque tout ce qui donnait du prix à la vie. Aussi les privilégiés de la fortune ne sont-ils pas prêts à faire des concessions à ceux qui rêvent de les dépouiller. A un grand nombre de riches, le désir de l'indigent, du prolétaire qui, lui aussi, veut s'élever à la possession, paraît presque une énormité. Il n'en est pas ainsi en Amérique; la possession de la richesse y constitue un état social et rend possible la satisfaction de certaines vanités, mais ne signifie guère autre chose. Le bonheur, comme je l'ai déjà dit, y consiste beaucoup plus à s'enrichir qu'à être riche. Les fortunes, du reste, sont absolument instables et mobiles ; sans cesse des familles passent de la pauvreté à l'aisance, de l'aisance à la richesse. Il n'est pas de vaincu dans les luttes du commerce ou de l'industrie qui ne puisse retourner sur le champ de combat avec l'espoir de réussir. La fortune est, pour ainsi dire, à la portée de chaque citoyen de l'Union.

Du fait que l'idéal caressé par tous est accessible à tous, il résulte que la masse du peuple américain, jouit, à l'heure qu'il est, d'une somme considérable de bonheur et qu'aucun changement immédiat ne s'impose.

Quand la mise en exploitation de toutes les ressources du pays aura modifié cet état de choses, deux faits, selon moi, se produiront nécessairement : 1° Le cours de l'immigration européenne sera enrayé, et de ce moment commencera pour l'Union une existence plus réellement nationale ; 2° Habitués à des idées pratiques, les Américains, millionnaires et prolétaires, capitalistes, patrons et ouvriers — quand l'heure des revendications et des luttes sociales aura sonné — se compteront, feront la part des besoins de chacun, constateront leurs forces respectives et arriveront, on peut en être convaincu, sans de trop grandes catastrophes, sinon sans quelques conflits, à un *modus vivendi*. Jusqu'à présent, chacun a pu le remarquer, les éléments les plus turbulents, dans les grèves qui signalent les époques de crises, ont été des immigrants d'Europe, généralement ignorants, défiants et plus portés à obéir à la parole d'un agitateur qu'à la voix du sens commun. Les fils des émigrés, nés sur le sol américain et forts de leurs droits politiques, adoptent de préférence les méthodes parlementaires.

Quoi qu'il en soit, les questions d'ordre social que peut soulever la pensée de l'avenir ne sont pas pour nous d'un intérêt immédiat.

**
* **

L'union politique de tous les États subsistera, personne n'en doute, tant que ce pays sera un pays neuf, un vaste réceptacle de peuples non encore rempli. Elle survivra à cette phase ; car elle a été cimentée par le sang ; car, pour la maintenir, on n'a pas reculé

1. A. de Tocqueville écrivait en 1835 : « Il me paraît cer-
« tain que, si une partie de l'union voulait se séparer de l'au-
« tre, non-seulement on ne pourrait pas l'empêcher, mais on
« ne tenterait même pas de le faire. » Les évènements ne lui ont pas donné raison.

Le vaste système de voies ferrées qui relie l'une à l'autre

devant une guerre désastreuse (1). Les sentiments, et surtout les intérêts sur lesquels elle est basée, n'ont fait que gagner en intensité depuis 1866. Un conflit d'intérêts, une divergence de vues dans la politique économique, pourrait encore la compromettre, mais, tout nous le fait prévoir, nous marchons en Amérique vers le libre échange absolu. Le peuple est naturellement, instinctivement libre-échangiste, et le peuple gouverne. Le libre-échange, en empêchant que les districts agricoles ne soient lésés par des lois douanières au bénéfice des districts manufacturiers et *vice-versa*, assurera à chaque Etat une liberté et une autonomie parfaites.

II

La constitution actuelle des États-Unis n'est pas une constitution définitive. Elle se modifiera probablement, car elle a été établie au bénéfice des individus, elle est essentiellement et constamment perfectible.

Le bien-être des citoyens étant le but que se sont proposé ses auteurs, et tous les citoyens ayant voix délibérante au conseil de l'État, elle subira les changements qui seront

toutes les parties des États-Unis, a contribué dans une grande mesure à cimenter l'union.

nécessaires à la conservation de ce bien-être, au meilleur développement de toutes les forces actives qu'elle a mission d'entretenir et de protéger.

La nation nord-américaine, telle qu'elle devra se trouver constituée dans un avenir plus ou moins éloigné, sera une grande puissance d'un type nouveau et qui inaugurera une phase de progrès dans la marche de l'humanité.

Les nations anciennes ne connurent guère que l'union basée sur la force. « (1) *L'Egypte, la Chine, l'antique Chaldée ne furent à aucun degré des nations. C'étaient des troupeaux menés par un fils du soleil ou un fils du ciel... L'empire assyrien, l'empire persan, l'empire d'Alexandre, ne furent pas non plus des patries. Il n'y eut jamais de patriotes assyriens; l'empire persan fut une vaste féodalité.* »

Les empires modernes ont conservé, en les modifiant, ces principes de cohésion du passé : le sentiment dynastique et la force brutale. Le temps et les circonstances y ont ajouté d'autres éléments puissants : la communauté d'intérêts, la communauté de sympathies, d'aspirations et de souvenirs. La conception de

---

1. E. Renan. « *Qu'est-ce qu'une nation ?* »

l'État s'est constamment agrandie. De nos jours cependant, l'État constitue encore une entité un peu tyrannique à laquelle l'individu est sans cesse appelé à faire de pénibles sacrifices. Ce siècle a vu des conquêtes, des annexions de territoires. Les affections, les volontés des peuples ont été foulées aux pieds, des fleuves de sang ont coulé, des plaies vives qui saignent encore ont été pratiquées au flanc des nations. Dans tout cela, cependant, l'individu n'a obtenu aucun avantage, la civilisation n'a rien acquis, le progrès n'a rien gagné. Tout a été fait au nom de l'État tyran, en vue de l'agrandissement des empires.

L'Etat de l'avenir, tel que j'entrevois l'Union continentale nord-américaine, conservera du passé l'élément de cohésion qui s'appelle communauté d'intérêts et de sympathies, il exclura l'élément force brutale qui sera remplacé par celui de liberté, de liberté absolue (1).

Dans cet Etat ; une agglomération d'hommes ayant des souvenirs communs, des qualités et des aptitudes spéciales, une manière de penser et de sentir particulière, ne représentera plus pour ses voisins une force hostile qui, à un moment donné, peut devenir agressive et

---

1. « Dans le xxe siècle, a dit Victor Hugo, la guerre sera morte, les frontières seront mortes et l'homme vivra. » Cela sera certainement vrai pour l'Amérique.

contre laquelle il faut se préparer à entrer en lutte. L'Union américaine, fondée sur la garantie des intérêts communs de ses peuples, saura éviter les hostilités à l'extérieur, videra par la voie arbitrale les difficultés internationales et, à l'intérieur, laissera aux individus, aux groupes, aux provinces, aux États toute la liberté de leurs actes et de leurs affections. Elle ne leur demandera que l'observation du pacte fédéral.

III

« *Si la confédération actuelle venait à se briser, écrivait Tocqueville* (1), *il me paraît incontestable que les Etats qui en font partie ne retourneraient pas à leur individualité première. A la place d'une union, il s'en formerait plusieurs. Je n'entends point rechercher sur quelles bases ces unions viendraient à s'établir.* »

Tout indique aujourd'hui que le lien fédéral subsistera. Rien ne fait prévoir qu'une nouvelle division des Etats puisse un jour devenir nécessaire. Mais si nous interrogeons l'avenir,

---

1. *De la démocratie en Amérique.*

si nous nous transportons par la pensée au temps où tous les peuples de l'Amérique du Nord ne formeront qu'une seule nation, il est impossible de ne pas voir qu'indépendamment des divisions politiques, une ligne de démarcation naturelle, créée par les affinités de race, de langue, de culture et de souvenirs, séparera certains États des États limitrophes, certains groupes de groupes voisins.

Les Allemands qui, sous la protection du drapeau étoilé, ont colonisé une grande partie des Etats de l'Ouest et contribué si puissamment à les rendre prospères, auront bientôt fondé là une petite Allemagne. Ils s'y développent rapidement, et depuis vingt ans surtout, les plus cultivés parmi eux se rattachent à leur langue maternelle, qu'ils abandonnaient trop facilement auparavant. Le Mexique espagnol qui, un jour peut-être, entrera, lui aussi, dans l'Union, ne conservera-t-il pas sa langue et ses institutions nationales? Une partie de l'Est, enfin, sera française.

Cet état de choses, vers lequel nous marchons, ne peut constituer pour l'Américain éclairé, quoi qu'il puisse paraître au premier abord, ni un danger, ni un appauvrissement, ni une diminution nationale, ni un obstacle au progrès, ni une dérogation aux principes qui ont inspiré les fondateurs de l'Union. Les premiers pionniers du Rhode-Island et du Massachusetts sont venus, au commencement du xviie siècle, chercher dans une terre vierge un refuge contre la tyrannie, les vexations auxquelles ils étaient en butte dans le vieux monde. Ils ne sont pas venus y fonder une succursale de l'Empire britannique, un comptoir de la puissance anglaise. Ils ont jeté les bases d'un État libre où chacun pourrait se développer, selon ses dispositions, ses aptitudes, en observant les lois imposées en vue de la conservation commune. L'Union n'est pas une personne morale, un symbole sacré auquel doivent être sacrifiées les affections et les sympathies des peuples. C'est une agglomération d'hommes travaillant chacun pour son avantage particulier et mettant chacun en commun un peu de leur activité pour sauvegarder les intérêts de tous. Cet État constitué sur des bases si larges, alors qu'il fait tout ce qui est en son pouvoir pour satisfaire les besoins matériels de ses peuples, pourrait-il s'opposer à la satisfaction de leurs besoins intellectuels et moraux ? Favorisant les rapports et les transactions commerciales entre tous les citoyens, quels qu'ils soient, pourquoi chercherait-il à mettre obstacle à la communion des âmes, aux rapports de sympathie entre ceux qu'unissent une foi, un langage et des souvenirs communs ?

Dans les États anciens (je donne ici, au mot *ancien* l'étendue qu'on lui donnera avant la fin du siècle prochain), l'homogénéité était une grande force, l'unité de langage presque une nécessité ; il n'en est plus ainsi.

L'homogénéité factice dont rêvent les pan-saxonnistes, ne ferait qu'augmenter ce vague ennui qui, depuis longtemps déjà, se dégage dans les couches supérieures de la société américaine.

L'ennui naquit un jour de l'uniformité.

Sur le continent européen, où le passé a laissé tant de monuments divers, tant de souvenirs portant l'empreinte du génie des races, les hommes, malgré la facilité des communications, ne se sont pas encore tous façonnés dans le même moule, les caractères ont conservé leur variété, la vie se présente encore sous une multiplicité infinie d'aspects. Celui qu'y hante le désir de voir des horizons nouveaux, n'a souvent qu'à traverser la frontière la plus voisine, pour trouver des mœurs, des usages, des coutumes différents de ceux dont le flux monotone l'ennuie dans sa ville natale.

Aux États-Unis, cette ressource n'existe pas, et le voyage n'est guère qu'une corvée ou une exploration géographique.

La concurrence effrénée, la course âpre à la

richesse ont développé jusqu'à présent en Amérique une civilsation mesquine et peu intéressante.

La Providence qui a distribué avec une diversité si profuse, les zones, les climats, les productions, les paysages, faisant alterner la montagne et le vallon, le fleuve et les vastes forêts, la Providence elle-même ne saurait vouloir l'extension sur tout un continent d'une nation de langue, de mœurs et de coutumes uniformes. Le Dieu de l'Univers, qui est un Dieu artiste, ne permettrait pas le maintien d'une immense population dont tous les individus vivraient de la même vie active et fiévreuse, se croiseraient sur des milliers de lieues avec le même veston gris, la même casquette à carreaux, le même accent traînard et nasal, lisant le même journal (sous des noms différents), caressant le même idéal sans grandeur, bercés par le même rêve : Money, Money (1). Ces fondations de religions bizarres, — les *Shakers*, les *Mormons*, etc. — de sociétés excentriques — clubs d'hommes gras,

---

1. Les nègres, il est vrai, mettent un peu d'ombre dans ce tableau, mais pas assez pour le rendre intéressant. N'est-il pas à présumer, d'ailleurs, que dans un avenir plus ou moins éloigné, ils iront, comme leurs frères de Liberia, entreprendre la colonisation de l'Afrique et fonder sur le continent noir une grande république civilisée ?

d'hommes maigres, d'ogres, etc. — qui font si souvent l'amusement des chroniqueurs étrangers, ne sont-elles pas une manifestation de cet ennui, de ce désir du nouveau qu'engendre l'uniformité ambiante (1)?

L'immigration des millions d'étrangers que s'est assimilé le peuple américain, a contribué, plus que quoi que ce soit, à intensifier l'esprit exclusivement mercantile, ploutocratique et égoïste qui distingue nos voisins.

Ceux qui sont venus là ont émigré parce qu'ils étaient pauvres, parce qu'ils avaient souffert de la pauvreté, et ils n'ont eu qu'un but dans la nouvelle patrie : s'enrichir. De toutes les qualités qui résultent de l'hérédité, des traditions nationales, de la culture antérieure, il semble que rien ne soit resté. Ou plutôt ces qualités se sont transformées en aptitudes pour le négoce. Chez tous les peuples fondus dans la nation américaine, on trouve deux catégories d'individus, les uns enrichis, les autres travaillant à s'enrichir.

L'humanité n'a rien gagné à cette fusion.

Cherchez, par exemple, chez les Allemands des Etats-Unis ne parlant plus que l'anglais, cette ardeur artistique, ces aptitudes scientifi-

---

1. « Le vieux monde romain a péri par l'unité, le salut du monde moderne sera sa diversité. » E. Renan. *Questions contemporaines.*

ques qui sont le partage de leurs frères d'outre-mer...

De temps à autre, les journaux nous apportent le compte-rendu d'une grève ; on y lit que quelques centaines de Polonais, d'Italiens, de Hongrois, ont cessé leur travail. Un certain nombre d'entre eux ont fait une manifestation bruyante dans la ville, un conflit a eu lieu avec la police, un contre-maître a été blessé, etc. Ainsi seulement se manifeste pendant quelques années leur vie nationale : ils sont défiants, se sachant ou se croyant exploités; ils reçoivent un salaire auquel ils n'étaient pas habitués chez eux, mais, d'un autre côté, ils sont soumis à un travail ardu qui leur était inconnu auparavant. Pendant ce temps là, leurs enfants vont aux écoles publiques, apprennent la langue des patrons et bientôt ne parlent plus qu'anglais. A la prochaine génération, plusieurs de ces derniers seront, à leur tour, patrons ou contre-maîtres ; ils auront peut-être à faire face à des grévistes, leurs anciens compatriotes, nouvellement émigrés, qu'ils ne daigneront plus reconnaître. Car cette hérédité de pauvreté leur pèse comme un humiliant fardeau dont on se débarrasse et que l'on jette loin de soi, le plus tôt possible.

« Mais, me dira-t-on, dans cette transformation, un grand progrès a été accompli : Les fils de prolétaires ignorants sont devenus des commerçants, des industriels ou des ouvriers à l'aise, possédant une excellente éducation primaire, un fort sens pratique, une haute idée de leur dignité d'hommes, et cela devrait nous faire reconnaître les avantages de la fusion ».

Ces avantages sont les résultats de l'émigration simplement et non ceux de la fusion, de l'émigration d'hommes travailleurs et économes dans un pays aux immenses ressources et où le travail est bien rémunéré. Ils n'auraient pas été moindres, quand les émigrés seraient restés fidèles à leurs souvenirs nationaux. Pour accomplir ce progrès, mille sources fécondes entretenues obscurément au cours d'une longue hérédité ont été taries, peut-être, mille germes précieux étouffés. Ce progrès a mis à la portée d'un grand nombre d'hommes, avec un bien-être relatif, les connaissances nécessaires à la spéculation et au trafic; il n'a pas été cette profonde élaboration des âmes qui s'opère par le développement de toutes leurs forces intellectuelles et morales. « *Les Américains doivent leur forme de gouvernement à un heureux accident, a dit Herbert Spencer* (1), *non à un*

1. Essays, p. 475.

progrès normal, et ils devront retourner en arrière avant de pouvoir avancer. »

Je n'ignore pas tout ce que ces théories peuvent avoir de paradoxal. Je sais aussi qu'il est des lois sociologiques auxquelles on ne résiste pas, et je reconnais que, dans la plupart des cas, l'assimilation s'est imposée fatalement aux émigrés européens. Dieu me garde, du reste, de souhaiter à chaque citoyen de l'Union la fierté de race que je voudrais voir chez tous les Canadiens-Français, et de rêver une diversité de nationalités à ce point étendue. Il en résulterait peut-être, au point de vue pratique, de sérieux inconvénients.

Je constate seulement que, jusqu'à présent, les peuples nord-américains se sont fondus en un tout singulièrement uniforme et produisant un bruit fort monotone.

Cette fusion ne saurait se continuer indéfiniment, l'état de choses actuel n'est que transitoire. Des fissures se feront nécessairement dans ce vaste ensemble, des groupes se reformeront, des divisions basées sur des lois naturelles se produiront.

On n'obtiendra jamais, quoi qu'on fasse, que les hommes acceptent l'humanité comme famille, la terre entière comme patrie. Un continent même est une patrie trop vaste et, selon l'expression de Tocqueville, « offre au patriotisme un objet trop vague à embrasser ». Ces peuples placés à l'autre extrémité de l'Amérique, dont jamais nous n'entendons parler, car ils vivent en paix, dont nous ne lisons pas même les journaux, ne sont pas dans les limites de notre sphère affective.

Chaque groupe se fera une petite patrie à aimer, au milieu de la grande patrie américaine. « *Le culte instinctif de la petite patrie, a dit H. Taine, est un premier pas hors de l'égoïsme et un acheminement vers le culte raisonné de la grande patrie.* »

Le culte de la petite patrie est le seul que professe à proprement parler l'âme des masses. En France, l'homme du peuple est Breton, Provençal, Périgourdin, Normand avant d'être Français. En Allemagne, il est Saxon, Bavarois, Wurtembergeois avant d'être Allemand. L'Autriche est le pays du particularisme par excellence, rien n'a pu éteindre, par exemple, le patriotisme tchèque, six siècles d'une monarchie commune n'y ont rien fait. Les descendants des sujets du roi Ottokar sont encore aussi ardents à revendiquer leurs droits qu'ils l'étaient lors de la conquête par les souverains d'Autriche.

Pour l'homme du peuple, l'amour de la petite patrie est basé sur des raisons concrètes : Ce sont les objets familiers, le village natal, la ville voisine que l'on connaît et où l'on a des parents et des amis, la région qu'on a une fois parcourue, que l'on aime. Quant à l'autre, la grande patrie, on aime surtout les paroles, les cris, les chansons, les hymnes par lesquels on la célèbre. Ces chants, ces cris enthousiastes dont on se grise, aux jours de fêtes nationales, tiennent lieu de l'affection idéale, abstraite, basée sur des raisons historiques, philosophiques et sociologiques qu'éprouve l'homme cultivé.

Jusqu'à présent, on peut dire qu'en dehors de certaines rivalités de métropoles, aucune tendance particulariste basée sur la situation géographique ou les divisions politiques ne s'est manifestée aux États-Unis. L'Union, avec sa puissante industrie, ses villes opulentes, ne compte encore que des populations en grande partie nomades. Nombre des vieux résidents de l'Est s'en vont vers l'Ouest; à mesure que les émigrés s'établissent dans les Etats manufacturiers, les anciens habitants gagnent les territoires nouveaux. Les familles ne se sont guère fait de demeures permanentes. Nul n'entretient pour telle ou telle partie de l'U-union de préférences invincibles, chacun cherche celle où il voit qu'il est le plus facile de gagner beaucoup d'argent.

Lorsque le peuplement de l'Ouest aura rendu la stabilité aux différents groupes, les affections de clocher grandiront, et, dans les villes, les Etats où se trouvera réunie une population homogène, l'ancien sentiment national, un instant étouffé, se réveillera sans doute. Il y aura, en Amérique, de nombreuses villes allemandes, de nombreuses villes françaises, et cela n'affaiblira en rien le sentiment de fidélité que tous les citoyens professeront pour l'Union.

Grâce surtout aux progrès accomplis, en ces derniers temps, dans les sciences historiques, les liens d'origine ont acquis, chez les peuples civilisés, une importance qu'ils n'avaient pas autrefois. Les Slaves oublient les antipathies particulières des gouvernements dont ils dépendent, pour se réunir *idéalement* sous cette grande dénomination. Il n'était jamais question avant ce siècle d'autres divisions que les divisions politiques, on parle aujourd'hui des peuples néo-latins, des races celtiques, saxonnes, germaniques. Il y a des sociétés appelées « Union celtique » « Union latine », etc.

Je ne veux pas attribuer à ces symptômes plus de gravité qu'ils n'en ont, ils n'influeront sans doute pas sur le mouvement économique et industriel, ils ne modifieront pas l'orientation politique des nations. Ils indiquent seulement que les hommes sentent de plus en plus la force d'attraction du passé.

L'histoire de l'Amérique manque de profondeur, elle n'offre pas aux esprits chercheurs la perspective lointaine, les horizons brumeux et effacés. Elle n'a pas ce long cours aux sources ténébreuses, aux ramifications sans nombre, aux passages obscurs, aux remous ensoleillés, sur lequel l'âme du patriote aime à se laisser bercer dans une excursion vers le passé. L'Américain, au moins l'Américain cultivé, éprouvera bientôt, lui aussi, le besoin de se rattacher à ses origines.

Je me figure, à tort ou à raison, que les Yankees descendants des premiers colons ne tiennent pas particulièrement à se fondre de plus en plus, à se noyer dans les flots d'émigrants qui leur empruntent leurs qualités en les exagérant, pour le seul plaisir d'entendre parler leur langue par des millions d'Allemands, de Polonais, d'Italiens, de... Juifs !

IV

Sans doute, la langue anglaise, que parlent aujourd'hui plus de soixante millions de citoyens américains, ne cessera jamais d'être la langue officielle. Elle restera la langue des législatures, comme la langue française, en Europe, est restée celle de la diplomatie.

« Cependant, pourra-t-on m'objecter, s'il advient qu'une population considérable d'émigrés et de descendants d'émigrés appartenant à la même nationalité et groupée sur un même point, constitue la majorité absolue dans un des États de l'Union, ne cherchera-t-elle pas à y rendre sa langue officielle, et cela fait, pourra-t-elle refuser le même privilège aux minorités ? Or, étant donnée la multiplicité des peuples représentés dans chaque État, les législatures deviendront rapidement de véritables Babels. »

Cette question, si jamais elle se présente, ne sera pour les esprits libéraux et sans préjugés, qu'une simple question de commodité et elle sera résolue par le sens pratique des Américains. D'ailleurs, il est plus que probable que deux nationalités seulement pourront échapper au grand travail d'assimilation qui se fait au sein des masses d'émigrés qui peuplent la République. Selon l'étendue de leur patriotisme, selon leur degré de fierté ; selon qu'ils ont plus ou moins conservé l'amour du passé, le souvenir des aïeux, les divers groupes d'Italiens, de Hongrois, de Scandinaves, de Russes, de Polonais, etc., etc., disséminés sur tout le continent, vont continuer à se fondre plus ou moins rapidement sous l'hégémonie anglo-saxonne.

Si, en outre, nous tenons compte de ce fait généralement admis que les Etats-Unis ne peuvent guère recevoir et ne recevront pas plus de vingt-cinq millions d'émigrés nouveaux, et que ceux-ci continueront probablement, comme par le passé, à affluer surtout de l'Allemagne et des Iles Britanniques, nous pouvons, d'ores et déjà, prévoir que deux langues seulement, en dehors de l'anglais, survivront en Amérique, le français et l'allemand.

Les émigrés appartenant aux nationalités que j'ai nommées plus haut, peu nombreux, sans liens d'union, sans culture, seront assimilés avant d'avoir pu fonder des associations patriotiques, des écoles nationales, avant même d'avoir conçu l'espoir de se conserver. Ils seront assimilés, à part peut-être les habitants de quelques villages hongrois et polonais de l'Ouest, au moment où le mouvement de l'émigration sera enrayé.

L'Union américaine, ainsi constituée, portera les fruits des trois civilisations qui ont le plus fait pour l'avancement et le progrès de l'humanité, tout en bénéficiant des avantages qui, d'après les physiologistes, résultent du mélange des races, au point de vue de leur vigueur physique et de leurs qualités corporelles. Les citoyens d'origine allemande et française, les premiers rattachés à leurs traditions nationales et au souvenir de leurs ancêtres, les seconds y étant restés fidèles, auront à cœur de manifester les vertus spéciales de leur sang, et du résultat de leur activité la patrie toute entière bénéficiera.

Nul Américain éclairé, je le répète, ne devra envisager avec regret cette perspective d'avenir.

* * *

Il est peut-être à craindre, cependant, que l'esprit ancien, intolérant et étroit ne lutte, pendant quelque temps encore, contre l'esprit nouveau. Et ce n'est pas sans quelque raison que plusieurs d'entre nous redoutent un changement de régime qui portera notre infériorité numérique, vis-à-vis de nos compatriotes, de deux millions à plus de soixante millions.

Quand le lien colonial qui nous attache à l'Angleterre aura été rompu et que le drapeau étoilé flottera sur toute l'Amérique du Nord, il se fera sans doute au sein des populations de langue anglaise une grande fermentation patriotique. L'idée pan-saxonniste s'affirmera au milieu de l'enthousiasme général, et il est possible que notre nationalité subisse alors quelques assauts.

Constituer une nation répandue sur tout un continent, ne reconnaissant d'autres frontières que celles que la nature lui a assignées et unie sous la domination exclusive d'une seule langue. Cette pensée, un instant, remplira toutes les âmes rattachées, plus ou moins artificiellement, à l'hégémonie anglo-saxonne. Alors, sur le front de cette nation triomphante sans combats, une ombre ne passera-t-elle pas, à la vue d'un petit peuple de trois ou quatre millions qui garde le culte de dieux étrangers, parle une langue étrangère, et reste presque indifférent à cette pensée ? Ou l'Américain sera-t-il le géant loyal et généreux, fidèle à sa glorieuse devise : *Live and let live* : c'est-à-dire : vivez et laissez vivre, prospérez et laissez prospérer, aimez et laissez aimer ?

Nous aurons pour nous la foi des traités, car, comme je l'ai dit, nous ne serons jamais détachés par la force de l'Angleterre, et quand nous entrerons dans l'Union américaine, nous verrons à nous assurer la plénitude des droits dont nous jouissons sous le régime britannique.

Au surplus, quels sont ceux qui, au nom de l'intolérance et de l'injustice, daigneront se faire les champions du chauvinisme anglo-saxon ? Est-ce que ce seront les douze ou treize millions de Yankees descendants des anciens maîtres du sol, eux les fils aînés de la liberté moderne ? Ou bien les Irlandais (1), que la tyrannie a chassés de leur pays et à qui la langue anglaise a été imposée par la force, après des siècles d'abus et d'oppression? Verrons-nous se consacrer à cette œuvre inique des descendants d'Italiens, de Slaves, de Hongrois, de Scandinaves ou même de Français, que des circonstances, dont leurs pères ont gémi peut-être, ont attaché à la langue d'Albion?

Au milieu de tous ces éléments divers, un fanatisme qui n'aurait pas même l'ombre d'une justification trouvera-t-il assez d'adeptes? Ne serait-il pas souverainement ridicule de voir des millions d'émigrés et de descendants d'émigrés, auxquels on aura appris depuis quelques générations à exprimer leurs pensées au moyen de certains sons et de certains vocables, se faire oppresseurs pour rendre exclusif l'usage de ces mêmes vocables?

Si jamais nous avons à nous défendre contre quelques velléités de vexations, c'est sans doute de l'Est, du Canada même, que proviendra l'attaque. Peut-être qu'un jour, au Con-

---

1. C'est un fait étrange, mais, au Canada, les principaux champions de l'anglicisation sont des Irlandais. Aux Etats-Unis, l'éminent évêque de Saint-Paul, Mgr Ireland, passe à tort ou a raison pour être le porte-drapeau du pan-saxonnisme ou mieux de l'expansion de la langue anglaise.

grès de Washington, un député de l'Ontario ou des territoires du Nord-Ouest viendra rappeler à ses collègues qu'au sein de l'Union quelques millions de citoyens osent encore se servir d'une autre langue que l'idiome parlé dans cette assemblée, qu'ils ont même l'audace d'avoir des écoles dans lesquelles on enseigne cette langue. L'orateur ajoutera que le peuple canadien-français fait des progrès rapides, que son expansion est préjudiciable à la sécurité de la patrie, qu'il faut empêcher la formation d'un Etat dans l'Etat, etc., etc.

Il y aura là des représentants de la Floride, de l'Arizona, du Texas, de l'extrême Sud et du Far west, venus pour légiférer sur les cotons, les sucres, les céréales ou les bestiaux. Ils écouteront distraitement l'homme de l'Est; ils songeront simplement que ce peuple que l'on dénonce est loyal et paisible, que la langue qu'il parle est celle que parlaient les soldats qui ont donné la liberté à la République américaine, et qu'elle a été un précieux instrument de civilisation. Ils songeront surtout que les Canadiens-Français, en restant fidèles à leur passé, ne font que jouir des droits qui leur sont garantis par les traités. Le danger sera facilement conjuré.

Notre langue ne peut désormais disparaître de la province de Québec, et quand nous aurons fait de cette province, de cette patrie de notre cœur, un foyer sympathique, brillant du rayonnement des sciences, des arts et des lettres et occupant un rang à part et distingué dans la *grande patrie* américaine à laquelle nous aurons juré fidélité, nous verrons se rattacher plus étroitement à notre vie nationale tous ceux qui, par delà les frontières actuelles, fécondent la Nouvelle Angleterre du labeur canadien-français. Les fils de notre race se réuniront en un groupe puissant pour les œuvres de paix, d'humanité et de progrès.

Une partie importante de l'Est de l'Amérique est destinée à devenir française. Nous constituons déjà dans la Nouvelle Angleterre un cinquième de la population ; notre force d'expansion est beaucoup plus grande que celle des autres races ; nous nous trouverons nécessairement en majorité dans un avenir plus ou moins rapproché, car la Nouvelle Angleterre ne pourra pas longtemps, sans doute, recevoir de nouveaux émigrants. La province de Québec et les états limitrophes formeront un centre de culture et de langue principalement françaises.

Qui donc pourrait nous reprocher de rêver qu'un jour tous les fils des vaincus de 1760, au lieu d'être dispersés dans des milieux hétérogènes et de s'être assimilés aux autres races, seront réunis sur un même point et se développeront conformément aux exigences de leur civilisation particulière ? Pourquoi, je le repète, nos compatriotes et nos voisins de langue anglaise verraient-ils cette perspective avec un sentiment d'amertume ? Pourquoi chercheraient-ils à prévenir une agglomération ainsi basée sur l'attraction naturelle ? Ce ne serait en vertu d'aucun droit, d'aucune raison légitime. On ne peut exiger des citoyens d'un Etat libre qu'une seule chose : qu'ils soient soumis aux lois, qu'ils concourent aux charges générales de l'administration, qu'ils soient prêts à faire les sacrifices qu'exige le maintien des institutions nationales.

On parle d'aspirations différentes. Entendons-nous bien : quelles sont les aspirations du Yankee, de l'Ecossais, de l'Irlandais aux Etats-Unis ? Acquérir le bien-être et dans ce but concourir au développement de la prospérité générale qui en est la condition. Nous aspirons comme eux au bien-être et nous avons le même intérêt à la prospérité générale. Les sympathies particulières de chaque groupe comme de chaque individu échappent à la législation. Notre fidélité au passé, nos souvenirs historiques, la langue de nos pères : ce sont là des trésors précieux qui ne sont pas prélevés sur les contribuables et qui n'enlèvent rien aux autres citoyens, ce sont des richesses de l'âme qui, si on les détruisait, laisseraient leur place vide. L'oppression victorieuse — je pose cette hypothèse en la reconnaissant invraisemblable — l'oppression victorieuse ferait de nous, au lieu d'un peuple portant tous les fruits intellectuels et moraux qui consacrent chaque manifestation de finalité, un assemblage d'individus n'ayant au cœur qu'un désir, qu'un instinct : le désir, l'instinct de l'homme d'argent. Et à cela personne n'aurait rien à gagner.

Mais non, dans l'Union américaine, comme dans la Confédération canadienne, le maintien de notre langue et de notre nationalité ne dépendra que de nous.

Nous sommes les maîtres de notre destinée.

Bien souvent, sans doute, des esprits optimistes qui dans l'étude de questions d'avenir, se sont basés sur une foi absolue dans le sens de justice des hommes, ont fait fausse route et ont été déçus par les évènements. Les hommes obéissent beaucoup plus à la voix de leurs intérêts qu'à celle du droit. Il nous est permis de prévoir, cependant, qu'après notre entrée dans l'Union, rien n'entravera notre expansion nationale ; car les Américains seront tenus à la tolérance autant en raison de leurs intérêts qu'en vertu de la stricte justice.

* *

Quand les territoires de l'Union seront suffisamment peuplés, l'immigration européenne, enrayée et réduite à un minimum dans la République, se dirigera vers le Canada — qui ne sera peut-être pas encore annexé — et alors notre population, comme celle des Etats-Unis depuis le commencement de ce siècle, augmentera rapidement, se doublera en peu d'années. Des industries devenues nécessaires pour empêcher les immigrants pauvres de tomber dans un trop grand dénûment seront créées et prospèreront, toutes les richesses de notre sol seront mises en valeur, toutes nos ressources seront exploitées. Dans les villes aujourd'hui stationnaires et improgressives des bords de notre grand fleuve, des fabriques seront construites, des populations d'ouvriers se grouperont, et la province de Québec cessera d'être aussi exclusivement française.

Je ne puis voir dans l'accroissement de la population étrangère qui se fera alors un danger pour notre nationalité, ainsi que plusieurs le redoutent. La vie prendra dans nos villes un aspect un peu plus cosmopolite, voilà tout; certains émigrés s'assimileront à notre race, d'autres s'angliciseront. Dans les districts ruraux, l'organisation paroissiale et l'influence du clergé seront, à elles seules, suffisantes pour maintenir la cohésion.

L'extension des débouchés pour nos produits augmentera le bien-être de nos agriculteurs, la colonisation fera des progrès plus rapides.

Ce mouvement d'activité fiévreuse qui emporte nos voisins, se fera aussi sentir chez nous ; notre vie perdra son caractère quasi patriarcal, mais notre expansion nationale ne sera pas entravée.

. . . .

Depuis que les pages qui précèdent ont été écrites, j'ai eu l'occasion de visiter plusieurs des centres canadiens-français les plus importants de la Nouvelle-Angleterre, et je me prends presque à regretter certaines expressions dont je me suis servi plus haut. J'ai parlé comme d'une calamité nationale de l'émigration aux Etats-Unis ; or, en constatant combien, sous le ciel de l'Union, le patriotisme latent s'est affirmé au cœur d'une foule des nôtres, combien nombre d'indifférents sont devenus des croyants, combien les apathiques se sont jetés dans l'action ; en constatant les progrès accomplis, au cours de ces dernières années, par nos frères devenus citoyens de la grande République, je trouve tant de motifs consolants que je me demande si l'émigration n'a pas été plutôt une circonstance favorable à notre expansion.

Dans la province de Québec, comme je l'ai rappelé ailleurs, l'apathie et l'égoïsme ont, depuis trente ans, gagné toutes les classes. Les difficultés de la vie matérielle, provenant surtout d'une mauvaise direction économique et de l'encombrement qui s'est produit dans les carrières non-productrices, ont, jusqu'à un certain point, paralysé chez les individus l'esprit d'initiative, gêné les facultés créatrices. De l'importance exagérée attribuée au *sport politique*, il est résulté que les aspirations généreuses et élevées se sont dépensées en une agitation factice pour le triomphe de l'un ou de l'autre parti et n'ont abouti, le plus souvent, qu'à des sacrifices au profit d'une caisse électorale, sans aucun résultat utile pour l'avancement de notre race.

Aux États-Unis, la voie large ouverte aux actifs et aux entreprenants dans le commerce et l'industrie, la facilité pour tous d'arriver à l'aisance ont, au contraire, développé ou plutôt réveillé dans les caractères des qualités d'indépendance, d'énergie, de persévérance qui sont des forces précieuses dans la lutte pour la vie. Beaucoup de Canadiens que j'ai rencontrés dans la Nouvelle-Angleterre me font l'effet — je ne sais si le mot dont je vais me servir rend bien ma pensée, et je regretterais qu'il fût mal interprété — me font l'effet d'hommes longtemps tenus en tutelle et enfin *émancipés*. D'un autre côté, la foi en l'avenir, le sentiment de la solidarité nationale, la fierté du sang augmentent de jour en jour et se dégagent des pensées égoïstes et des désirs de richesse qui avaient, tout d'abord, accaparé seuls l'âme de nos compatriotes émigrés.

Du fait de son hérédité, l'homme de notre race est un homme de lutte, un destructeur d'obstacles, et la Nouvelle-Angleterre a fourni un vaste champ à sa combativité. L'émigré de la province de Québec est arrivé indigent dans un pays où seul l'homme riche a droit à la considération, il a pris place au bas de l'échelle sociale, et il a dû jouer des coudes pour s'élever peu à peu et conquérir une situation moins humble. En cela, du reste, il n'a fait que suivre l'exemple des autres émigrés venus de tous les points de l'Europe. Hanté par le souvenir du pays natal, où il comptait retourner, il s'est refusé à l'assimilation, et il s'est attaché avec d'autant plus de persistance à sa nationalité qu'elle a été pour lui la cause de plus de vexations. Les sociétés nationales, les paroisses, les écoles qu'il a fondées ont subi de rudes assauts. On croirait que la Providence, à toutes les époques difficiles de notre existence, s'est plu à susciter des fanatiques et des intolérants pour dire à ceux qui commençaient à se désintéresser de la pensée de l'avenir : « Vous n'êtes pas destinés à évoluer comme des êtres inconscients, vous avez un rôle à jouer en tant que peuple, un but à atteindre ; car nous sommes là, nous, pour vous en empêcher. » Ainsi l'obstacle fait lever la tête à ceux qui marchaient indifférents, et dans l'horizon agrandi, leur regard aperçoit au loin le but.

Dans la province de Québec, notre langue et notre nationalité ne courent aucun danger immédiat. Dans chaque ville, dans chaque village américain, les groupes canadiens-français ne peuvent se défendre contre l'absorption qu'au moyen d'une vigilance incessante et de sacrifices constants. C'est pourquoi cette élite qui, d'après une loi sociologique, se forme partout où il y a un mouvement généreux à diriger, une idée utile à soutenir, un combat à livrer, s'est de suite formée parmi les nôtres.

Tel médecin, tel avocat, tel journaliste qui, au pays natal, aurait passé sa vie à faire plus ou moins machinalement son métier, administrant des drogues, pérorant sur des questions de murs mitoyens ou écrivant des dithyrambes à la gloire des *grands hommes* de son parti, sans jamais peut-être donner une pensée à l'avenir de sa race, est devenu, dans la petite ville manufacturière de la Nouvelle-Angleterre, un des apôtres de l'idée patriotique, un défenseur éloquent des droits menacés de ses compatriotes. Son esprit, forcé à chaque instant de se dégager des soucis mesquins de la vie matérielle pour se livrer à l'étude de questions d'un ordre élevé, a acquis plus d'ampleur, plus d'indépendance, plus de force.

On ne trouve, chez nos frères des États-Unis, ni chercheurs d'emplois publics, ni *éminents hommes d'Etat*, ni *illustres tribuns*, mais le patriotisme chez eux est plus ardent, plus actif, plus généreux que dans la province de Québec. Ils sont mieux préparés que nous pour les créations d'utilité nationale, comme le prouvera, j'en suis convaincu, un avenir prochain (1).

Certes, tous ne sont pas tels qu'on pourrait le désirer. Certains émigrés enrichis n'ont pu mettre en oubli le dédain avec lequel on le traitait, alors que, pauvres ouvriers de fabrique, ils essuyaient les rebuffades de

1. J'ai dans l'idée que le premier établissement d'éducation réellement supérieur qui sera fondé en Amérique, le sera par les Canadiens des États-Unis.

contre-maîtres dont ils comprenaient mal la langue : la servitude passée et la nationalité se confondent dans leur esprit. Ils ont honte de l'une ou de l'autre. Dans l'intimité, ils parleront encore assez volontiers leur langue maternelle, mais dès qu'un étranger paraît et qu'ils se sentent observés, ils continuent la conversation en anglais. C'est ainsi qu'on peut assez souvent reconnaître entre deux Canadiens des Etats-Unis, appartenant, en apparence, aux classes aisées, celui qui était à son arrivée du pays ce qu'on appelle un *gentleman*, et celui qui s'est élevé de la foule et n'a jamais eu l'avantage de recevoir une bonne éducation primaire. Le premier se fera toujours gloire de parler sa langue maternelle et de proclamer hautement son titre de Français ; le second manifestera une déférence marquée pour tout ce qui est anglais et ira quelquefois même jusqu'à angliciser son nom.

Disons-le, cependant, cette dernière catégorie tend à disparaître.

D'autres, fidèles à leur religion et à leur langue, manquent cependant de la foi absolue qui fortifie et qui conserve ; leur patriotisme n'a pas ces bases inébranlables qui sont la fierté de la race et la conscience de remplir une mission utile ; il procède plutôt de la religion du souvenir et d'une conception élevée des devoirs de la solidarité ; il implique presque, semble-t-il, une pensée de sacrifice, car ceux-là croiraient s'augmenter, en abdiquant leur nationalité, en passant des rangs de leurs compatriotes relativement pauvres dans ceux des américains et américanisés riches.

Un certain nombre d'ouvriers cédant à ce dilettantisme naïf dont j'ai parlé ailleurs, trouvent amusant et « *chic* » de parler une langue étrangère. Enfin, dans les villes où l'on manque d'écoles françaises, une partie de la jeune génération nous échappe insensiblement.

Ce qui fait la force des Canadiens des États-Unis, c'est que, chez eux, l'élite intellectuelle, la classe dirigeante est absolument, ardemment patriote, et que son patriotisme est actif et pratique (1). La masse, nécessairement,

---

1. Il n'est pas de petite ville de la Nouvelle-Angleterre, comptant des Canadiens-français parmi sa population, où l'on ne puisse trouver de nombreux membres de cette élite : medecins, négociants ou parfois simples ouvriers toujours prêts a payer de leur personne et de leur bourse dès que les intérêts de notre nationalité sont en jeu. Ce qui n'empêche pas qu'ils ne soient, en même temps, de loyaux Américains fiers du drapeau étoilé. La Nouvelle-Angleterre possède quelques-uns des meilleurs journalistes de langue française d'Amérique. MM. H. Dubuque, R. Tremblay, G. de Tonnancourt, le docteur Martel, etc., etc., qui tous travaillent avec une unanimité parfaite pour l'avancement de notre race et pour le maintien

suivra l'impulsion et l'exemple donnés d'en haut.

Je dis donc maintenant : Acceptons d'un cœur léger le fait accompli, ne nous consumons pas en d'inutiles regrets ; tâchons seulement de nous rendre compte de ce qu'exige, dans les circonstances nouvelles créées par l'émigration, la préparation de l'avenir ; les émigrés n'ont pas quitté la patrie, ils l'ont agrandie.

En attendant que sonne pour tous les Canadiens français l'heure de la réunion sous un même drapeau, il reste à nos compatriotes des États-Unis un devoir sacré à remplir, celui d'entretenir à leurs frais des écoles de langue française. Ils possèdent déjà dans un bon nombre de villes des Etats de l'Est des pensionnats de religieuses et des écoles de frères ; le clergé qui s'occupe de ces fondations et qui partout peut compter sur l'appui généreux des nôtres ménera, n'en doutons pas, son œuvre à bonne fin.

Les peuples qui s'établissent dans des pays déserts ou peuplés de barbares sont astreints à de grandes dépenses d'armement, d'exploration, de transports, souvent même au sacri-

---

de ses droits. M. Hugo Dubuque, avocat éminent du barreau du Massachusetts est, avant tous les autres, le défenseur attitré de toutes les causes patriotiques canadiennes.

fice de vies précieuses. Pour nous établir d'une manière permanente dans un pays de civilisation, tout en conservant notre caractère national, nous ne sommes tenus, nous, qu'à des sacrifices pécuniaires que nous sommes absolument en état de supporter. Il faudrait que chaque localité où se trouve réuni un groupe important de canadiens eut son école française, et il importe surtout que cette école puisse rivaliser avec celles de l'État et soit à la hauteur des exigences du progrès moderne. « *De bonnes écoles françaises!* » En ce mot se résume pour nos frères émigrés toute la question de l'avenir.

Aux Etats-Unis comme au Canada, nous sommes les maîtres de notre destinée, mais là, plus encore qu'ici, les vingt ou vingt-cinq années qui vont suivre seront pour notre existence nationale une période décisive. Ne l'oublions pas !

En vérité, il me paraît désormais impossible que l'élément canadien-français cesse de progresser dans la République américaine, pour peu surtout que les ennemis de notre expansion veuillent bien, de temps à autre, donner signe de vie et rappeler ceux qui s'endorment et oublient au sentiment du devoir patriotique.

Oh ! je le sais bien, l'homme qui n'a pas

étudié les profondeurs de l'âme française, qui ignore tout ce qu'elle renferme de forces pour le beau et le bien et qui nous voit, surtout aux Etats-Unis, dans notre humble situation actuelle, ne pourra s'empêcher de sourire : « Est-ce donc, se dirait-il, des ruches grouillantes de prolétaires que va venir la lumière ! Est-ce au sein des foules de travailleurs ignorants et courbés sous le faix que se formeront les éléments propres à constituer un peuple grand et éclairé ? Il faut avoir un bel optimisme pour caresser ce rêve. »

Votre situation, en effet, ne paraît guère enviable au premier abord, ô mes compatriotes émigrés ! Vous êtes, la plupart d'entre vous, les « ouvriers aux bras rudes », renfermés dans l'atmosphère déprimante des usines. Descendant de héros, vous êtes les salariés, serfs du nouvel état social créé par la grande industrie. Vous êtes les hommes et les femmes à la figure amaigrie, au teint maladif, que l'on rencontre le soir en longues files, gagnant les maisons à plusieurs logements des quartiers pauvres.

Mais qu'importe ? La grandeur vient des foules. Les générations d'hommes sont comme les vagues de la mer. La vague profonde s'élève de l'abîme, elle passe entre les flots pressés et vient pousser sa plainte ou son cri de triomphe à la surface ensoleillée, puis elle se brise et s'écroule sous la poussée d'autres vagues venues de plus loin avec la même force mystérieuse. Ainsi des familles humaines. Sans cesse de la foule houleuse monte l'individu élaboré obscurément, l'aboutissant de longues générations de travailleurs ignorés, et quand il a poussé son cri à la surface, lui aussi disparaît pour faire place à d'autres. Il faut seulement que la mer soit agitée, que dans la foule règne l'activité créatrice et que jamais ne prévale le repos, qui est la mort.

Posséder des hommes de talent et de savoir, fournir dans toutes les sphères de la vie sociale un contingent important; avoir des artistes, des littérateurs, des jurisconsultes, des érudits qui jettent un lustre sur le groupe total et lui constituent un rang dans l'échelle des races civilisées; puis être surtout une foule d'hommes honnêtes et travailleurs, s'occupant de travaux manuels, utilisant leurs bras et leur pensée, satisfaits de remplir leur devoir dans la vie et d'occuper leur place au soleil, voilà la destinée de tout peuple à notre époque.

Lorsque, parcourant les rues des villes manufacturières de l'Est, vous admirez les résidences luxueuses des propriétaires d'usines et de fabriques et qu'ensuite vous reportez les yeux sur les humbles toits qui sont les vôtres, ne soyez pas humiliés. Rappelez-vous seulement que la richesse ne fait pas le bonheur et que l'aisance est à la portée de tous les citoyens de l'Union qui ont courage et santé. Déjà un nombre considérable de Canadiens émigrés ont fait fortune ou sont sur le chemin de la richesse, déjà des milliers d'ouvriers appartenant à notre nationalité sont propriétaires. Mais jusqu'à ces dernières années, cependant, des habitudes de vie nomade, des velléités de retour au pays natal ont été un obstacle au progrès d'un grand nombre. Aujourd'hui que l'on s'habitue peu à peu à regarder la Nouvelle-Angleterre comme une patrie, comme la patrie agrandie, nous avons toute raison de croire que la prospérité, dans les familles d'émigrés canadiens, va suivre une progression encore plus rapide.

Certes, on ne saurait trop le répéter, les assises les plus solides d'une nation sont la possession de la terre : Que la question du « rapatriement » c'est-à-dire du retour dans les districts agricoles de la province de Québec, reste à l'ordre du jour. Emparons-nous du sol, autant que les circonstances nous le permettront. Encourageons les jeunes gens non mariés à se faire colonisateurs, mais ne cherchons plus à ramener au pays natal les pères de famille qui ont su se créer aux États-Unis une certaine aisance par leur travail, habituons-les plutôt à considérer la maison qu'ils habitent comme leur maison, le ciel sous lequel ils vivent comme leur ciel, et entretenons en eux le doux espoir de l'union prochaine sous un même drapeau.

Agriculteurs au Canada, ouvriers aux États-Unis, nous sommes partout des producteurs, partout nous remplissons un rôle utile. Ce rôle plus tard sera brillant ; il suffit que nous le voulions.

. . . .

Pour préparer notre avenir dans l'Union, pour retenir unis tous les rameaux de notre race, il importe, avant tout, que nous nous hâtions de nous affirmer aux yeux de nos voisins comme une entité utile, que nous nous révélions à eux comme une force précieuse et civilisatrice. Pendant de longues années encore, nous ferons tache sur le sol américain, aux yeux de la majorité pan-saxonniste avide d'unité et rêvant l'assimilation de tous les éléments étrangers ; il faut que cette tache soit une *tache lumineuse*.

Entretenons dans nos cœurs la foi et la fierté, ne reculons pas devant quelques sacrifices, et avant un demi-siècle, nous serons un peuple de sept à huit millions d'âmes. Nous aurons conservé la province de Québec, nous serons en majorité dans plusieurs États de l'Est ; nous aurons dans l'Ouest des districts florissants, brisant la monotonie de la civilisation anglo-saxonne et allemande. De la Nouvelle-Orléans à Montréal, il y aura des villes et des villages français disséminés comme autant d'oasis gracieuses.

Et nous aimerons notre *grande patrie* américaine, autant que les descendants des pionniers, des *Pilgrimes,* plus que les fils d'émigrés européens ; car nous sommes les descendants de ses plus anciens habitants; car de l'est à l'ouest, du nord au sud, tout nous rappelle, tout nous rappellera le souvenir de nos ancêtres.

Cet espoir, qui paraîtra, sans doute, très optimiste, enfermons-le dans nos cœurs, mais ne craignons pas de l'affirmer. Ce n'est pas un espoir de domination ; il ne peut froisser aucune susceptibilité, aucune aspiration légitime ; il est, au contraire, un gage de grandeur et de force pour le continent américain.

Imp. H. Jouve, 15, rue Racine. — Paris.

www.ingramcontent.com/pod-product-compliance
Lightning Source LLC
Chambersburg PA
CBHW060224230426
43664CB00011B/1546